パレスチナ／イスラエル論

早尾貴紀
Hayao Takanori

有志舎

パレスチナ／イスラエル論

《目次》

◆パレスチナ周辺図

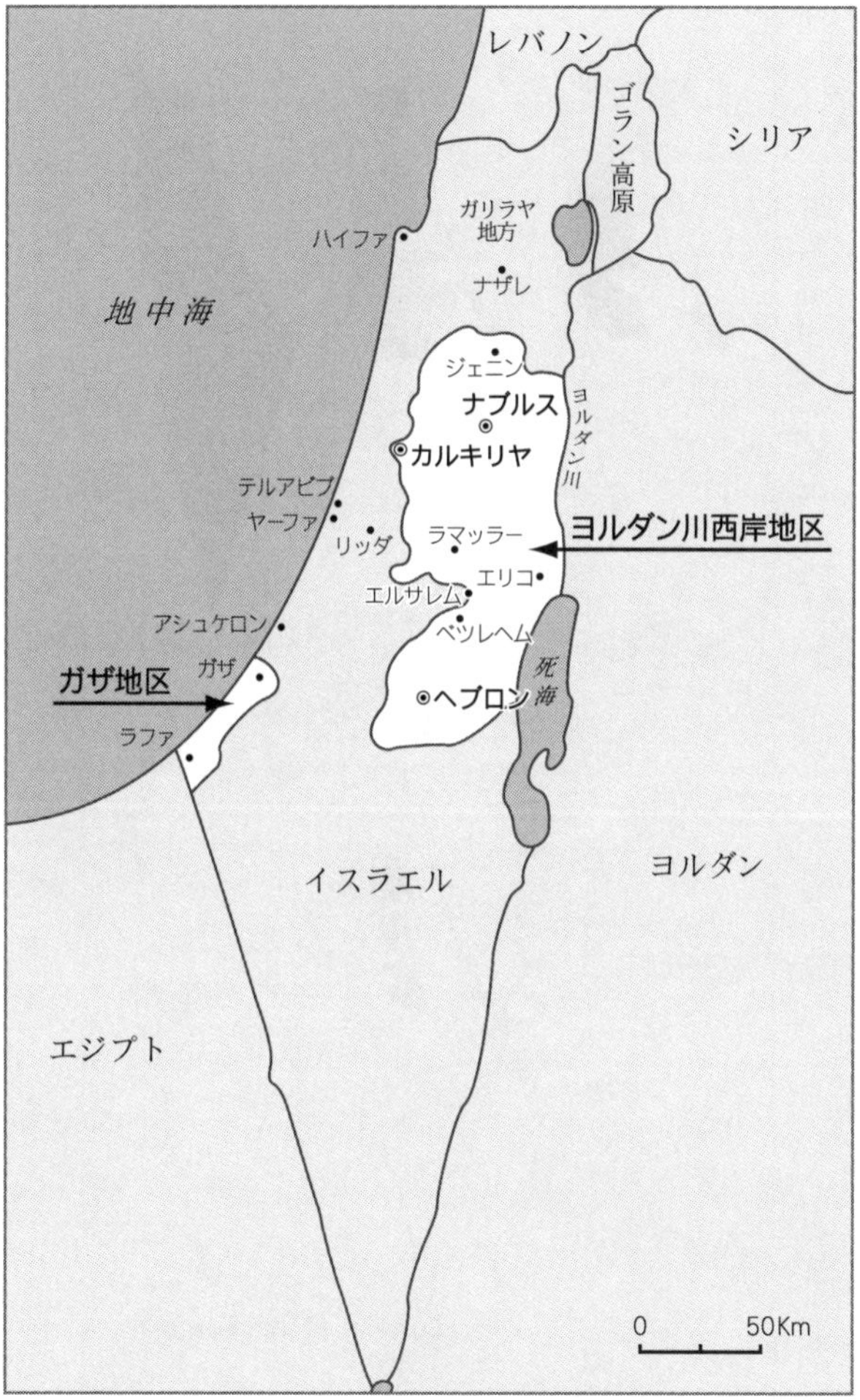

（現代企画室『占領ノート』編集班／遠山なぎ／パレスチナ情報センター，の掲載地図 http://palestine-heiwa.org/map/s-note/ より）

◆パレスチナの歴史的変遷図

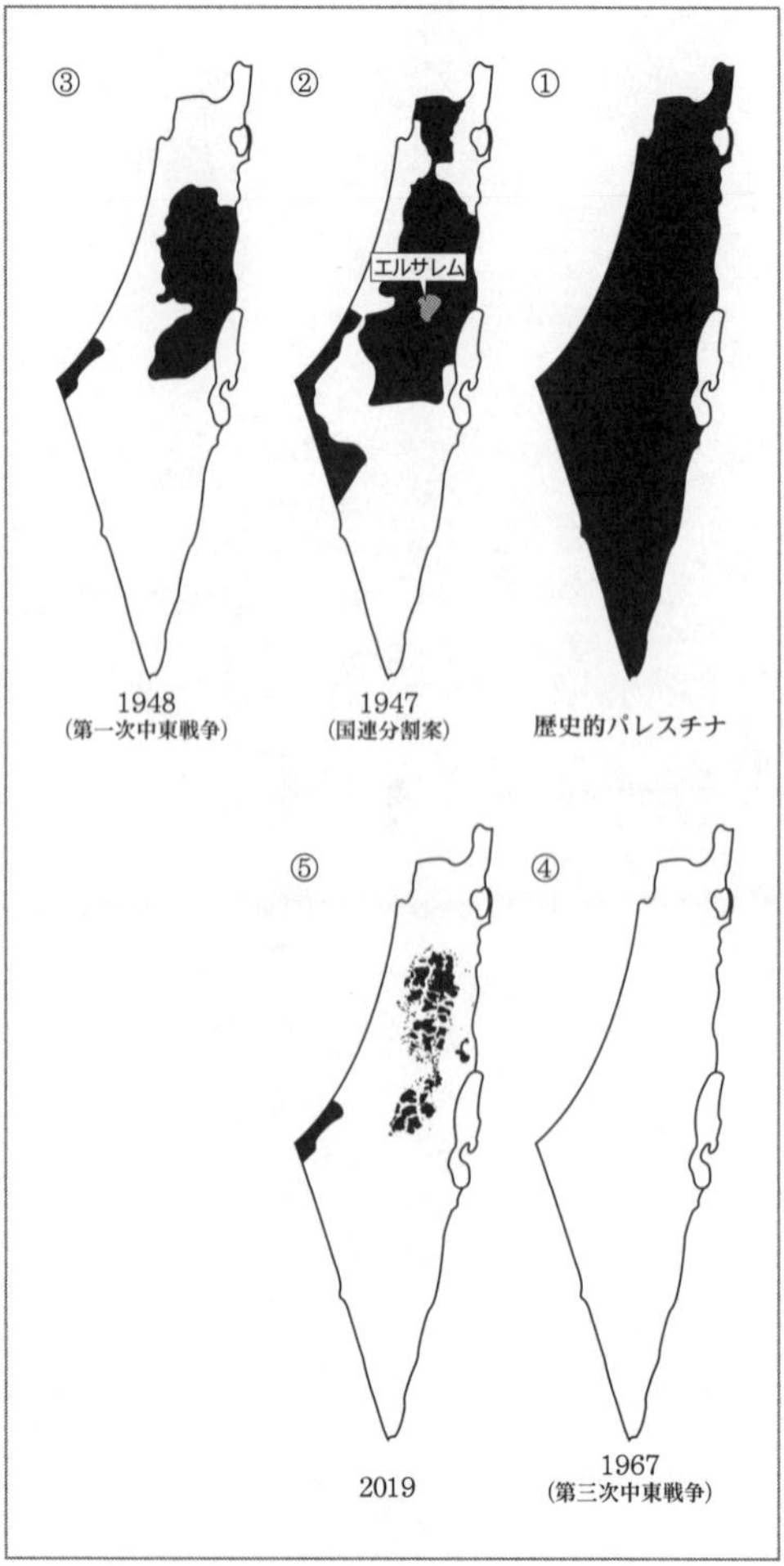

(現代企画室『占領ノート』編集班／遠山なぎ／パレスチナ情報センター，の掲載地図 http://palestine-heiwa.org/map/s-note/ より．なお，⑤の「2007 年」を「2019 年」に改変)

◆ヨルダン川西岸の現状

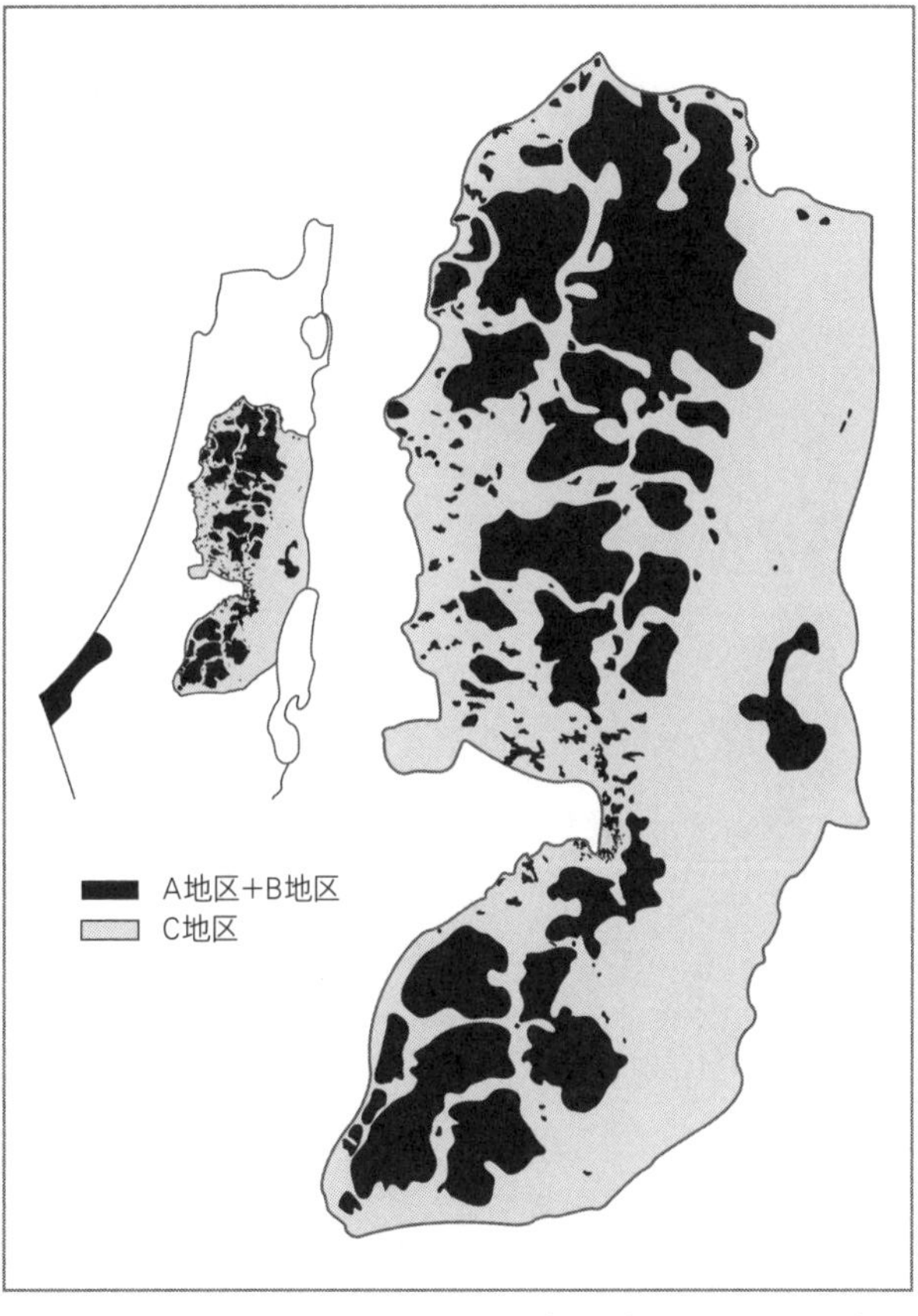

A地区：行政権、警察権ともにパレスチナ（ヨルダン川西岸の17.2％）
B地区：行政権がパレスチナ、警察権がイスラエル（同23.8％）
C地区：行政権、警察権ともにイスラエル（同59％）
（オスロ合意に基づく区分け。割合は2000年のデータによる）

（現代企画室『占領ノート』編集班／遠山なぎ／パレスチナ情報センター，の掲載地図 http://palestine-heiwa.org/map/s-note/ より）

まえがき

1　世界史の文脈と日本の関わり

本書は、直接的には、パレスチナ／イスラエルの現代史について歴史的・政治的・思想的・文化的な視角から論じたものである。しかしパレスチナ／イスラエルについて思考することは、たんに一地域としてそこに入り込み、その地域を見ることにとどまらない。それは、「世界史」に広く関わる普遍性をもち、それゆえ必然的に日本の歴史と現在にも複雑に絡み合っている。それゆえ、本書を読むにあたっては、その世界史に関わる普遍的視点と、日本に関わる反省的視点の両方をつねに念頭に置きながら読み進めてほしい。

第一に、いわゆるパレスチナ問題の発生の直接的要因は、一方でヨーロッパ諸国やロシアにおける反ユダヤ主義（それを引き起こした国民国家と人種主義）と、他方でヨーロッパ諸国とロシアによる中東地域の植民地支配と帝国主義的分割と、その組み合わせであるからだ。近代におけるユダヤ人の欧米露からの排斥と、第一次世界大戦後のオスマン帝国領の分割、英領となったパレスチナへのユダヤ人の集団入植、これらが揃ってパレスチナの地でのユダヤ人国家建国が実現した。ヨーロッパ近代史の核心部分からいわゆる「ユダヤ人問題」と「パレスチナ問題」は発生している。中東地域「が」問題なのではない。

第二に、これら国民国家、人種主義、植民地支配、帝国主義については、すべからく近代日本もまた免れているものではない。日本はヨーロッパ近代を模倣し、西欧を頂点としアジア・アフリカを底辺とする階層構造の中間に位置取りをした。そして世界大の帝国主義に加担しながら、日本はアジア各地に対して支配的に差別的に振る舞い続けてきた。とりわけ第一次世界大戦への参戦国・戦勝国として、イギリス、フランスとともに、敗戦国であるドイツおよびオスマン帝国の領土・植民地の分割と分捕りに加わった。英領パレスチナを国際連盟の委任統治のかたちで（全体としては英仏による中東分割を）承認した会議においては、同時に日本が旧ドイツ領の南洋諸島を委任統治領として支配することも承認された。これは戦勝国どうしによる相互承認の取り引きであった。この点で、日本は英領パレスチナの誕生に関与している。

第三に、第二次世界大戦後の一九四七年に国際連合がパレスチナ分割決議を行ない、パレスチナをユダヤ人国家とアラブ人国家とに分割する方針を示し、また一九四八年に「ユダヤ人国家」としてイスラエルが建国されたわけだが、その動きは、日独伊三国同盟において日本の同盟国であるドイツによるユダヤ人虐殺が背景にあること、また第二次世界大戦で敗戦した同盟国である日本の植民地清算とも同時並行していたことが指摘できる。イスラエルが一九四八年に建国されたのと同じ年に日本の旧植民地の朝鮮半島が南北に分断されたことは偶然ではない。もちろん一九四八年のドイツ・ベルリン封鎖および一九四九年の東西ドイツの分断もそこに加えることができるだろう。第二次世界大戦の戦争責任国家としても日本はパレスチナ分割に関係している。

第四に、建国後のイスラエル国家の最大の支援国はアメリカ合衆国であるが、対中東政策の戦略的拠点として重要視されたその有り様は、対アジア政策の戦略的拠点として親米国家に仕立て上げられた日本とも重なる。イスラエルは、中東の内部に位置しながら、事実上欧米が中東諸国と対峙する「要塞」として機能したし、イスラエルの側もまたそのような立場を選びとった。日本もまた、アジアの内部に位置しながら、アジアの一員としてではなく、東アジア冷戦におけるアメリカ合衆国の「要塞」として利用され、そして自らもまたそのように振る舞うことを選んだ。すなわち、両国ともに戦後世界に継続する植民地主義的な階層秩序のなかに組み込まれているのである。

第五に、アメリカ合衆国によるイスラエル支援を大前提とした中東政策に、日本も同調している。これは、ヨルダン川西岸地区とガザ地区およびシリア領ゴラン高原を半世紀以上にわたってイスラエルが軍事占領しつづけ、かつ西岸地区・ゴラン高原に自国民を大規模に入植させ事実上恒久的領土化しているのを追認することを意味する。事実アメリカ合衆国は、二〇一八年（イスラエル建国七〇年）には大使館をテルアヴィヴからエルサレムに移転させ、アラブ側の東エルサレム（西岸地区の一部）のイスラエルへの併合を承認し、二〇一九年にはゴラン高原の主権がイスラエルにあることを承認し、さらに西岸地区の入植地の併合を認める方針を示した。占領の継続に日本も無実ではない。第六に、第七に、と細かく具体的にいくらでも挙げることができるだろう。ここではこれ以上は並べないが、つまり、パレスチナ／イスラエルの近現代史は明確に世界大の歴史の展開のなかに位置づけられ、それゆえに日本もそこに直接・間接に関わってきている。筆者のパレスチナ／イスラエルへの関心もそこから始まっており、そしてそこに帰着するのであって、たんに紛争地帯としてこの地域に興味があるとか、この地域の文化に関心があるとか、そういう視角から論じているわけではない。

2 「パレスチナ／イスラエル」の定義

次に、「パレスチナ／イスラエル」という表記およびその概念について触れておきたい。一般に言われがちなように、パレスチナとイスラエルとが、アラブ人とユダヤ人とが、対立して衝突している、というわけではない。そもそもこの「パレスチナ」「イスラエル」「アラブ人」「ユダヤ人」の指示対象や概念規定からして、他の世界中のすべての地域や民族にも言えるように、客観的に峻別できるわけではない。

パレスチナは、あたかも現在のヨルダン川西岸地区とガザ地区を合わせた地域を指すように誤解されがちだが、そうではない。古代ペリシテに由来するパレスチナは、西岸・ガザ地区に現在のイスラエル国家と、さらにヨルダン王国、そしてレバノンとシリアの一部のあたりまで含みうる。「旧国際連盟イギリス委任統治領パレスチナ」には、独立前のヨルダン（ヨルダン川東岸地区）まで含まれていた。周辺のアラブ地域が分割されながら独立国家となっていくなかで、現在の西岸・ガザ地区とイスラエル領を合わせた「パレスチナ」の範囲が確定されていくが、一九四七年に国際連合による分割決議があり、その分割に不満のあるアラブ側とユダヤ側の双方による第一次中東戦争が始まる。一九四八年のイスラエルの建国宣言を挟んで、一九四九年に国連決議の分割線を大幅にイスラエル側が侵攻・拡張して休戦。およそ現在のイスラエル領と西岸地区・ガザ地区の境界線が確定する（分割決議でユダヤ人国家はパレスチナの五六パーセントとされたが、休戦時点でイスラエルは七七パーセントを占領した）。

その後、一九六七年の第三次中東戦争で、イスラエルは西岸地区・ガザ地区およびゴラン高原とエジプト領のシナイ半島を軍事占領。シナイ半島はのちに返還するが、それ以外の地域の占領は現在でも続いているうえに、先述のようにゴラン高原と東エルサレムも含む西岸地区の一部についてはユダヤ人のイスラエル国民を入植させて既成領土化を進めている。

そもそもユダヤ人国家としてのイスラエル建国を認めないパレスチナの抵抗運動においては、一九八〇年代頃まで「パレスチナ全土の解放」が謳われていたが、最終的には一九九三年のオスロ和平合意によって、抵抗運動の主流派であるパレスチナ解放機構（ＰＬＯ）がイスラエル国家を承認し、西岸地区とガザ地区での「ミニ・パレスチナ国家案」へと方針転換。しかし、ハマースなど反主流派は二〇〇〇年代までこの転換＝後退を認めなかった。そのうえ、オスロ合意は、東エルサレムの併合を否定せず、西岸地区への入植活動も禁止しなかったため、それ以降も圧倒的な勢いで入植活動と既成領土化は進められ、東エルサレムはもちろんのこと西岸地区の要衝はすでに事実上イスラエルの領土として全面的に使用されている（居住、交通、教育、産業などすべてがユダヤ人入植者用に整備されている）。

この現代史、同時代史を振り返ったときに、いったいどの地理的範囲を指して「パレスチナ」と言い、「イスラエル」と言うべきなのか、きわめて錯綜していることがわかるだろう。本書が「パレスチナ／イスラエル」というふうにあいまいなスラッシュを用いて表記せざるをえないのもこのためだ。パレスチナ「と」イスラエル、ではないからだ。

また「パレスチナ人／アラブ人」、「イスラエル人／ユダヤ人」については、さらに輪をかけて定義が難しい。誰がどのような文脈と意図で用いるのかでも、その対象や定義はさまざまである。歴史的パレスチナ地域に住んでいる人を「パレスチナ人」と呼ぶのであれば、ユダヤ人もまたそこに含みうるし、実際、ヨーロッパからの移民が始まる以前からの少数のユダヤ教徒はもちろん、近代の移民初期の頃まで「パレスチナ人」という呼称のなかにユダヤ人が含まれることはあった。しかし現在「パレスチナ人」と言えば、パレスチナに住むアラブ人で「ユダヤ教徒以外」の人びと、および、イスラエル建国によってパレスチナを離れざるをえなかった難民とその子孫たち、ということになる。

「アラブ人」の定義は「アラビア語を話す人びと」となるが、当然ながら宗教的な概念ではないため、パレスチナも含む中東地域の各地でアラビア語を話すユダヤ教徒もアラブ人に含まれる。したがって、「ユダヤ教徒のアラブ人」あるいは「アラブ系ユダヤ人」とされる人びとが中東各地に普通に存在していた。しかし、近代ヨーロッパの人種主義的国民国家が反ユダヤ主義を煽った反動として、排外主義的な他称としての「ユダヤ人種」が、ユダヤ民族主義へと転化し、さらにユダヤ人国家論へと発展していった。すなわち、ヨーロッパ内で生み出された同じヨーロッパ人のユダヤ教徒を「ユダヤ人種」化する思想が、中東・パレスチナに輸出され、「中東のユダヤ教徒も「ユダヤ人種」でありアラブ人ではない」、「アラブ人にはユダヤ教徒は含まれない」、という虚偽・暴論が広まっていった。したがって、現在では形式的に、アラブ人・パレスチナ人＝ムスリムとキリスト教徒、ユダヤ人＝ユダヤ教徒、という無根拠で恣意的な定義がまかりとおっている。

「イスラエル人」となると、さらに別に「国籍」と「帰還法」という要因が入ってくる。ユダヤ人国家としてのイスラエルは、基本的にはユダヤ人至上主義であり、ユダヤ教徒以外の国民のことを、陰に陽に迫害する。しかし、現実には人口の約二割がパレスチナ人先住民のムスリムとキリスト教徒であり、その人たちにはイスラエル国籍がある以上は、やはり「イスラエル人」であることになる。これは国家への帰属意識の有無や強弱とは無関係に、法的に「イスラエル国民」であるということだ。さらにイスラエルには、世界のユダヤ教徒に対してイスラエルに移民することを認めた「帰還法」がある（パレスチナ出自あるいはその子孫ではないから字義どおりに「帰還」ではないが、イスラエルはユダヤ人の「郷土」を自任しているので）。すなわち、世界中のユダヤ教徒は潜在的には「イスラエル国民」になりうる存在なのだ。実際にイスラエルに暮らしているパレスチナ人の「イスラエル国民」よりも、イスラエルに暮らしていない世界のユダヤ教徒のほうが優遇されるという不条理がある。

では「イスラエル人」とは誰なのか。

このように、呼称や定義をめぐっては歴史的変遷と政治意図と論争が折り重なっているのだ。

3 諸文明の交差点で

パレスチナ／イスラエルを思考すること。その場所は、あまりにしばしば「パレスチナ問題」として単独で切り取られて議論される。あるいは「中東和平」として中東地域の問題として括られがちである。遠い日本から見れば、そして欧米中心史観に染まりきった日本から見れば、なおさらだろう。

しかし、そもそもヨーロッパと中東とは切り離された別世界ではない。狭い内海を共有した地中海世界は、古代ローマ帝国時代からオスマン帝国時代まで濃密な交易と移住を重ね文化的に影響を与えあってきた。パレスチナ、シリアのすぐ北がトルコ（アナトリア）であり、そのすぐ西がギリシャ（バルカン）、その西隣がイタリア、すなわち南欧である。パレスチナの南側にはエジプト、つまり北アフリカに入る。パレスチナ・ヨルダンの東にはイラク、そのさらに東にはイラン（ペルシャ）があり、イランはインド文化圏とアラブ文化圏の中間で両者を媒介してきた。これらすべての地域のあいだには、現代国家間のような国境や分断はなく、渾然とした歴史を展開してきたはずだ。

それに対し、あたかもギリシャはヨーロッパであり、トルコは中東であり、そのあいだに何か境界線があるかのように考えるのは、あまりに粗暴な図式で、歴史の否定とさえ言える。それは、ギリシャ哲学やギリシャ神話をヨーロッパ文化の直接的起源であると整理した俗流ヘーゲル主義の歴史哲学の影響によって、トルコやアラブやペルシャが果たしてきた地中海文化圏が否認されたことが大きい。すなわち、キリスト教的ヨーロッパ世界の純粋性と自律性を主張したいがために、ヨーロッパ世界内のユダヤ的要素とイスラーム的要素が否認されると同時に、ヨーロッパに隣接する中東世界との交流や影響の歴史もまた否認されるようになったのだ。近代ヨーロッパの反ユダヤ主義と反イスラーム主義とが、世界史像をも歪曲してしまっている。

さらに言えば、現代のアメリカ合衆国の対パレスチナ／イスラエル政策も、こうしたヨーロッパ対中東という分断像を色濃く引き継ぎかつそれを増幅させている。多くを共有し混淆した文化圏という捉え方ではなく、「文明の衝突」（サミュエル・ハンチントン）という対立図式による理解だ。「テロと報復」や「憎悪の連鎖」や「宗教対立」といった表現で大手メディアがパレスチナ問題を報じるのもそのためであり、日本の報道も基本的にそれに準じている。

翻って言えば、こうしたことを批判する視点から、パレスチナ／イスラエルを捉え直す必要がある。これについて深い示唆を与えてくれるのは、サンスクリット語（インド）由来の名字とアラビア語由来の名前をもつ、在米イラン人思想家のハミッド・ダバシによる『ポスト・オリエンタリズム――テロの時代における知と権力』[*1]（原書二〇〇八年、日本語訳二〇一八年）であった。ダバシは、アメリカ合衆国のコロンビア大学で故エドワード・サイードの同僚でもあり、同書は言うまでもなく、サイードの記念碑的名著『オリエンタリズム』（一九七八年）に対するオマージュでもあった。パレスチナ出身で、レバノンとエジプトにも生活圏をもち、イギリスとアメリカ合衆国に学び、そして在米のパレスチナ人ディアスポラとして生きることを選んだサイードは、欧米世界が中東支配を欲望する表象を「オリエンタリズム」（東洋学／東洋趣味）として分析したが、ダバシは『ポスト・オリエンタリズム』でその遺産を受け継ぎつつ、二〇〇一年のアメリカ同時多発攻撃いわゆる〈九・一一〉以降の「対テロ戦争」の時代の中東イスラーム世界に対する学問と政治の支配的なあり方を徹底して批判していった。もちろん、ペルシャを挟んだインド圏とアラブ圏の文化・思想の混淆的発展と、同地域に対する英米露の帝国主義的介入の歴史に対する、深い洞察に基づきながら。

本書の構想は、時期的にこの『ポスト・オリエンタリズム』の翻訳作業と重なっていたこともあり、ダバシの文明史観と帝国主義批判を意識してもいる。

4　最悪を更新するパレスチナ情勢とイスラエル社会の右傾化

パレスチナ／イスラエル問題の現状は、率直に言って、直視し語ることも放棄したくなるほどの惨状にあると言える。本書は、ジャーナリスティックなものではないため、最新状況の現場レポートのようなことはしないが、問題意識としてはつねにそれを保っているつもりである。

パレスチナは、イスラエル建国の一九四八年とその前後の「ナクバ」（アラビア語で大災厄）以降、つねに危機的であり、次々とその危機の深刻さを更新しているような状況であるため、どの時点からそれを語ればいいのか困惑する。あるいはむしろ、どの歴史的時点から語っても最悪であり、そして次の局面ではその最悪が更新されてしまうのだ。

ここでは、二〇一八年のイスラエル建国七〇年以降の惨状を一部だけでも記しておこう。その建国七〇年に合わせて、アメリカ合衆国が大使館をテルアヴィヴからエルサレムに移転させたことはすでに触れた。その両方に対する抗議としてパレスチナのガザ地区では毎週末に連続的に大規模なデモと集会が開催されたが、それに対するイスラエル軍による攻撃は異様である。ときおり陸上と上空に戦車や戦闘機・戦闘ヘリで侵攻して砲撃によって攻撃を加えることがあるが、日常的にはガザ地区を包囲するフェンスのすぐ外側からスナイパーがデモ・集会の参加者に対して正確な狙撃をしている。その正確さは選択的に頭部や胸部を撃ち抜き即死させることもあるが（二〇一八年で二〇〇人以上、二〇一九年でも一〇〇人近く）、それ以上に多くのケースで特殊な炸裂弾によって意図的に片脚を吹き飛ばしているのだ。これは、見た目の数的に「死者数」を減らしつつ、殺すこと以上の苦しみと負担とを生涯にわたって本人や家族に背負わせることがもくろまれている。義足や車イスの供給が追いつかず、リハビリのための片脚のスポーツ・チームが次々とできるほどの集団的規模で、人為的に銃弾で片脚を奪われる人びとが恒常的に出続けている。

陸海空から封鎖され物流も制限された巨大監獄であるガザ地区には生きる希望がない。イスラエル側から封鎖しているフェンスに近づけば殺されるか片脚を吹き飛ばされるおそれがあるにもかかわらず、パレスチナ人たちはその絶望ゆえに命知らずなデモをやめることがない。封鎖空間でなぶり殺しが進行しているにもかかわらず、国際社会はそれを目撃しながら阻止することができていない。

もうひとつ、東エルサレムを中心としてヨルダン川西岸地区では、二〇一九年に加速度的にパレスチナ人の家屋破壊が進んでいる。ユダヤ人の入植地建設と表裏一体でパレスチナ人の家屋破壊は、一九六七年の第三次中東戦争による軍事占領以来、一貫して行なわれてきたことではある。もちろん軍事占領地に対する改変（入植も破壊も）は国際法違反である。だがイスラエル政府は、「無許可建築、無許可増築」（許可が出ないから無許可でせざるをえない）、「書類不備」（という名目）、「テロリストへの報復」、そして「治安上の理由」など、どんな理由でも言いがかり的につけることができるし、実際そうして家屋破壊をたえず行なってきた。

だが二〇一九年には、一度に一〇〇軒、二〇〇軒という規模で地区を一掃するような家屋破壊が東エルサレムやその近郊で相次いでいる。これは、占領開始以来続いてきた個別的な家屋破壊から見ると、やはり異様だ。量の変化が質の変化へと進んでいっているように見える。入植と家屋破壊のセットは、もちろん西岸地区のユダヤ化、イスラエル領化を目指す一里塚ではあった。この背景には、すでに触れた東エルサレムへの米大使館移転（事実上のエルサレムの併合と首都化の国際的承認）、シリア領ゴラン高原の米国による主権承認（これもゴラン高原の領土化の国際的承認）、西岸地区入植の併合に向けた米国の支持表明がある。この二〇一八年、一九年に相次いだ既成事実の積み重ねによる露骨な国際的承認は、いよいよヨルダン川西岸地区の領土化に向けて公然とそれを進めても非難は小さいと見積もらせることとなっただろう。

このガザ地区での人間破壊と西岸地区での家屋破壊、近年の二つの兆候に加えて注目すべきは、イスラエル社会内部からの批判の声が皆無であることだ。ユダヤ人国家という理念そのものに反対する反シオニストはもともとごく少数ではあった。だが、オスロ合意程度のものを支持していた和平派・シオニスト左派（ユダヤ人至上主義者ではあるが占領地に対する露骨な暴力や国際法違反には反対）が、この事態に対してもはや歯止めになっていない。和平を断念し、現状の容認を越えて右派政権の反動的政策の消極的支持に陥っている。占領地での暴力が止められないのは、国際社会とともにイスラエル社会なのだ。

これは、日本社会、さらに世界の動きに照らしても、他人事ではない。日本社会の左派・リベラル派の後退、政権与党の右翼化、排外主義の横行を見ても、また、アメリカ合衆国政権の自国民第一主義《アメリカ・ファースト》、移民排斥、ヘイトクライムの増加を見ても、これはイスラエルだけの問題ではなく、むしろ世界各地に通底する普遍性をもった問題であることが分かる。

なお、ガザ地区から見える問題が現代世界史に通じる普遍性をもつことを示してくれたのは、ポーランドのホロコースト生き残りを両親にもつユダヤ人サラ・ロイであった。一〇年前のガザ攻撃が激しい時期に『ホロコーストからガザへ』を編訳したが（二〇〇九年）、現在その続編となるガザ地区論を編訳中である（二〇二三年近刊）[*2]。また、イスラエルの対パレスチナ政策が、欧米の帝国主義のもとで意図的に組織された「民族浄化」であり、しかもそれが現在進行形の占領政策であることを示してくれたのは、イスラエル出身で在英の歴史家イラン・パペによる『パレスチナの民族浄化』（原書二〇〇六年、日本語訳二〇一七年）[*3]であった。ロイ、パペの翻訳作業が、ともに本書の構想期間と重なるため、前記のダバシとともに、本書に強い影響を与えている。

そして、在米のユダヤ人であるロイ、ユダヤ系イスラエル国民であるパペからは、自民族や自国を冷徹に批判する知性と勇気をも学んだ。最後に繰り返すが、本書もまた、たんに対岸の出来事としてパレスチナ／イスラエルを分析して論じたものではない。パレスチナ／イスラエルを、日本も含む近現代世界史の文脈のなかで論じ、またそれをとおして世界を、日本を問いなおすものである。

5　本書の構成

本書は、全三部各三章構成で、全九章から成っている。第Ⅰ部は思想編である。パレスチナ／イスラエルに関わる「民族」や「国家」をめぐる思想史的展開を考察している。第Ⅱ部は表象編である。パレスチナ／イスラエルに関わるドキュメンタリー映画や劇映画やモニュメント作品の表象分析を行なった。第Ⅲ部は歴史編である。パレスチナ／イスラエルに関わる歴史認識論争や占領政策の歴史的展開を扱った。

熟慮と再検討を重ねて最終的にこの三部三章構成となったため、当然ながら筆者にはこの構成に込めた意図はある。しかしどの章も基本的には独立して読めるようにもなっている。関心に応じてどの章から拾い読みをしてもらってもさしつかえない。

第I部　国家主権とディアスポラ思想

▼第一章▲ディアスポラと本来性
——近代的時空間の編制と国民／非国民

はじめに

日本という島国に住んでいるとなおさらだが、あたかも国境が不変で固定的なものであり、その住民は単一民族からなる「国民」であると無意識に前提されがちである。もちろん歴史上のどの時点においても移住者がおり、移住者は定住者となってきたし、その流れは近年ますます加速しており、日本も「多民族社会」と称されることが増えてきてもいる。だが、そうした変化が見られつつも、その変化は歓迎されるとはかぎらず、またむしろ移住者とその子孫とは「よそ者」つまり「本来的には国民ではない者」として差異化される。端的に差別の対象となりがちである。移住による多様性が増しているからこそ、「本来的国民」と「非本来的他者」とを線引きする力が作用するのだ。

世界的にさまざまな背景から越境的に移動する民を「ディアスポラ」と呼ぶことが人文社会科学全般に増えてきたのは、一九九〇年代に入って、冷戦の終焉以降のいわゆるグローバリゼーションの時代においてであった。この「ディアスポラ」概念を先の「本来性」と対置し、「ディアスポラ」対「本来性」、あるいは「ディアスポラの民」対「本来的国民」という対立構図の生成史を描いてみたい。

「ディアスポラ」という用語は従来「ユダヤ人ディアスポラ」といったように古代ユダヤ人王国を失い世界に流浪するユダヤ人を表現するものとされてきた。しかし、ユダヤ文化研究者の赤尾光春が詳細に論じてきたように、ディアスポラは古代のギリシャ語源であるにもかかわらず、近代ナショナリズムの一類型としてのシオニズム運動（ユダヤ人国家建設運動）によってその意味が転用され占有されてきたのであった。[*1] すなわち、ユダヤ人のディアスポラ＝離散状態を終わらせるためにユダヤ人国家が必要である、という正当化の論理を構築したのである。ここでディアスポラはまさに否定すべき悪しき状態と措定されており、まさにシオニズム運動においてシオニズムは「ディアスポラの否定」と定義されているのだ。

だが、そのギリシャ語源を振り返りつつ、グローバリゼーションの時代での再転用を見ると、「ディアスポラ」は思想史的に考えるための分析概念として有効性をもっていると言えるだろう。それゆえにこそ人文社会科学でのディアスポラの流行が生み出されたのだ。ここでディアスポラを、「近代以降の世界において、ある歴史的・集団的・政治的な負荷をもった民族的な越境・離散現象」と、とりあえず大きく捉えておくこととする。これは、分析概念としてディアスポラが用いられる際の最大公約数的な定義でもある。また、その特徴は、歴史性・集団性・政治性をかならずしも含意しない「マイグレーション」（移民）との差異化にあるといえよう。

だが、ディアスポラを「本来あった／あるべき土地からの越境・離散」と考えたときに、その「本来あるべき」という「本来性」とはそもそもいかにして成り立っているのか。ディアスポラがディアスポラとして語られるその裏側には、「本来あるべき土地にいる国民」の存在が無意識に想定されている。本来性とは、まさに「土地と民族の自然的一体化」の装いをとるために、自明視されてしまい、とりたてて意識化されることがない。そしてディアスポラは、その本来性からの「逸脱」としてのみ規定されてしまう。つまり、本来性とディアスポラは、たんに対立的な二項なのではなく、前者が無徴化され、後者が有徴化されているという点で、不均衡をなしている。

しかし、そうであるからこそ、ここであえて問いたいのは、多様で特異な現象形態をなしているディアスポラとは何かではなく、むしろ無色透明な装いをしている「本来性」とは実のところ何なのか、である。ディアスポラとは何かを問うということは、同時に、その基底層であたかも自然であるかのように振る舞う本来的国民を問い直すことでもあるはずなのだ。

1 ヘーゲル左派の社会哲学と挫折した市民革命、そして人種主義

ヘーゲルの歴史哲学と国民国家

本来的国民あるいは国民的本来性といった自明性を、その自然化されてしまったイデオロギーの水準から根本的に問い直す（解体するとまでは言わないが）営みは、おのずと哲学の次元にまで求めら

れる。

ディアスポラが「越境」として語られるということは、文字どおり「国境を越えている」ということ、すなわち国民＝国家という一体性からの「逸脱」であることを指し示す。そうだとすれば、逸脱の反対に「正常」であるべき本来の形態を保証するのは、国民国家という存在であることになるが、世界史において（たんなる国家一般ではなく）国民国家の、すなわち「国民」の誕生を告げる画期的事件は、とりもなおさずフランス革命である。そして、このフランス革命に決定的な影響を受け、近代的国家について思想史的に徹底してこだわった哲学者が、G・W・F・ヘーゲルだ。

フランス革命が一七八九年から始まり、そしてヘーゲルはその時期も含め、一八〇〇年を挟んで一八三〇年頃まで旺盛な講義と執筆活動を行なっていた。二一世紀の初頭にいるわれわれは、言うなれば、ヘーゲルから二世紀後の世界を生きているのであり、国民国家が、多少ともその相貌を変えつつもなお確固として支配的存在を示している以上は、ヘーゲルの思想圏の内部にいるとさえいえる。まずはその最初の一世紀、すなわち一九〇〇年前後までの時期における、国家と民族（国民）に関わる思想の変遷と一つの帰結に焦点を当てたい。

ヘーゲルの歴史哲学におけるヨーロッパ近代国家の位置づけは、ヘーゲル哲学自体の難解さに比べると、いささか過度に単純化されており、かつきわめて特異である。ヘーゲルの『歴史哲学講義』は、序論において、国家を、人間理性の本質をなす「自由」の「実現体」として規定し[*2]、本編においては、その実現にいたる過程を、東洋世界（中国→インド→ペルシャ・エジプト）→ギリシャ世界→ローマ世界→ゲルマン世界というふうに、東から西へと地理的に移動しながら論述するとともに、時代区分もまた下ってゆき、最後の章をフランス革命についての記述によって閉じている。すなわち、ヘーゲルの歴史哲学は、古代からの世界史を通史的に概観するものなどではなく、あきらかにフランス革命によって成立したヨーロッパ近代国民国家をむしろ起点として、そこから歴史を逆照射し、再度フランス革命を、すなわち近代国民国家成立という「世界史的事件」を、目的（テロス）として位置づけ発展していく歴史に整理しなおしてみせたのである。ここで「世界史的事件」[*3]であるということの含意は、フランス革命が「国家をめぐる新しい思考原理」を提起し、かつ、それが「ほとんどすべての近代国家に提示され、自覚的に受け入れられた」ということである。これ以降、世界は否応なく、近代国家によって切り分けられ割り振られ、それに支配され従属させられる植民地も含めて、くまなくそうした近代世界のなかに取り込まれていくことになるのだ。

この近代国家観は、ヘーゲル歴史哲学でも強調されているように、宗教改革と啓蒙思想とを経た後のヨーロッパ世界が特権的に手にすることができた、合理主義的哲学によって基礎づけられている。そして、ヘーゲルの国家論においては、国家はたんに個人の理性の具現化であるだけでなく、共同体の理性、「国民全体に共有された民族精神」の発露でもあり、[*4]それはより具体的に分析すれば、「法」と「政府」と「愛国心」の三要素の結合体なのである。[*5]

そうした近代世界を支える認識論的な基礎は、ヘーゲルの歴史哲学そのものとまでは言わないにせよ、ヘーゲルに続くヘーゲル諸派の思想家たち（場合によっては、いわゆる「俗流ヘーゲル主義者」

たち）によって確立された時間・空間概念によって定式化されうる。すなわち、単線的な歴史の発展を描く進歩史観と、排他的な領土を所有する国家主権とである。世界のすべての民族共同体は、国民国家を目指して発展を遂げていくのであり（進歩的理性の実現）、その実現を見ていない地域は未開・後進地域として支配対象となる。

このことを時空間論の観点から、そしてとりわけ、そうしたヨーロッパ世界の「外部」（地理的な意味においてではなく）に排除されたユダヤ人の観点から、批判的に分析したのは、自身ユダヤ教徒であるユダヤ文化人類学者ジョナサン・ボヤーリン※の論考「ヘーゲルのシオニズム？」だ。この短いタイトルが端的に示しているのは、「ヨーロッパの外部にユダヤ人の民族国家を建国し、新しい国民になろう」というシオニズム思想の基盤が、実はヘーゲル（主義）にある、という議論である。ヨーロッパ世界のユダヤ人は、ヘーゲル的歴史哲学によって基礎づけられる近代的時空間の成立過程において、各国家における国民の「他者」として居場所を失い、排除されてゆく。[*6]

※ジョナサン・ボヤーリン：一九五六年〜。アメリカ合衆国のユダヤ教徒のユダヤ文化人類学者。兄のユダヤ教学者ダニエル（一九四六年〜）とともに、敬虔なユダヤ教徒でありながら明確な反シオニストの理論家として知られる。二人の共著で日本語訳があるものに『ディアスポラの力——ユダヤ文化の今日性をめぐる試論』（平凡社）がある。

もちろん、ヘーゲル自身は、原則的にはユダヤ人解放論に与しており、けっしてエスニシティに基づく排他主義を唱えているわけではない。だが、それにもかかわらず、個人の理性を普遍化させ、共同体の、そして国家の理性へと同一視する傾向において、ヘーゲルが国家をある種の絶対的空間として想定し、その構成員を均質な民族＝国民として論じてしまっていることは否めない。

均質な空間としての領土主義的国家を創設する企図は、さらに翻って、「民間の伝承や地域の記憶とは厳密に区分された、合理的な民族の正史」を構築する、という点をボヤーリンは指摘する。[*7] つまり、地域の多様性にともなう時空間の偏差あるいは凹凸といったものが削ぎ落とされ、整然とした国民の全体史が創造される。近代国民国家においては、空間認識が時間認識を支配し、その両者があいまって、正史が語られるのだ。

ここからボヤーリンは、シオニズム思想、つまりユダヤ人国家建設の思想との関係を理論的に分析していくことになるのだが、その議論はいまは措く。

モーゼス・ヘスの転向――市民社会論から人種主義へ

ジョナサン・ボヤーリンがその論考で言及していないことではあるが、ヘーゲル（ヘーゲル主義哲学）とシオニズムとの関係においては、理念の生成発展史の観点から見落とすことのできない、重要な思想家の存在がある。ヘーゲル左派の代表的論客として、そしてカール・マルクスの同志として知られたモーゼス（モリッツ）・ヘス[※]である。ここでヘスに注目するのは、ヘスが、ヘーゲル主義哲学の思想圏にありながら、まさに最初のシオニズム的プログラムを打ち立てた人物でもあるからだ。

※モーゼス（モリッツ）・ヘス：一八一二～一八七五年。ドイツのユダヤ人思想家、社会主義運動家。元の「モリッツ」という名前は、後に明確なシオニストに転じてから、「モーゼス」というヘブライ語名に変えた。日本語訳で

読める著作としては『初期社会主義論集』（未來社）がある。

ここで議論の焦点となるのは、「ユダヤ人解放」論争である。フランス革命は、一七八九年の「人権宣言」で知られているが、ユダヤ人に対する居住、就業、信仰の自由を定めたユダヤ人解放令は一七九一年に出され、そこでユダヤ人たちは他のキリスト教徒フランス国民らと同等の権利を法的に保証されることとなった。ちなみに、隣国プロイセンにおいても、フランス革命の影響を受け、同様のユダヤ人解放令が一八一二年に出されている。国民国家へという流れだけではなく、平等な市民権を前提とした市民社会へという流れもまた生まれつつあった。もちろん、だからと言ってすぐにユダヤ人への差別がなくなったわけではないばかりか、具体的な施策レベルにおいては、むしろ平等化に逆行するようなこともしばしば行なわれていた。解放令が出てもなお、現実的な「解放」をめぐっては論争が絶えることはなかった。

そうしたなかで、一八四二年に、ユダヤ人の管理を定める法律策定を検討する動きが表面化し（一二年の解放令の事実上の撤回）、それに対して、ヘーゲル左派で自身ユダヤ人であったモーゼス・ヘスが編集主幹を務める『ライン新聞』が、政府批判の論説を掲載した。リベラルな立場で知られる同紙に対して、政府寄りで知られる『ケルン新聞』が反論を掲載し、両紙のあいだで激しい論争が展開されることとなった。*8

この論争のなかで、ヘスは、ユダヤ人の解放と平等に関しては、概して次のような主張を行なっていた。ユダヤ人は、実のところ信仰の自由によってユダヤ教を内面において信仰しているユダヤ教徒なのであって、ドイツ国民として同化されている、と。すなわち、特異な民族なのではなく「ユダヤ教徒のドイツ人」であるという立場表明であり、逆にいえば、それが意味したのは、ユダヤ人の独自の民族性の否定であると同時に、ドイツ＝キリスト教国家という政府側の見解の否定でもあった。キリスト教国家ではなく「普遍的理性国家」を主張した共産主義者でもあるヘスは、ある意味、コスモポリタンでもあったのだ。

この論争の展開の詳細は追わない。ここでの関心は、むしろヘスのそれ以降の立場の変遷である。同化主義者あるいはコスモポリタンのヘスが、なぜに、いかに、その後ユダヤ・ナショナリストに、プロト・シオニストに変化していったのか。

ヘスの「ユダヤ回帰」を論じた野村真理の整理に従うと、ヨーロッパ各地を吹き荒れた一八四八年の革命（フランスでは二月革命とその後のナポレオン三世の大統領即位、ドイツでは三月革命）とその挫折・反動化が、その後のヘスに決定的な影響を与えた。[*9] 四八年革命の最中、そしてその余波の残る五〇年頃までは、なお労働階級の勝利を信じていたとされるヘスも、五一年のナポレオン三世によるクーデターによって、最後の希望を断たれてしまった。ヘス自身が後に述べている。「クーデターの後、私は政治から退いて、もっぱら自然科学に専念した」。[*10]

ここで自然科学という言葉はやや唐突に聞こえるかもしれないが、けっしてそうではない。すなわちヘスは、革命の挫折体験によって、それまでの自身の思想がユートピア的であったとして捨て去り、その当時興隆しつつあった科学的実証主義へと傾倒していったのである。この自然科学への傾倒が、科学的人種主義に基づくユダヤ民族論へと展開されていく。市民社会による平等な人権概念に基づいたユダヤ人解放（「ユダヤ教徒のドイツ人」）という理想に挫折をしたのち、実体的人種論、独自のユダヤ民族を主張する立場へと反転する。一八六二年に出された『ローマとエルサレム』の序言で、ヘスはこう述べている。

自らの歴史的使命を自覚して、自らの民族としての諸権利を主張することが許される諸民族、ユダヤ民族もそのような民族のひとつであることは疑いない。ユダヤ民族は、二千年にわたって世界史の嵐に耐え、諸々の事件の高波によってどこに運ばれようとも、あらゆる世界の果てからつねにエルサレムに眼差しを向けてきたし、いまもなおそうし続けている。[*11]

典型的な民族論であり、また、後にシオニズムと呼ばれるようになる思想（「シオンの地」＝エルサレム周辺にユダヤ人国家を建設しようという思想）の原型である。それだけではない。ドイツ人の側からの反ユダヤ主義によって生み出された人種的ステレオタイプ（「縮れ毛」や「鷲鼻」）に依拠しているとはいえ、それをそのまま受け入れてしまう形で、ヘスはユダヤ「人種」を生物学的に繰り返し語っている。

ユダヤ人種は、気候的影響をものともせず、そっくりそのまま再生産されるような、一つの原基的な人種である。ユダヤ型は、何世紀にもわたって、つねに同一性を保ち続けてきたのである。[*12]
世界中に離散しているユダヤ人種は、他のどの人種にもまして、いかなる緯度の場所の気候風土にも順応できる能力を有している。[*13]

こうした生物学主義的な人種／民族論を見ると、『ライン新聞』時代の同化主義から驚くばかりの転向がなされていることがわかる。だが、この背景には、ヘス個人の関心や志向が変わったというだけにとどまらず、第一に、オーギュスト・コント（一八三〇年代から五〇年代にかけてが主たる研究活動期間）らに代表されるように、社会に関する研究を実証主義によって根拠づけようという思想的潮流（いわゆる社会実証主義）が、第二に、アルチュール・ド・ゴビノーの『人種不平等論』（一八五三〜五五年に刊行）に端を発する、科学を装った人種主義学説の趨勢が、すでに同時代的に存在していた。ヘスは、明らかにこうした時代の流れに乗っていた。

フランス革命とヘーゲル哲学とともに始まった、市民社会に向けてのユダヤ人解放の思想が、革命の挫折と反動化のなかで、人種論的ユダヤ民族主義、すなわちシオニズムへと展開していったさまが、まさにヘーゲル左派の論客の変遷のなかに見事に反映していたのであった。

ヘスからヘルツルへ――ヘーゲルから一〇〇年、解放と反動の一世紀

だが、モーゼス・ヘスは、たんにヘーゲル哲学から転向し、乖離していったわけではない。「ユダヤ人大衆は、ユダヤ人の祖国をもったときにはじめて、近代の人類の偉大な歴史的運動に参与するであろう」[*14]という宣言は、「世界史においては、国家を形成した民族しか問題とならない」[*15]と述べたヘーゲルと同じ歴史哲学をなおも共有しているといえる。自ら思弁哲学から実証的科学へと移行したと述べたヘスではあったが、ヘーゲルの思想圏から離脱していたというわけではけっしてない。

それだけではない。先述の野村真理は、ヘスがシオニズムを実現するにあたって、「ヨーロッパ列強、とくにフランスの援助を期待」した点を重視する。ヘスは、「アジアへ進出するフランス資本主義の先兵として、ユダヤ民族に白羽の矢」を立てた、というのだ。[*16] ヘスは、ユダヤ人への呼びかけの形でこう記している。

君たち［ユダヤ人］には、大きな使命が託されている。――三つの世界の生きた連絡路となって、いまだ未熟な諸民族のもとへ文明をもたらし、君たちがありあまるほど豊かな身につけたヨーロッパ諸科学を伝えよ。君たちは、ヨーロッパと極東アジアの仲介者となり、インドや中国や、いずれ文明開化されるべき、かの未知の国々へ通じる街道を開くのだ。[*17]

ここにおいても、ヘスの前提としている「先進的ヨーロッパ対後進的アジア」という図式が、ヘー

ゲル流の歴史哲学の焼き直しであることが読み取れる。先に見たように、ヘーゲルは、世界史をヨーロッパ近代国民国家の完成に向けた歩みとして目的論的に整理していた。実のところ、ヨーロッパの近代化の過程（もっといえば、「ヨーロッパ」が「ヨーロッパ」として成立する過程）で存在したアラブ世界との交渉を無視し、とりわけギリシャ文化がそのアラブ世界を媒介して西欧世界に持ち込まれたという事実を無視し、ヘーゲルは『歴史哲学講義』において、中東地域をも「東洋世界」のなかにまとめあげ、ギリシャ世界からローマ世界、ゲルマン世界へと一直線に描いてみせたのだった。

上記のヘスの呼びかけを読むと、ヘスがいかにヘーゲルのヨーロッパ中心主義を離脱し「ユダヤ人国家論」を唱えようとも、徹頭徹尾ヘーゲル的な近代国家論に乗っていることは明白である。シオンの地＝エルサレムにユダヤ人の民族国家を建設しようというヘスの主張は、つまるところ、「ヨーロッパの飛び地」をつくるということを意味していたのであった。

このヘスの先駆的シオニズムの影響を受けつつ、それと同型の議論を立て、かつそれを現実的な政治運動へとまとめあげたことで「シオニズムの父」と呼ばれたのが、ハンガリー出身のテオドール・ヘルツルである。一八九六年に有名な『ユダヤ人国家』を発表し、翌九七年に世界シオニスト会議を開催し、自ら議長として思想運動をリードしたことで知られる。まさにフランス革命から、そしてヘーゲルから、ちょうど一世紀の時間が流れていた。

ここでは、ヘルツルの『ユダヤ人国家』を詳細に検討することはしない。ここで注目しておきたいことの一点は、ヘルツルもまた自ら「ヨーロッパ化」することを志向する同化主義者でありながら、一八九四年のドレフュス事件（ヘルツルはジャーナリストとしてのフランス在住中にこの事件を目撃している）などに象徴されるような反ユダヤ主義の高まりによってシオニストに転向したという思想遍歴だ。同化主義による解放・平等の実現という理念の破綻が、極端なユダヤ民族論へと転向させた、というのは、ヘスとの第一の同型性を示している。

もう一点は、ヘルツルが、来るべきユダヤ人国家を、アジアの野蛮に対する、ヨーロッパの文化の「防壁」と位置づけていることだ。

もしパレスチナを与えられたならば、（…）ヨーロッパのために我々はその地でアジアに対する防壁の一部を作り、野蛮に対する文化の前哨の任務を果たすであろう。我々は中立の国家として、我々の存在を保証せねばならない全ヨーロッパと連携するであろう。[*18]

シオニストに転向したヘルツルは、自身がヨーロッパには同化できない「他者」でありながら、しかしこの箇所を一読して明らかなように、ヨーロッパの支援を受けて、後進的で野蛮なアジアに対して、先進的で文化的なヨーロッパを守るための前哨基地国家になろうというわけだ。ここにもまた、ヘスとの同型性を見いだすことができる。ヘルツルの『ユダヤ人国家』は、来るべき国家のプログラムとしてはより具体的で詳細であるものの、この二点においてはむしろヘスの反復にすぎないとさえいえる。

ただし、ヘーゲルから一世紀後、次の新たな世紀の変わり目において、シオニズムをたんなる思想から具体的な運動へと引き上げた点で、大いなる画期をなしているともいえるのだ。

この「ヨーロッパ／その外部」ないし「ヨーロッパ／アジア」という区分を、近代国民国家体制の側から（再）構築することの思想史的意味について、東アジア研究者である丸川哲史の提起する「リージョナリズム」という概念に沿って、もう一度確認しておく。この丸川のリージョナリズム論は、「ヨーロッパ近代」をそもそも成立させているヘーゲル主義的な時間・空間概念を根本的に捉え返し批判しようという点において、先述のジョナサン・ボヤーリンの議論とも通底するものだ。

丸川が注目するのは、ルイ・アルチュセールによるヘーゲル批判である。丸川によると、アルチュセールはヘーゲル哲学における時間構造の特徴が、「時間の等質的連続性」と「時間の同時代性」にあり、これによって文字どおり「世界」全体が、特定の発展段階へと自動的に割り振られてしまい、ヨーロッパを中心に置いて、その外部への「近代」の拡大が流出論的モデルとして解釈される、という。[*19] すなわち、時間構造がそのまま近代世界の空間的な分割配置を規定しており、ヘーゲル的な時空認識こそが、「ヨーロッパ近代とその外部」を生成させているのだ。

そうしたなかで、レーニンによるロシア革命や毛沢東による中国革命が、「ヨーロッパ」の周縁ないし外部において、ヘーゲル的近代の時空構造に対して「亀裂」を走らせる試みであった、とアルチュセールは位置づけるが、それらも含めた「民族運動」は、丸川の定義によれば、「ヨーロッパ近代によって命名され、区分けされた世界構造に別のリージョンの構想を与え直す運動」ということになる。[20] さらに、そうした民族運動の試みについて、丸川の鋭く簡潔な整理を引用する。

その少なくない部分が、欧米流の近代化論を採用しそして失敗もしているし、またその反動として伝統回帰のイデオロギーにおいて主権の正当化をはかったわけである。そういった数々の民族主義の内部に抱え込んだ矛盾自体が、ヨーロッパ近代が設定した時空構造への過剰適応、あるいは反抗の徴候とも考えられるだろう。[21]

ヘーゲル左派たるモーゼス・ヘスがシオニストとなるに至った変遷の本質がここに過不足なく説明されているし（近代化論の採用、反動としての伝統回帰、過剰適応と反抗）、ヘーゲルその人からテオドール・ヘルツルに至る一〇〇年の流れについてもまた同様である。

2　ハイデガーとアーレントにおける背反する「故郷喪失」

ハイデガーにおける故郷喪失の超克

次に、ヘーゲルの時代から数え始めて、二つ目の一〇〇年間、つまりヘルツル以降の二〇世紀について考えたい。

ドイツの政治哲学史を論じたヘルマン・リュッベは、「諸国民の戦争」とも称された第一次世界大戦を画期として、多くの哲学者らが、「イデオロギー的国民主義」に走っていったことを、多くの事例を引きながら詳細に論じている。それは、「愛国的に戦争の事態を哲学固有の事態とするような哲学、あるいはむしろ逆に戦争を遂行する祖国に、祖国が遂行しているのは哲学の事態なのだと保証するような哲学」の趨勢のことであり、それらが、世界大戦によってヨーロッパ全土に呼び覚まされた。[*22]とりわけドイツにおいては、ドイツ国民の「固有性」「本来性」が古典哲学によって基礎づけられ、その世界史的意義が強調され、そこから戦争の意味・正当性も論じられることとなった。

こうした第一次大戦の歴史哲学的認識は、「一七八九年対一九一四年」あるいは「一九世紀的理念対二〇世紀的理念」という形で対位法的に描かれ、ドイツがこの戦争によって、「外国かぶれ」（つまりフランスかぶれ）の自由の理念から、最終的に「自己を取り戻し」、国民統合の理念を手にしたとされる。[*23]

この二〇世紀的理念たる「本来的国民」あるいは「国民的本来性」は、言うまでもなく、ナチズムの台頭とホロコーストによって、ある種の頂点を極める（その後それが衰退しているというわけではないが）。ナチス党の政権獲得と独裁化によって、国民主義は、純粋な人種主義的ナショナリズムの運動の形をまとって一気に高まり、ドイツ国民の本来的国民化が押し進められたのと表裏の関係で、法制度的なユダヤ人の「非国民化」が進められた。ユダヤ人からは住居や職業の自由といった基本的な権利が剝奪されたのみならず、ニュルンベルク法（一九三五年）によって、家系的に四祖父母のうち一人でもユダヤ教徒がいればその人物は「ユダヤ人」であるとされ（人種化）、諸権利の剝奪が法的に正当化された（非国民化）。

このナチズム時代における「国民」の「本来性」に関する哲学的議論に一つの型を与えたのは、ほかならぬマルティン・ハイデガーであり、その議論を批判的に整理・分析してみせたのは、フィリップ・ラクー＝ラバルト※である。

※フィリップ・ラクー＝ラバルト：一九四〇〜二〇〇七年。フランスの哲学者で、ハイデガーとジャック・デリダの影響を強く受けている。芸術と政治との緊密な関わり合いに関して哲学的な議論を展開した。日本語に訳されている著書に『政治という虚構』（藤原書店）や『経験としての詩』（未來社）や『虚構の音楽』（未來社）などがある。

まずは、議論の見通しをつけるために、ラクー＝ラバルトの整理を最初に参照することにする。ラクー＝ラバルトによれば、ハイデガーにおける「政治の美学化」は、以下の三つの根本的なモチーフを要請しているという[*24]。

(1)　故郷喪失（Heimatlosigkeit）
(2)　ギリシャ的始源の偉大さの取り戻し
(3)　神学－政治論

この展開は、近代資本主義世界における農村＝故郷の破壊、すなわち異郷化が歎かれ、そこで失われた故郷は、ドイツ国家がヨーロッパの（捏造された）「起源」たるギリシャ世界を反復するという物語によって代補され、新しく打ち立てられた民族や国家が（ギリシャ）神話つまり「新しい神の約束」によって正統化される、という「国民的本来性」獲得（回復）の物語だ。

この物語を、より詳しく見ていこう。ハイデガーは、いわゆる『ヒューマニズム書簡』のなかで、「故郷」について次のように記している。

「ドイツ的なもの」は世界に向けて、世界がドイツ的本質に即して再び健康になることを目指して、言い述べられているのではない。むしろ、「ドイツ的なもの」は、ドイツ人たちに向けて、ドイツ人たちが諸民族への運命的帰属にもとづいて、この諸民族とともに、世界の歴史に即したものとなることを目指して、言い述べられているのである。こうした歴史的に住むこととしての故郷が、存在への近さなのである。[*25]

この「故郷」が近代資本主義世界において喪失されてしまっている状況は、ニーチェにおいてはニヒリズムとして、マルクスにおいては疎外として表現されているものだ。この故郷喪失がハイデガー独自の存在論にあっては、「世界史の運命」であるとされ、「故郷喪失の超克が開始される」という。[*26]ハイデガーは、ヘーゲルとほぼ同時代の詩人ヘルダーリンの「帰郷」という詩に論及しつつ、そこに表現されている故郷概念が、たんに地理的な意味での西洋に属するのではなく、民族の「本質」に属し、その本質は「西洋の運命に帰属している」とし、世界史的な意味での「根源への近さ」において思考されている点を強調する。[*27]

ハイデガーはこうして、「世界史的運命」の考察として自らの思索を何度となくギリシャ思想へと差し向けるが、しかしラクー＝ラバルトは、ここに重大な問いの転換を見てとる。

「世界史的に考えられている」とはいえ、三〇年代に、この同じ問題系、すなわち故郷喪失の問題系によって、「人間とは何か？」というカント的な問い（啓蒙主義者と形而上学者が不可分に結びついたスタイルの問い）が、「我々とは誰か？」というもうひとつ別の問いへと強制的に置き換えられた。後者の問いが意味しているのは、やはり一貫して、「誰なのか、我々ドイツ人とは？」ということである。そしてこれに対する可能な回答は、たとえば「優れて哲学的な民族」、あるいは「思索者たちと詩人たちの民族」であろう。[*28]

すなわち、「世界史」と言いながら、そこで結局のところ想定されていたのは、普遍的人間なのではなく、現代のドイツ民族なのではないか、と。ヘルマン・リュッベは、第一次世界大戦時において哲学者たちが「イデオロギー的国民主義」に走っていったことを指摘していたが、さらにそれを経た後の一九三〇年代と四〇年代のナチズムの時代にあって、ハイデガーの用いる「故郷」や「民族」といった用語が、ナチズムにおけるそれと無関係であったという保証はない。それどころか、ハイデガーのナチズムへの深いコミットメントが指摘されているのはもはやスキャンダルではなく周知の事柄となっている。ハイデガーにおけるギリシャ神話は、「民族存在と結びついているものとして考えられた限りでしか再生することがない」ものであり、「自己同一化の手段」であったということになる。[*29]

テオドール・アドルノもまた、ハイデガー批判を展開した『本来性という隠語』のなかで、「本来性」という言葉が、実のところ、「固有の特性」としての「本来的なもの」を意味するものではなく、ただの空疎な形式にすぎないこと、そしてそれにもかかわらず、「その（何か本来的な）内容が、この言葉自身のなかに既にあるかのように信じさせられてしまう」ことを指摘している。[*30]しかも問題は、その「本来性」が、自然化・内面化・神格化をともなうという点だ。本来性を獲得した人間への賞揚は、同時に「非本来的人間」という存在を生み出し、たとえば、「ユダヤ人はユダヤ人であるがゆえに罰せられる」という事態を引き起こす。[*31]

> いったん《本来性》が死の必然性という経験的状態でもなく、それに対して主体的に反省する態度でもないとされてしまうと、《本来性》は、〈恵み〉に、いわば《人種》的な特質としての《内的精神性》のごときものに転化してしまう。人はそれをもっているか、いないかのいずれかでしかなく、〈それの配分に与っている〉と同語反復的に言う以外何の説明もそれについて加えることができない、そのような類いの特質である。[*32]

「本来性」が自然化・内面化されるということは、すなわち、「人種化」されるということを帰結する。「国民／非国民」の線引きが絶対化され人種化され、非国民はどこまでいっても非国民のままであり、したがって、一切の権利を剝奪されることが正当化されてしまう。

アーレントと無国籍問題

ハイデガーが「故郷喪失」とそこからの「回復」を哲学的に思考していたときに、ドイツ系ユダヤ人の哲学者でナチズム期にアメリカに亡命したハンナ・アーレントは、故郷喪失という出来事について、別様の思索をめぐらせていた。

アーレントは、大著『全体主義の起源』のなかで「故郷喪失者」（Heimatlose）に言及するに先立って、「少数民族」と「無国籍者」について論じている。まずは、国民国家の成立によって、「一国の市民たることと民族的帰属とが不可分」となり、「同じ民族的起源を持つ者のみが法律の保護を真に保証され」、「他民族のグループは完全に同化され民族的起源が忘れられるようにならないうちは例外的法規によって保護されるしかない」、ということになる。[*33] これが二〇世紀前半における、いわゆる少数民族問題であった。この段階であれば、人権宣言や憲法による保護といった志向が、まがりなりにもかろうじて残っている。

だが、「ネイション（民族）による国家の征服」という国民国家に内在していた危機の現実化という事態にいたって、少数民族とは異なる「無国籍者」（Staatenlose）という新しい存在を生み出した。

無国籍ということは現代史の最も新しい現象であり、無国籍者はその最も新しい人間集団である。第一次世界大戦の直後に始まった大規模な難民の流れから生まれ、ヨーロッパ諸国が次々と自国の住民の一部を領土から放逐し国家の成員としての身分を奪ったことによってつくり出された無国籍者は、ヨーロッパ諸国の内戦の最も悲惨な産物であり、国民国家の崩壊の最も明白な徴候である。*34

第一次世界大戦の前から戦中にかけての無国籍者は、敵国出身の「帰化人」からの国籍剝奪に限られていたが、大戦後のヨーロッパ内部の民族紛争や国境紛争の結果、質・量ともに異なる大規模現象としての無国籍者が生じることとなった。都市や地方の国家帰属が一度となく変更されることもあり、その他、「何らかの理由で故郷が明確に定められない人びと」を、アーレントは「故郷喪失者」と呼んだ。

この問題は、ヨーロッパ世界にかつてからあった「亡命者」や「戦争難民」の場合とは異なる。亡命者や難民には最低限不可侵の人権が庇護権のもとに認められていたが、無国籍者／故郷喪失者という二〇世紀の問題においては、この権利を保障する主体が存在しない、つまり国家的あるいは国際的権威には市民権を護る用意がないのだ。それゆえ、無国籍者とは無権利者のことでもあるということになる（アーレントは「諸権利を持つ権利」の喪失と呼ぶ）。故郷喪失という現象が歴史的に決定的なのは、「故郷を失ったことではなく、新たな故郷を見いだせないこと」なのであり、共同体からの排除がそのまま「人類からも締め出される」ことを意味したのだ。[*35]

ハイデガーにおける「故郷喪失」が、本来的国民を確保するために、そのネガとして想定された近代人のルサンチマンであったのに対し、アーレントが同じ用語で表現したのは、その正反対に、「本来的国民」の人種化によって排除された側の完全なる無国籍・無権利状態という冷徹な事実であった。

なお、ナチズム時代におけるドイツ・ユダヤ人の排斥は、上記のアーレントの整理に従えば、まずは「帰化（同化）ユダヤ人からの国籍剝奪をもって始まっており、これが市民権剝奪一般への道を均した」。[*36] だが、この集団的無国籍者の存在という問題は、「解決（解消＝抹消）」がほぼ不可能であった。というのも、無国籍者を国外追放にしようにも彼らを受け入れる国が存在せず、「新たな故郷を見いだせない」からである。こうして「人類から締め出された」ユダヤ人たちの存在を「解決＝解消」する（ほとんど不可能な）手段は、次の三つということとなった。[*37]

(1) 属すべき領土の代替物としての強制収容所への移送
(2) 絶滅収容所における「最終解決」、つまり存在の抹消＝絶滅
(3) ヨーロッパの外部にユダヤ人の故郷＝国家を創設すること

このいずれもが、ある民族集団の存在を解消するというほぼ不可能なことを可能にするという、必

然的に無理を含む強引な解決ならざる解決であったことは言うまでもない。そして、⑴と⑵については、強制収容所から絶滅収容所へという流れのなかで、アーレントならずともその非人道性を批判することは難しいことではない。アーレントが両義的な態度をとらざるをえなかったのは、三番目の、いわゆるユダヤ人国家建設というシオニズム的解決についてであった。

ここでは詳述する余裕はないが、[*38] アーレントは第一に、自身がユダヤ人として非国民とされ亡命を余儀なくされたという体験もあり、ユダヤ人国家の建国運動が盛んに進められた一九四〇年代には、「純粋なユダヤ人の民族国家」という理念に強く反対していた。だが同時に、諸権利を持つ権利を最低限保障する存在として、ユダヤ人が何らかの国家をもつこと自体にはけっして反対したことはなかった。排他主義には一定の距離を置きつつも大枠ではシオニズム的な立場を捨て去ることはできないという曖昧な態度をアーレントはとることになる。このことは、実際に四八年に建国されたユダヤ人国家としてのイスラエル国家に対して、アーレントはその存在を断固として支持したものの、しかしけっして自らは移民をしてイスラエル国民になろうとはしなかったという、矛盾した姿勢にも反映されている。第二に、ユダヤ人国家が建国されたパレスチナの地で大量のアラブ・パレスチナ難民を発生させたという事実、しかもそれは建国に先立って、原理的に避けえない問題として予見されていたという事実からしても、アーレントはシオニズム運動に対しては、批判的な距離を置かざるをえなかった。

戦後になって明らかとなったことは、唯一の解決不可能な問題とされていたユダヤ人問題が解決されえたこと、しかもその方法は最初は徐々に入植しそれから力ずくで領土を奪うことだったこと、だがこれによって少数民族問題と無国籍問題が解決したわけではなく、その逆にユダヤ人問題の解決は今世紀［二〇世紀］のほとんどすべての事件と同じように別の新たなカテゴリー、つまりアラブ人難民を生み、無国籍者・無権利者の数をさらに七〇万ないし八〇万人も増やしてしまったことだった。*39

アーレントは、こうした事態を国民国家の「死病」と呼びつつ、すべての市民の法的平等を訴え、また一部の住民の追放を批判している。

アーレントのなかの人種主義

上記のようなアーレントの立論は、市民権の擁護という点において断固としたものであり、またユダヤ人ながらもシオニズムに対して（両義的なところがあるとはいえ）批判的距離を置いている点において冷醒でありながら、以下の二点で危うい議論もまた展開している。

第一に、アーレント自身における人種主義の問題だ。これまで見てきたように、「種族的ナショナリズム」や「ネイションによる国家の征服」、そして反ユダヤ主義を徹底的に批判したアーレントは、人種主義批判者であることは疑いえない。それにもかかわらず、アーレントのテクストのいたるところに、主としてアフリカの人びとに対する典型的な人種偏見が散りばめられている。「ヨーロッパ人」を「普遍的人類」と称し、「アフリカ人」を「未開な野蛮人」と対比させて憚らないのだ。「人間」対「動物」、「文明世界」対「暗黒大陸」といった表象も繰り返されている。このことについては、デリダ哲学の研究で知られナショナリズム批判の思想を展開している高橋哲哉が、そのひとつひとつを丁寧に指摘しつつ詳細に論じているので、全体に亘る詳細な検討はそれに委ねるが、高橋も言うように、これは明らかに「筆がすべった」わけではなく、「アーレントの一貫した認識」と考えざるをえない[*40]。

そうした諸問題のなかで、とりわけここで触れたいのは、ユダヤ人、ヨーロッパ、地中海世界、パレスチナとの関係、アーレントによる微妙な位置づけである。アーレントのテクストのなかには、以下のような記述がある。

シオニズム運動は、反ユダヤ主義によって強い影響を受けていたので、いろいろな誤った解釈をもつに至ったが、そのなかでも、ユダヤ民族は非ヨーロッパ的性格をもつというこの間違った観念こそが、たぶん最も広範に及ぶ最悪の結果をもたらしたものだろう。シオニストは、ヨーロッパ諸民族に不可欠の連帯を損なっただけではなく、(…)、ユダヤ人がいずれもつかもしれぬ唯一の文化的、歴史的郷土をも奪おうとしたのである。というのは、パレスチナと地中海全域とは、たとえ政治的な意味ではどの時代もとはいえないまでも、地理的、歴史的、文化的な意味では、つねにヨーロッパ大陸に属してきたからである。(…) 実際、不幸な出来事のため、異郷の多民族社会、異文化のなかに追いやられ、そのなかでは永遠のよその者とみなされ、けっしてくつろぐことのできない、アジアの一民族の歴史として、ユダヤ史を解釈する試みが数多くなされた。[*41]

アーレントの認識においては、ユダヤ人とそしてユダヤ人国家の置かれるパレスチナの地は、ヨーロッパの一部である、というのだ。たしかに、主流のシオニストらが共有する「ユダヤ人＝アジア系の一部」という認識は、ユダヤ人をヨーロッパから「ヨーロッパの他者／非ヨーロッパ人」として排除しようとする反ユダヤ主義に由来しており、その意味では、シオニストが反ユダヤ主義者らと暗黙の共謀関係にあるという批判にも通じるものではある。したがって、そうした排除の論理としての「他者化」を拒絶することには一理は認められる。しかしそれを否定するために、パレスチナを、さらには地中海世界全体をも、「ヨーロッパに属する」と断定することには、大きな飛躍と矛盾と危険がともなう。

高橋も指摘するように、「ユダヤ民族とパレスチナがどちらもヨーロッパに属するなら、ユダヤ人とパレスチナ人の関係はヨーロッパ内部の関係とな」り、「他の記憶、他の歴史、他の文化をもつパレスチナ・アラブ人の声をかき消してしまっている」という問題がある。[*42]

ユダヤ人・ユダヤ文化がそもそもヨーロッパの内部なのか外部なのかという問題はひじょうに微妙で重層的な諸要因を含んでおり、アーレントの断言は乱暴きわまりない。実際この問題は、後述するように現代のイスラエル国家のユダヤ人アイデンティティの錯綜した状態にまで深く関わっており、アーレントの認識では現代イスラエルについてもまた重大な誤解を招くこととなる。

さらに、このユダヤ認識はいったん措くとしても、地中海世界（南欧だけでなくアラブ文化圏やトルコ文化圏その他を含む）全域をヨーロッパに「従属させる」というのは、端的に、ヨーロッパ中心主義的に平板化された俗流ヘーゲル主義的な歴史哲学の焼き直しにすぎない。皮肉にも、モーゼス・ヘスやテオドール・ヘルツルといったプロト・シオニストらの共有していた、「ヨーロッパ世界の飛び地であるユダヤ人国家を、野蛮なアジアに対する防護壁／前哨基地にする」という、ヨーロッパ対その外部、ヨーロッパ対アジアという基本構図的認識とさほど差がないことになってしまう。アーレントのユダヤ人＝ヨーロッパの一部という認識は、シオニストらが反ユダヤ主義を短絡的に利用したこと（「ヨーロッパ人ではない／非国民だ」と人種差別をするなら、その外部＝パレスチナに国家をつくることを認めよ、と主張したこと）に対する一定の批判にはなりえても、けっしてヘーゲル主義の延長線上にいるシオニズム自体に対する批判にはなりえない。

この問題とも関連するが、アーレントの議論の危うさの二点目に移ろう。アーレントは、『全体主義の起原』で先に触れた無国籍者・故郷喪失者について考察した章の最後の部分で、フランス人権宣言に反対したイギリスの保守思想家エドマンド・バークを擁護し、以下のように述べている。

われわれの最近の経験とそこから生まれた省察とは、かつてエドマンド・バークがフランス革命による人権宣言に反対して述べた有名な議論の正しさを、皮肉にも遅ればせながら認めているように思われる。われわれの経験は、人権が無意味な「抽象」以外の何ものでもないことをいわば実験的に証明したように見える。（…）自然法も神の戒律ももはや法の源泉たりえないとすれば、残る唯一の源泉は事実、ネイションしかないと思われる。すなわち権利は「ネイションから生まれる」のであって、他のどこからでもなく、ロベスピエールの言う「地球の主権者たる人類」からではけっしてない。バークの議論の実際上の正しさについては疑問の余地がない。*43

すでに触れたように、アーレントは、「ネイション（民族）」と「国家」を微妙に区別しつつ、「ネイションによる国家の征服」を問題視するときに、デモクラシーの器としての形式的な国民国家（すべての国民の権利を平等に守る国家）を擁護して、いわば「エスノクラシー」（つまり特定ネイション／エスニック集団による支配国家）となることを批判していたはずであった。ところが、この箇所では、結局のところ人権を保障してくれるのは、国民国家ではなくネイションしかないのだ、と言い切ってしまっている。

たしかに、抽象的に人権を理念として唱えるだけでは、実際の権利は守られはしないだろう。だが、それを守る政治制度として「国民国家」（アーレントの文脈においては、民族的出自とは無関係にすべての国民の権利が護られる国家）ではなく、「ネイション」を肯定するということは、ヨーロッパ各国がユダヤ人排斥を行なったという現実を追認することにならないだろうか。そして、ひいてはそのことは、たんなるシオニズム的理念（ユダヤ・ナショナリズム）一般の支持というにとどまらず、純粋なユダヤ人国家を前提として四八年に創設された現行のイスラエル国家の「エスノクラシー」をも容認するということにならないだろうか。[*44]

事実アーレントは、「権利はネイションから生まれる」ということは、「ユダヤ人とイスラエル国家の例が示している」と、その直後に記している。[*45]

以上、大きく二点において、誰よりも厳しくユダヤ人差別を批判していたはずのアーレントが、人種主義としてのシオニズムに屈してしまっているという矛盾・危険を読み取ることができよう。

3　ヘーゲルから二〇〇年後に現代パレスチナ／イスラエルを考える

パペのエスニック・クレンジング論の歴史的意味

ハンナ・アーレントが述べたように、膨大な数のアラブ・パレスチナ人難民を生み出しながら「力ずく」で現代イスラエル国家が「ユダヤ人国家」として建国されたのは一九四八年であった。ユダヤ・ナショナリストであり、何らかの形でユダヤ人の「故郷」を新たに創出する必要を訴えたアーレントは、その意味ではシオニストではあったが、その「故郷」を「純粋なユダヤ人国家」とするような排他主義的なシオニズムには批判的であったため、四八年に建国されようとしていたユダヤ人国家案には強く反対していた。[*46]その意味では、四八年のイスラエル建国という出来事は、アーレントにとっては、一〇〇年前にモーゼス・ヘスが体験した一八四八年革命の挫折にも比されるべきものだともいえよう。

このイスラエル建国は、イスラエルの反シオニストのラディカルな歴史家であるイラン・パペによって、「エスニック・クレンジング」つまり民族浄化として再定式化されている。[*47] パペがこの用語を用いるのは、感情的に非難を加えるためではない。従来、排斥を受けたパレスチナ人の側がアラビア語で大厄災を意味する「ナクバ」という言葉で表現してきたが、これではあたかも地震のような天災であるかのような響きをもつ。そうではなく、四八年の前後に誰が／どういう目的で／何を、主体的に行なったのかを、的確に概念化した用語が「エスニック・クレンジング」である、という。すなわち、ヨーロッパ世界出身のシオニストらが行なったのは、すでに先住アラブ人の存在しているパレスチナの地に、排他的な純ユダヤ人国家を創設するために、できるだけ広い土地からできるだけ多くのアラブ人を殺害するかあるいは追放することであった。この意図的な政策および軍事行為の総体を、パペは、端的に「エスニック・クレンジング」であると論じたのだ。

ここで問題は、アーレントがユダヤ人とともにパレスチナを「ヨーロッパに属するもの」と位置づけたのとはまったく異なり、実際には、ヨーロッパから排除されつつもその支援を受けたシオニストが、ヨーロッパ文明世界の先鋒を自任し、先住アラブ人を、征服・殲滅・追放しても正当化される「野蛮で未開な他者」と位置づけて、パレスチナでの入植や戦闘といった活動を行なっていた、という点である。来たるべきユダヤ人国家を「アジアの野蛮への防壁」とみなし、ヨーロッパ諸国からの支援によってその実現を図ろうとしていた、ヘスやヘルツルといった先駆的なシオニストの思想は、そのまま五〇年後、一〇〇年後のパレスチナで実行されていたのだ。

したがって、イスラエル建国を正統化する国家の正史においては、建国以前のその地に都市や街や農村があり、豊かな文化的営みがあったことが抹消され、「土地なき民に、民なき土地を」というプロパガンダ的スローガン[*48]が、文字どおりに実行に移され、無人の荒野に入植・開拓がなされていたかのように語られる。前節で見たアーレントの嘆きとはまったく裏腹に、パレスチナの地では、シオニストこそが自らをヨーロッパの一部と称し、ヨーロッパを中心とした世界史の最先端でヨーロッパ流の排他的領土国家を実現しようとしていた。まさに、近代的時間・空間編制に基づく国家を、ヨーロッパの「飛び地」としてパレスチナに形づくり、その影ではアラブ人を他者化し抹消しようとしていたのである。

ヨーロッパとその外部、ヨーロッパとアジアという、ヘーゲル主義的な線引きは、シオニストらにおいては、こうしてパレスチナに遂行的になされた（線引きという行為によって初めて区分された）のだということは、改めて確認しておかなくてはならない。ジョナサン・ボヤーリンが、「ヘーゲルのシオニズム？」という端的なタイトルを付けたことは至極まっとうなことであり、ヘスとハイデガーとアーレントを経ることで、その妥当性がいっそう明らかになったといえよう。

形容矛盾ではなかった「ユダヤ系アラブ人」とその否定

ところで、実のところ、ユダヤ人／アラブ人という線引きそのものが遂行的なもの（つまり線引きを遂行するという行為によって初めて現実化したもの）であるということは、原理的にその線引きが恣意的なものにすぎず、そうした区分そのものが矛盾をきたし不当なものである可能性が否定できないということでもある。

四八年の建国後、四九年の第一次中東戦争の停戦によって、四七年の国連パレスチナ分割決議で示されたユダヤ国家予定地を大幅に拡大した線引きで、イスラエルが武力によって既成事実的に獲得領土をほぼ確定させると、イスラエルはその自国領内になお残っていたアラブ・パレスチナ人への弾圧を強めるとともに、中東地域に居住するユダヤ人に対してイスラエルへの移民圧力をかけ始めた。これは、ナチスのホロコースト（ユダヤ人虐殺）によって、潜在的移民であったヨーロッパにいるユダヤ人が殺害されたことと、なお多くのユダヤ人らが、建国まもない不安定で貧しいイスラエルに移民するよりも、第二次世界大戦後に一応の安定を取り戻した欧米世界に残る道を選んだことで、イスラエルが思うようにユダヤ人国民を増やせなかったためである。純粋なユダヤ人国家を実現するには、ユダヤ人口を極大化しアラブ人口を極小化することが求められるため、シオニストらが次の手段として訴え出たのが、中東世界からのユダヤ人の移民導入であったのだ。早くも一九五〇年前後から組織的移送計画が開始され、それから六〇年代にかけて、モロッコ、アルジェリア、エジプトなどの北アフリカ地域、そしてイラクやイエメンといった湾岸地域に居住していたユダヤ人たちをほとんど根こそぎにし、すべからくイスラエルに移住させる作戦が進められた。こうして急激に増やされた中東世界出身のユダヤ人の数は、欧米世界出身のユダヤ人の数と並ぶまでになった。*49

しかし、こうしたユダヤ人らの多くは、すなわち「ユダヤ教徒のアラブ人」にほかならない。[*50]「ユダヤ系アラブ人」ないしは「アラブ系ユダヤ人」と言ってもいいだろう（ベルベル系、トルコ系、クルド系、ペルシャ系などのユダヤ人を除いて。彼らを含むときは「中東系ユダヤ人」ないし「ミズラヒーム」という）。アラビア語圏・アラブ文化圏にある彼らは、イスラームやキリスト教を信仰するアラブ人らとともに、ユダヤ教を信仰する「アラブ人」として存在していたはずであった。見方によっては、ユダヤ人口比を高め純化するために、アラブ人口をも増やしているようなものであり、明らかに矛盾をはらんだ移民政策であった。

この矛盾を矛盾として現象させないための装置が、またしても人種主義であった。すなわち、ユダヤ教徒は、信仰においてユダヤ教徒なのではなく、その血からアラブ人とは異なっており、「人種としてのユダヤ人」なのであり、絶対的にアラブ人ではありえない、という強引な解釈がシオニストによって導入されたのだ。それまでは、アラブ人のなかにムスリムとキリスト教徒とユダヤ教徒が存在していたにもかかわらず、イスラエル建国以降は、アラブ人にはムスリムとキリスト教徒しか存在しないことになり、ユダヤ教徒はユダヤ人であるという、歪められた分割が実体的かつ絶対的なものとされるようになった。この政治的な分割線は、それ以降自然化させられてしまったのだ。

こうした人種主義的な民族定義によって、建国後もイスラエル国家をできるだけ純ユダヤ人化していこうという政策が形を変えて継続された。つまりこれは、アラブ・パレスチナ人市民（先住民のムスリムとキリスト教徒）を「非本来的国民」ないし「非国民」として位置づけ、ユダヤ人のみを（つまり出自にかかわらずユダヤ教徒のみを）イスラエルの「本来的国民」とする、国民主義的政策であるといえる。言い換えれば、イスラエル国内のパレスチナ人を文字どおりに「抹消」しようとする政策の一環でもあり、その意味で、イラン・パペも言うように、「エスニック・クレンジング」は、四八年前後の建国期についてなされたのみならず、その後も継続されたし、後述するように、現在もまた継続されているのだ。パペによる民族浄化概念の適用は、シオニズムの政策意図を建国前から建国後現在にいたるまで一貫して説明するうえでも有効なものであるといえる。

パレスチナ人の「本来性」

イスラエルによるパレスチナの民族浄化政策は、さまざまな形をとっているが、そのなかでも民族分断政策がその最たるものであり、その結果として、細分化され極小化された一部のパレスチナ人のみを「本来的パレスチナ人」とみなすような事態も生じている。

まずは、四八年前後のイスラエル建国によって、八〇万人とも一〇〇万人ともいわれるパレスチナ難民が発生した。イスラエル領となった土地から放逐された人びとは、ヨルダン川西岸地区とガザ地区へ、さらには国外のヨルダン、レバノン、シリア、エジプトへと逃れ、難民となった。六七年の第三次中東戦争の結果、東エルサレムを含む西岸地区とガザ地区の全体がイスラエルによって軍事占領下に置かれ、後に東エルサレムはイスラエル側に併合を宣言される（国際的には認められていないが、イスラエルは、東西エルサレムを統合し、新しい首都としたと主張している）。しかしながら、イスラエルは土地のみを併合したものの、東エルサレムに住むパレスチナ人に対しては国籍を附与せず、その住民らは現在にいたるまで無国籍状態に置かれている。

この時点でパレスチナ人は、大雑把に言っても、西岸地区住民、ガザ地区住民、東エルサレム住民、イスラエル国籍者、国外難民、に分断されてしまっている。相互の往来はきわめて制限されており、また政治的環境も大きく異なっている。このことが、民族的な一体感を損なわせることとなった。とりわけ、イスラエル国内に国籍と一定の市民権をもつパレスチナ人については、形式的には「イスラエル国民」であるということもあり、アラブ系のイスラエル人ないしイスラエル国籍のアラブ人という意味で、「イスラエル・アラブ」と呼ばれ、あえて「パレスチナ人」の呼称から除外されることが多い。実際、そうした立場に置かれたパレスチナ人自身のなかでも、自らをパレスチナ人であるとみなすかどうかについては意見が分かれてしまっている。[*51]

民族意識を高める抵抗運動の歴史的展開もまた、パレスチナ人アイデンティティ形成に大きな影響を与えている。一九六〇年代・七〇年代を通して、ヨルダンやレバノンといったイスラエルに隣接する国外の難民キャンプを拠点に抵抗運動は組織化され、ファタハを中心とするPLO（パレスチナ解放機構）が代表的地位を確立するが、イスラエル軍によるレバノン侵攻によって、八二年に遠くチュニスに撤退し、事実上の海外亡命指導部となる。その後、八七年に西岸・ガザ地区で起こされた民衆蜂起（インティファーダ）によって、抵抗運動の舞台は被占領地内部に移るが、湾岸戦争など国際的政治力学の大きな変転を受け、イスラエルとアメリカによる代表権の正式な承認を受けて（いわゆるオスロ合意)、九四年にチュニスのPLO指導部が西岸・ガザ地区に「帰還」し、パレスチナ自治政府を打ち立てる。このことは、被占領地内部でインティファーダを担った地元の人びとを押しのけて、海外指導部が新たな支配者となるという二重構造を持ち込むと同時に、自治政府が領土主義的に西岸(東エルサレムを除く)・ガザ両地区の被占領地住民のみを代表することになり、国外難民の切り捨てをもたらした。

いまだ正式な独立国家には至っていないものの、パレスチナ自治政府は民主的選挙による議会と大統領を擁し、その領民に対してパスポートも発行できる準国家的な地位を得ることで、ある意味で「パレスチナ国民」を誕生させつつある。だが、その対象が西岸・ガザ両地区に限定されることで、きわめて狭い領土主義的な含意での国民主義となってしまい、あたかも西岸・ガザ地区のパレスチナ人のみが「本来的なパレスチナ人」、つまりパレスチナ国民であるかのような認識が内外に広まりつつある。イスラエル国内のパレスチナ人は、「イスラエルのアラブ系住民」という従属的マイノリティ扱いを受け、東エルサレム住民は無国籍のまま宙吊りにされ、国外難民の帰還権は反故にされたまま、「イスラエルとパレスチナの和平交渉」の枠から外されてしまった。すなわち、〈イスラエル〉と〈パレスチナ〉というふうに二つの政権主体を並べて語るときの「パレスチナ」が指し示す実質的な内容が、パレスチナ自治政府とそれが代表する西岸・ガザ両地区の住民のみであるかのように語られてしまっているのだ(第七章で見るように、その後ガザ地区に対する隔離政策が強まる)[*52]。

このことは、たとえば西岸・ガザ両地区の人びと自身による次のような見方にもしばしば見られる。

すなわち、パレスチナ問題が西岸・ガザ地区にしか存在しないかのように、そしてその住民である自分たちのみが「真のパレスチナ人」であるかのように語り、イスラエル国内でシオニズムに抵抗する運動を担っているパレスチナ人（いわゆる「イスラエル・アラブ」）を「本来的にはパレスチナ人ではない」と軽視する傾向がある。いわゆる連帯運動など欧米や日本でパレスチナ支援に携わる外国人にも、被占領地の内部に入ることこそが「真のパレスチナ支援」であるかのような幻想が流布しており、まさにシオニスト国家の内部でギリギリの抵抗運動を展開し、存在自体が抹消されようとしている困難な状況でかろうじてパレスチナ人アイデンティティを保持しようとしているパレスチナ人たちを「所詮はイスラエル国家と妥協をしたアラブ系市民だから」と無視する風潮が一般的にある。こういった人びとは、パレスチナ自治政府が「イスラエル・アラブ」や国外難民の問題を考慮しないばかりか、自らの権益の独占を至上命題とし被占領地の住民全体の利益よりもイスラエル政府との「現実的妥協」を重視することに対しても、批判力を失ってしまっている。

こうして、パレスチナについても狭い領土主義に則った「本来的国民主義」が浸透しつつあるのだ。

以上のような状況に対して、ディアスポラ論は対抗的言論を創出できるだろうか。

皮肉なことに、かつてはもっぱらユダヤ人の離散状況について語られてきた「ディアスポラ」は、現在、パレスチナ人の置かれている状況を概念化するのにひじょうに適しているといえる。先述のように、西岸地区、ガザ地区、東エルサレム、イスラエル国内、国外難民キャンプ、といった離散状況に加えて、湾岸諸国や欧米への集団的な出稼ぎ労働や移住、さらには、ガザ地区全体の監獄化、西岸地区での隔離壁建設によるゲットー化[*53]といった状況も考慮に入れると、狭義の法的用語としてであれ、あるいは象徴的なイメージとしてであれ、「難民」として語るよりも、「パレスチナ人ディアスポラ」と捉えるほうが、政治的帰属の差異や法権利上の差異を越えて、パレスチナ人を民族的存在として認識するのに適しているように思われる。

実際、世界各地のディアスポラを扱った「グローバル・ディアスポラズ」シリーズの一冊に『パレスチナ人ディアスポラ』[*54]が入っており、世界に離散しているパレスチナ人たちが、想像上の故郷(失われた歴史的パレスチナの地)との結びつきにおいてアイデンティティ形成をしつつも、現実の領土に基づくナショナリズムには縛られない、越境的な存在として新しい生存様式を肯定的に生み出していることが論じられている。

おわりに

いま現在、ここ日本にも、定住民でありながら、「無国籍者」や「非本来的国民」あるいは「非国民」が、不可視の形で数多く存在している。

陳天璽の『無国籍』は、現代日本における無国籍という問題に目を向けさせたが、著者は戦後日本生まれの在日華人(戦前の中国および植民地時代の台湾にルーツをもつ)であり、日本と中国・台湾の国交関係のはざまにあって、文字どおりの「無国籍」となっていた。[*55]同様の法的状況におかれていた在日華人は数千人に達するという。また、約五〇万人のいわゆる在日朝鮮人のうち、約三万人が「朝鮮籍」となっているが、「朝鮮籍」というのは、朝鮮民主主義人民共和国の「国籍」のことではなく、一九四八年に朝鮮半島に二つの分断国家が建国される以前の「朝鮮」のことであり、「国籍」のことではない（「韓国籍」の人は、とりあえず形式的には大韓民国のパスポートをもつことになる）。また、一九六五年以降に公式に認められるようになった「韓国籍」に変更したからと言って、参政権をはじめとするさまざまな市民権が認められているわけではなく、十全たる「国民」になれるわけではない。

こういった人びとは、日本による台湾・朝鮮の植民地支配によってかつては「日本人」化され、戦後処理の過程で一九四七年の外国人登録令によって一方的にその国籍を剝奪された結果として存在し、市民権なしの「非国民」として扱われてきたのだ。日本に「帰化」をしないかぎりは市民権が得られないのだが、「帰化」については、日本においては形式的な市民権の附与に関わるだけでなく、戸籍登録、すなわち天皇（制）への「帰順」を意味するという問題がある。[*56]

他にも、在日の日系南米人の子どもで本国にも出生届が出されていないケースでは、日本の国籍が認められるわけではなく、無国籍となる。[*57]こうした子どもが数百人から数千人もいるといわれながら、その人数を把握すること自体が不可能に近い。だが、かつて政策的に移民を送り出した経緯（「棄民」とさえいわれた）や、今度はその子孫のみを特例的に労働力補充として動員している事情を考えると、国家に利用されつつもその埒外に放置されているというのは、登録を怠った個別家庭の責任にのみ帰することはできないように思われる。

このように、日本においては、定住者であっても、さらには日本での出生者であっても、戸籍制度の外部に置かれ、「本来的国民」ではないとして、市民権を制約されている人びとが集団で存在する。もちろん、一般の在日外国籍者については、自らの帰属する国家においては「国民」であり、日本においても外国人として、つまり「他国民」として、可視的な地位が認められる。外交関係をもつ国家に属する市民として尊重もされる。それに対して無国籍者は、文字どおり帰属する国家をもたない存在であるため、自国民としても他国民としても尊重されることがなく、国家と国家のはざまに落ち窪み、不可視の存在となってしまうのだ。すなわち市民権が認められない。

だがこうした事態は、むしろ国家が「本来的国民」を、あるいは国民の「本来性」をつくりだすに際して、意図的かつ必然的にその差異化の対象として生み出され利用されてきたものだと言うべきであろう。国民としての管理統制を維持し、国家への恭順を摺り込むために、「国民ならざる者」に対しペナルティ（市民権剝奪）を与えているのだ。

またこのことは、こと日本においては、その近代国家の創設がヨーロッパの国民国家の強い影響下にあり、またそれを範とするものであったため、ヨーロッパ諸国が国民化にあたって、自己と他者、ヨーロッパとその外部といった区分を持ち込んだように、日本をヨーロッパに準ずるものと階位づけ、その優越意識にもとづいて、植民地出身者やその子孫、あるいは日系人らを、その下位層づけるというヒエラルヒー構造を内面化していた。したがって、本来的国民の外部に置かれた人びとは、「国民としての資質」たる「本来性」を欠いた人びととして、「本来的に」差別をしてもいいものとされてしまったのだ（ここにはアドルノの指摘する本来性をめぐる「同語反復」の問題が見られる）。

だがこれまで見てきたように、「本来性」とは、たかだかこの二世紀のあいだのイデオロギー的産物にすぎない。本来性から逸脱したディアスポラたちの存在は絶えずその事実を想起させる。もし、国民国家から「本来性」を抜き去ることができるとすれば（だがどうやって？）、そのとき「国民」は「市民」にとって代わられ、住民はすべからく市民権を有することのできる「市民国家」が生まれるのかもしれない。もちろんこれはひとつの想像＝創造にすぎない。だが、ディアスポラの思想はつねにそのことを可能性として指し示すことによって、国民国家を、そして国民の本来性を批判し続けているのである。

▼第二章▲バイナショナリズムの思想史的意義
——国家主権の行方

はじめに

パレスチナ／イスラエル問題の歴史のなかで、その初期から現在にいたるまで、「バイナショナリズム」すなわち二民族一国家論がときおり浮上する。それはときに積極的な解決策のように語られることもあれば、あるいはなしくずしの消去法のように語られることもある。そもそもバイナショナリズムとは、ユダヤ人とパレスチナ・アラブ人とが一つの政治的枠組みのなかで共存することを目指す思想運動である。早くは後述するように一九四八年にイスラエルがユダヤ人国家として建国される前に、ヨーロッパからパレスチナに移住するユダヤ人の居住権を正当化する論理として提唱された。近年では、二〇〇〇年に始まったパレスチナの第二次インティファーダ（民衆蜂起）以降、二国家方式つまりパレスチナ国家独立が非現実的になるにつれて、パレスチナ和平に関して数多くのバイナショナリズム論が発表されるようになり、[*1]またパレスチナ被占領地における世論調査でもバイナショナリズムに対する支持が高まっているとされる。

一九九三年のオスロ和平合意によって、パレスチナに独立国家を与えることで和平問題の解決をはかることが国際的な共通認識となる一方で、現実にはこの合意はパレスチナのヨルダン川西岸地区とガザ地区の軍事占領を支える一切の条件を棚上げにしてしまっていたため、その後の和平プロセスと言われる期間においてもなお、パレスチナの被占領地はいっそう根底的に浸食されていき、結果としてパレスチナの独立はむしろ不可能なものとなっていった。在米パレスチナ人で文芸批評家として世界的に著名であったエドワード・サイードが「一国家解決」というエッセイを発表し、バイナショナリズムの立場を公然と示したのが、後述するように一九九九年のことであった[*2]。その翌年二〇〇〇年に、イスラエル側からの挑発をきっかけにパレスチナ人らによる第二次インティファーダが勃発。イスラエル側がそれに対する徹底的な弾圧作戦を展開し、〇一年からはいわゆる〈九・一一〉、アメリカ合衆国同時多発攻撃を契機とした合衆国による「対テロ戦争」にイスラエルが便乗するかたちで、パレスチナ占領地への軍事侵攻が頂点を極めた。空爆と陸上侵攻、無数の軍事検問所、家屋や道路の破壊、長大な隔離壁の建設、増殖を続けるユダヤ人入植地、ガザ地区封鎖などなど。二〇〇〇年代半ばには、誰の目にもパレスチナの独立は不可能であることが明白となった。近年のバイナショナリズム論への再評価はここに始まる。

同時期の思想史的文脈では、こうしたパレスチナ／イスラエルの「異常」な事態について、ドイツの法哲学者カール・シュミット[※]の「例外状態論」を適用する議論がいくつか見られるようになる。その背景には、この時期にジョルジョ・アガンベン※※の思想が流行していったことがあろう。

※カール・シュミット：一八八八～一九八五年。ドイツの法哲学者、政治学者。第一次世界大戦後ワイマール期の民主主義や自由主義を批判し、ナチス政権を法理論的に支持したことで知られる。日本語訳のあるものとして『政治的ロマン主義』（みすず書房）、『政治神学』（未來社）、『現代議会主義の精神史的地位』（岩波文庫）など多数。

※※ジョルジョ・アガンベン：一九四二年～。イタリアの美学者、政治哲学者。カール・シュミット、マルティン・ハイデガー、ヴァルター・ベンヤミンなど大戦期のドイツ思想と、フランス構造主義思想家ミシェル・フーコーの生政治の思想から強く影響を受けた政治哲学を展開している。日本語訳としては『アウシュヴィッツの残りのもの』（月曜社）、『スタシス』（青土社）、『例外状態』（未來社）など多数。

アガンベンは、シュミットの例外状態論、ハンナ・アーレントの全体主義論、ミシェル・フーコーの生権力論を巧みに接続しながら、のちに詳しく見るように主権国家そのものの限界を示そうとした。そのアガンベンはある局面でバイナショナリズムの支持を表明しているのだが、このつながりをどう考えるべきだろうか。なお二民族（複数民族）共存の国家主権なのか、あるいは国家主権そのものの超克なのか。

全体が巨大監獄と化したことが可視的となった二〇〇〇年代のパレスチナ被占領地、およびその占領を内包するイスラエルに対し、バイナショナリズム論を提起することも例外状態論を適用することも、必然性や合理性は十分にあるだろう。だが、そのことの思想史的な含意は単純ではない。というのは、ここでアガンベンの名前に触れたように、国家の枠内での二民族共存だけでなく、現状における国家的枠組みそのものが問われ始めているからだ。したがって、バイナショナリズムの問題提起を国家そのものへの問いまで深めることが求められている。

ところで、この思想史的展開は、二〇〇〇年代に表面化したとはいえ、必ずしも新しい局面ではない。ここで、一九九九年時点ですでにバイナショナリズムの遺産に訴えていたサイードを想起すれば、第二次インティファーダや対テロ戦争による新しい事態が問題となっているのではないということになるだろう。

1 バイナショナリズムの歴史展開

まずは、エドワード・サイードの思想遍歴に沿いつつ、バイナショナリズムの歴史的展開を再確認することから始めよう。バイナショナリズムは、一九二〇年代から四〇年代にかけて、すなわち第一次世界大戦によってパレスチナがオスマン帝国からイギリス委任統治領に入って以降の時期に、具体的な政治主張となっていった。これは一九一七年のバルフォア宣言によって、「ユダヤ人の民族的郷土」建設が現実的な政治課題となったことを受けつつも、しかし実際にはヨーロッパやロシアからのユダヤ人移民がパレスチナの地では相変わらず絶対的少数であることからくる要請でもあった。すなわち、「ユダヤ人のみの国家」の実現可能性が見えないなかで「ユダヤ人の民族的郷土」を手にするためのギリギリの方策という側面がバイナショナリズムにはあった。[*3]

実際、バイナショナリズムと言われる思想運動にもいくつかの流れ、たとえば文化シオニストのグループ（ひと頃のゲルショム・ショーレムやマルティン・ブーバーの周辺）、マルクス主義のシオニスト諸政党、連邦制論者などがあった。ただいずれにせよ、それらはみな大きく見ればシオニズムの流れの内部にあり、アラブ・パレスチナの地のなかでマイノリティのユダヤ人が居住権を承認させ郷土を獲得することを目指すという点で共通していた。

※ゲルショム・ショーレム：一八九七〜一九八二年。ドイツ出身で、シオニズム運動に賛同しパレスチナ（イスラエル建国前）に移住したユダヤ人で、ユダヤ神秘主義の研究者。日本語訳に『カバラとその象徴的表現』、『ベルリンからエルサレムへ』、『サバタイ・ツヴィ伝』（以上、すべて法政大学出版局）などがある。

※※マルティン・ブーバー：一八七八〜一九六五年。ドイツ出身で、ナチス政権期にパレスチナ（イスラエル建国前）へ亡命したユダヤ人で、宗教哲学者。日本語訳に『我と汝・対話』（岩波文庫）、『ひとつの土地にふたつの民』（みすず書房）、『ユートピアの途』（理想社）などがある。

ひとつ例を挙げれば、一九二五年から活動を開始していた主要なバイナショナリズム組織であるブリット・シャローム（「平和の盟約」の意）の綱領の第一項はこうなっている。「ブリット・シャロームの方針は、パレスチナにユダヤ人の民族的郷土を建設することを支持したバルフォア宣言およびイギリス委任統治の承認したシオニズムのプログラムに基づく[*4]」。バルフォア宣言とは、第一次世界大戦中の一九一七年にイギリスの外務大臣アーサー・バルフォアが表明したシオニスト連盟宛の書簡のことである。この第一項に続けて、第二項以下で、ユダヤ人とアラブ人の相互信頼と共存共栄を原則とし、対等な政治的権利と市民権を享受する「二民族の一国家」が打ち出されていくことになるのだが、それに先立ってまずはバルフォア宣言に依拠するユダヤ人の民族的郷土の承認が掲げられているのである。

しかしながら、この思想運動は、ユダヤ人側にもアラブ人側にも支持が広がらず、そして一九四七年から四九年にかけてのパレスチナ人に対する民族浄化による「ユダヤ人国家」建国によって、[*5]シオニズムの一派の運動としては完全に終止符を打つこととなった（四七年に国連分割決議、四八年にイスラエル建国、四九年に第一次中東戦争休戦）。

第二段階は、一九六〇年代から八〇年代にかけてPLO（パレスチナ解放機構）が主張した「世俗的民主的パレスチナ」である。すなわち、イスラエル国家の存在を認めない時代のPLOは、「改訂パレスチナ国民憲章」（一九六八年）[*6]において、現イスラエル領となっている部分も含めたパレスチナ全土の解放を目指し、その解放が実現した暁には、シオニズム運動以前から居住するユダヤ人は、キリスト教徒およびムスリムとともに、「パレスチナ・ユダヤ人」として共存の対象とする、つまり国民の資格には一切の宗教的背景を問わない（世俗的＝非宗教的）、としていた。

しかし、イスラエル国家の存在を認めないと叫んだところで、ますます強大な国家となっていくイスラエルを前にしては「全土解放」は非現実的たらざるをえず、一九八〇年代末にPLOはイスラエルの存在を事実上承認し、この世俗的民主的パレスチナの理念を放棄、二国家分離の方針へと転換した。「パレスチナ国家独立宣言」のなかで、「六七年占領地」からの撤退をイスラエルに求め、ヨルダン川西岸地区およびガザ地区のみの、いわゆる「ミニ・パレスチナ国家」案を受け入れたのだ。そしてその帰結が、先に述べた一九九三年のオスロ和平合意、すなわちユダヤ人国家とアラブ人国家の二国家分離を紛争解決の原則として、イスラエル政府とPLOとが相互承認をするという国際的な和平の枠組みということになる。

　第三段階が先に触れた二〇〇〇年以降の現在である。まずはサイードがそれに先立ってオスロ和平合意の虚偽と破綻を見抜き、一九九九年に一国家解決＝バイナショナリズムを提唱した。かつてはシオニズムの内部に位置し、またユダヤ人のパレスチナへの定着を正当化する一ロジックであったバイナショナリズムは、この文脈では、一転して軍事占領とともに「ユダヤ人国家」を否定するための論理的かつ倫理的な戦略として再登場することになる。すなわち、被占領下のパレスチナ人住民を平等な市民権をもつ国民とすることで、占領と差別を終焉させると同時に「ユダヤ人だけの国家」を否定するのだ。サイードの場合には、マルティン・ブーバー、ユダ・マグネス、ハンナ・アーレントといった一九三〇年代から四〇年代にかけてのバイナショナリストの名前を挙げ、イスラエル建国前の共存運動を肯定的に参照するとともに、かつて自ら支持していたPLOが八〇年代までもっていた「世俗的民主的パレスチナ」の理念に立ち返るかたちになっていた（ただしサイードは、最晩年においてさらに踏み込んだ共生の理念を提示しているが、それについては後述する）。

　その直後、二〇〇〇年からの第二次インティファーダへの弾圧によって状況がみるみる悪化していった。先にも触れたように、軍事検問所、隔離壁、入植地、家屋破壊、暗殺と無差別の虐殺、大量逮捕、無期限勾留、などによって西岸地区とガザ地区は巨大収容所と化した。誰が見てもパレスチナに独立国家の実質的な可能性がなくなったことは明らかとなった。そのタイミングでバイナショナリズムは再び脚光を浴びることとなり、二〇〇〇年代の半ばから関連書籍も相次いで刊行されるようになった。そしてその多くは、サイードを踏襲するように基本的に「世俗的民主的」一国家という立場であった。

したがって、二〇〇〇年代のバイナショナリズムは、まずもって二国家分離解決の破綻として、その代案として、一国家解決論のかたちをとることとなった。すなわち、一人一票の民主主義原則を被占領民であるパレスチナ人が手にすることによって、イスラエルの「ユダヤ人国家」というイデオロギーを内部から掘り崩すことができるのではないかという期待が寄せられているのだ。もちろん現状では、イスラエル側にそれを受け入れるような土壌は生まれてきてはおらず、一国家解決の実現可能性を論じる段階にはなっていないと言わざるをえない。とはいえ、思想的な次元においては、過去の遺産に注目しつつ新しい転換期を迎えるという段階に入っていることは疑いない。

2　例外状態論の提起するもの

主権と収容所

ここで注目したいのは、バイナショナリズム議論の復興とともに、いわゆる「例外状態」論が、パレスチナ／イスラエルをめぐる国家と民族をめぐる議論で参照される機会が増えていることである。これは、二民族二国家分離か二民族一国家共存かという狭い議論から徐々に離れて、あるいはさらに進んで、「ユダヤ人／アラブ人」、「イスラエル人／パレスチナ人」という分離そのものを問題視する論点へと発展しつつある。つまりそこでは、「ネイション」や「ステイト」といった概念それ自体が問い直されていると言っていい。[*7]

ひとつ具体的に取り上げたいのは、「例外状態」を主題として、パレスチナ人、イスラエル人、その他の研究者らが集った二〇〇六年のシンポジウム「例外状態としてのパレスチナ――グローバル・パラダイム」である（アイルランドのダブリン大学で開催、二〇〇八年に書籍『パレスチナを考える』として刊行）。[*8]そこでは、パレスチナ／イスラエル――パレスチナ被占領地および占領を内包するイスラエル、そして国外の難民キャンプ――が、カール・シュミットやジョルジョ・アガンベンの提起した例外状態論に照らしていかに分析可能かが議論されている。[*9]シンポジウムの背景、あるいは論者たちの共通の問題意識としては、二〇〇〇年以降の閉塞状況が主として念頭にある。生政治《バイオ・ポリティクス》とその表裏ワンセットの「殺す権力」としてのタナト・ポリティクスが典型的に発動しているパレスチナ／イスラエルにおいては、人間存在は人口総体として数えられている。すなわち、ユダヤ人口を極大化することを至上命題としたさまざまな法制度の裏側で、反対にパレスチナ人口は、自由に処分できる生、徹底的に制御可能なモノとして取り扱われる。壁と検問所に囲まれた被占領地の閉域内部での移動の制限に始まり、そのなかでの暗殺、逮捕、追放、失業、貧困、飢餓などが、人為的に生み出されているのである。ガザ地区も西岸地区も「巨大監獄」としばしば形容されるが、そのなかにおかれたパレスチナ人はアガンベンの描く「ホモ・サケル／剥き出しの生」、すなわち、いつでも殺害可能

（殺人罪として問われることなく）であり、かつ、犠牲化不可能（国家の供儀として意味づけされない）な存在であるというわけだ。

したがってシンポジウム「例外状態としてのパレスチナ」でしばしば参照されるのが、アガンベンのホモ・サケル論なのだが、それをパレスチナの文脈で理解するためにも、例外状態における主権論と収容所論との絡みを見ておく必要があるだろう。出発点は、シュミットの『政治神学』で展開される主権論だ。「主権者とは例外状態において決断を下す者のことである」[*10]というシュミットの命題を、アガンベンは以下のように定式化する。

例外が主権の構造であるなら、主権はもっぱら政治的な概念でもないし、もっぱら法的な範疇でもない。それは、法権利に対して外部にある潜勢力でもないし、法的秩序の最高規範でもない。主権とは、法権利が生を参照し、法権利自体を宙吊りにすることによって生を法権利に包含する場としての、原初的な構造のことである。（…）例外関係は、一つの締め出し関係であるが、実のところ締め出された者は、法によって締め出され遺棄されるのであり、生と法権利、外と内が混同されるこの境界線に露出され危険にさらされるのである。[*11]

「例外」的であるはずの条件が実は「構造」であるという逆説と、その構造のもとでは人間の生が法の内部でも外部でもないところに宙吊りにされているという締め出しの関係とが示されている。そしてこの構造が、現代社会で物質化し常態化していることの象徴として、収容所の存在が挙げられる。収容所とは、例外状態が規範そのものになりはじめる時に開かれる空間のことである。例外状態は、その本質からして、秩序の一時的な宙吊りだったのだが、いまやこれが永続的な空間的態勢を獲得する。[*12]

収容所は、第一次世界大戦時に大規模に取り入れられ、近年注目されたところでは米軍がキューバのグアンタナモ基地内に持つ収容所にいたるまで、[*13]国家の制度内に組み入れられ、その常設の場所として国家の恒常的な一部となった。そして収容所は、法権利から排除されつつも法の外で自由であるわけではなく、法の外側で捉えられるという宙吊りの状態におかれる。すなわち、先の引用にあったように主権そのものが法権利の宙吊りという構造をもつのだとすれば、国家主権と収容所とは、例外状態の恒常化という点で共通し、収容所はその可視的な存在として国家主権の構造を象徴しているのである。そうした圏域内部で起きうることをアガンベンはこう指摘して、「ホモ・サケル」を定義する。

主権的圏域とは、殺人罪を犯さず、供儀を執行せずに人を殺害することのできる圏域のことであり、この圏域に捉えられた生こそが、聖なる生、すなわち殺害可能だが犠牲化不可能な生なのである。[*14]

二〇〇〇年九月からの第二次インティファーダに対するイスラエル軍の大弾圧では、パレスチナ人は恣意的に殺害されていった。要人に対する空爆による超法規的な暗殺作戦はもちろんのこと、その作戦がその都度、恒常的に標的の数倍の住民を巻き込んで殺傷することまでが正当化された。無数の軍事検問所と長大な隔離壁が出現し、外出禁止令が恒常的に出され、急病人や重篤者までが検問所で止められ命を落とし、また外出禁止の期間は通りを歩いただけで狙撃がなされた。抵抗運動や特定の党派への関与が疑われれば、明確な根拠も法手続きもなく逮捕され、拷問を受け、無期限に拘束された。そうした過程でパレスチナ人がどんなかたちで命を落としたとしても、イスラエル軍がなんらその行為を咎められることはなかった。

先の例外状態をめぐる二〇〇六年のシンポジウムの後も、収容所的生の処分は続いた。〇八年の一二月から〇九年一月にかけて突然おこなわれた、封鎖状態のガザ地区に対するイスラエル軍の空爆と陸上侵攻は凄惨を極め、ごく短期間のうちに一四〇〇人を超える死者と数千人の重傷者を出したが、世界はなすすべもなく攻撃を見ているしかなかった。[*15] 二〇一四年七月から八月にかけてもイスラエル軍は大規模にガザ地区攻撃をおこない、二一〇〇人以上を殺害した。さらに、ここまでの規模ではないガザ攻撃は恒常的に続けられている。いつ殺害されても抹消されてもおかしくない収容所的な生を生きているパレスチナ人は、まさしく、「ホモ・サケル」と言うべきである。

パレスチナの「収容所」化の起源

先にも触れたように、この収容所の大規模な出現は第一次世界大戦に遡り、また言うまでもなくそれは、ナチズムにおいてユダヤ人をはじめとするさまざまなマイノリティが強制収容所や絶滅収容所へと組織的に送り込まれたときに、あるいはソ連邦において反体制的とみなされた人びとが収容所《ラーゲリ》へ送り込まれたときに、いっそう拡大した。アガンベンがアーレントの『全体主義の起原』を援用するのはこの点であり、またアーレントによれば、第一次大戦後に特徴的な現象は、「諸権利をもつ権利」さえも剥奪された大量の「無国籍者」の出現であった。[*16] この無国籍者＝無権利者は、タナト・ポリティクスにさらされ、「生きるに値しない生」として収容所に送り込まれる。収容所は、そうした存在を法権利から排除しつつ包摂するための常設空間として、国家の内部と外部のあいだに場をもつこととなったのである。

たまたま二〇〇〇年代にアガンベン思想の流行と第二次インティファーダ以降の悲惨な状況とが重なったことから、例外状態論の適用を主題とするシンポジウムが開かれるなどの注目が集まったが、上記の文脈から考えても、二〇〇〇年以降の状況だけが問題なのではないのは明らかだ。

徐々に遡っていけば、第二次インティファーダがオスロ和平プロセスに対する不満の爆発だったとすれば、それまでイスラエルの「裏庭」として使われてきたヨルダン川西岸地区とガザ地区が、一九九三年のオスロ和平合意およびその後の自治協定によって「自治」の名目でその一部が切り捨てられ、

「A地区、B地区、C地区」と分断されたことがすでに監獄化の過程であった。[*17] その西岸地区とガザ地区がイスラエルの軍事占領下に入れられたのは一九六七年の第三次中東戦争（アラブ側の呼称で「六月戦争」、イスラエル側の呼称で「六日戦争」）によってであった。だがそれ以前の一九四八年のイスラエル建国時から、たとえば狭隘なガザ地区は全体がそのまま難民キャンプと言えるような状況であった。こうして遡ってみると、パレスチナはイスラエル建国以来、「収容所」化の深化の連続だったと言うことができる。

一九四八年からこのかた、つねに「ユダヤ人口比率」の極大化が至上命題とされ、そのためにはどこに住むパレスチナ人に対しても、法律や軍令の名の下でしかし法外な規制が敷かれ続けている。その必然的な帰結が、二〇〇〇年代以降の誰の目にも明白となった「例外状態」の顕在化と固定化なのであって、収容所的な生の条件が創出されたのは、イスラエル建国と同時であったと見るべきである。

実際、アガンベン自身も、こうした例外状態論（すなわち国家主権論と収容所論）に絡めてパレスチナ／イスラエルに言及したことがあるが、それはオスロ合意の少し前、一九九二年一二月のことであった。イスラエルが、パレスチナの抵抗運動組織ハマースのメンバーないし関係者と疑われたパレスチナ人四二五人を、イスラエルの領土および占領地の外側で、レバノン軍支配域とのあいだの地帯に追放したことがあった。そこは領土と領土のあいだ、どちらにも属さない例外的な地帯であった。すなわち、この地上にありながら、法が適用されず、人権が守られることもない、その外部においてパレスチナ人の身体を「剥き出しの生」としてさらしたのである。こうした事態を受けてアガンベンが著したのが、「人権の彼方に」という文章である。少し長くなるが引用しよう。

ヨーロッパで再び絶滅収容所が開設されてしまう前に（もうこの動きは始まっているのだが）、国民国家は、生まれの記入という原則そのものと、その原則に基礎を置いている国家－国民－領土という三位一体とを問いに付す勇気をもたなければならない。これが具体的にどのような様態を通じてなされるのかを今ただちに示すのは容易なことではない。今は、可能な方向を一つ指示しておくだけでよしとしよう。周知のとおり、エルサレム問題の解決にあたって考慮された可能性の一つに、エルサレムが、領土分割をしないまま同時に二つの異なる国家組織の首都になる、というものがあった。このことが含意している、相互に領土の外にあるという（あるいはむしろ、領土がないという）逆説的条件は、新たな国際関係の範型として一般化することができるかもしれない。二つの国民国家が、不確定で脅威をなす境界によって分離されている、という状態ではなく、その代わりに、同一の地域に立脚した異なる二つの政治的共同性を想像することが可能かもしれないということである。その場合、この二つの政治的共同性は、互いに他の内に移住しており、相互に領土外に置かれるという一連の事実によって互いに分節される。この一連の外領土性においては、指導概念はもはや市民の法権利（jus）ではなく、個人の避難場（refugium）となろう。[*18]

これはまさにバイナショナリズム論そのものだろう。あるいは、もっと正確に言えば、従来のバイナショナリズムが明確に参照されつつも、そこにとどまらない思想展開をしている。アガンベンにあっては、たんに二民族が共存できる国家という意味にとどまらず、彼独特の主権国家批判に基づいており、バイ‐ナショナリズムを超克し、領土主義的国家そのものを相対化する視点をそこに持ち込もうとしているのだ。これをたんにバイナショナリズムの主張とだけみなすのは短絡である。アガンベンならではの、きわめて重要な視点と提起だ。

まず、そもそも例外の常態化という逆説が主権の構造であるのであれば、アガンベンによれば例外状態こそが第一次大戦以降の統治の技法となっているのであり、二〇〇〇年代のパレスチナ／イスラエルの状況が直接的に問題となっているのではないはずだ。

3　国家主権と境界設定

カール・シュミットの時代精神

したがって、バイナショナリズムの思想史的意義は、第一次世界大戦後の時点から掘り下げてみるべきものである。

そもそもアガンベンの議論は、カール・シュミットの「主権者とは例外状態において決断を下す者のことである」という命題をいかに解釈するのかというところから出発している。ここでシュミットが例外状態論を語った時代に遡ろう。シュミットの『政治神学』は一九二二年に刊行されており、第一次世界大戦を受けたその直後の時期に当たる。それは、たまたまのタイミングでは決してなく、「諸国民の戦争」であった第一次世界大戦のあとに、ドイツ自体が敗北によって大きな過渡期に置かれただけでなく、国家主権そのものが規範的国家論や多元的国家論や有機体的国家論などの台頭によりさまざまな角度から問い直されていたことに対する応答であるという点で、必然的なものであった。[*19] シュミットの例外状態論は、こうした時代状況に対して危機意識をもち、国家を主権論から再定義しようとしたものだったといえる。

あらためて確認しておけば、バイナショナリズムの興隆もまた、先述のように、同じく一次大戦を受けたものであった。シオニズムの思想運動の展開にはさまざまな流れの前史が存在するとしても、具体的に「パレスチナの地における民族的郷土建設」としてそれがプログラム化されるのは、イギリスが一次大戦によってパレスチナをオスマン帝国から奪い取って委任統治領として以降のことである。これは、そのことを抜きにしてはシオニズムという思想運動の物的な現実化はありえない決定的な転換点であったし、シオニズムの潮流に入るバイナショナリズムもまた、その圏内で形づくられ、そして主張されていった思想運動であったことは言うまでもない。

シュミットに戻ろう。その後一九三〇年代頃から第二次世界大戦の末期まで、あるいはそれ以降は、国家主権のゆらぎの先に、「広域圏《グロース・ラウム》」という思想を提起する。この多義的で論争的な概念は（シュミット自身のナチズムへの接近・親和性という問題をとりあえずここではさておけば）、たんなる国家の量的拡大ではなく質的な変化、すなわち一民族一国家の限界を可視化し複数民族を包括する共存の政治体制を意味したといえる。[*20] ここに、バイナショナリズムとの並行関係を見るのはたやすい。

当時のバイナショナリストたちが直接的にシュミットの主権論・例外状態論に影響を受けた痕跡はないし、こうした問題設定に十分自覚的であったとは言いがたい。むしろここで問いたいのは、シュミットにせよ、バイナショナリズムに振れたシオニストたちにせよ、彼らのおかれた時代の思想、時代精神とでもいうべきものである。まさにこの時代に、バイナショナリストたちは、ヨーロッパ的国民国家の限界の先になお一民族一国家としてのユダヤ人国家に固執するのか、あるいは二民族共存の枠組みを練り直すか、そのあいだにおかれていた。他方シュミットの「グロース・ラウム」にしても、多民族国家という意味においてなおも「国家」なのか、あるいは国家そのものの超克なのかという点において、振幅のある解釈を許すものであった。というのも、グロース・ラウムは「国家の排他性のゆえに空間的に特徴づけられた国家を超越する」ものであるという記述さえ見られるからである。[*21]

したがってまた、バイナショナリズムという思想の形式が、主権そのもののゆらぎやその超克といった契機を、可能性としてであれ含んでいたことは、イスラエル建国後にバイナショナリズムがシオニズムを批判する文脈で再三復活していることから、認めることができるし、何よりも、先に見た一九九二年のジョルジョ・アガンベンのバイナショナリズム論がそのことを明示している。

それゆえ、この二〇〇〇年代に「シオニズム批判」として再浮上したバイナショナリズム論は、ほとんど必然的に、たんに一国家か二国家か、一民族一国家か二民族共存国家か、といった問いを離れつつある。すなわち、ネイションやステイトといった概念枠組みそのものを、また一か二かという単位それ自体を、根底から問い直すような論点が出てきているのである。

主権批判論の展開

こうした状況に関連して、注目すべき思想動向を参照したい。

ひとつには、「シュミット・ルネッサンス」とも言われる状況のなかで、国家主権そのものが鋭く問い直され、あらためて主権論が脚光を浴びているということが挙げられる。ジャック・デリダなどフランス思想の研究者、鵜飼哲による『主権のかなたで』は日本語圏でこの問題を最も鋭敏に捉えたものであるが、そのなかではやはりカール・シュミットが、そしてシュミットを論じたエティエンヌ・バリバール※が論じられている。

※エティエンヌ・バリバール：一九四二年〜。フランスの哲学者、政治思想家。フランスのマルクス主義哲学研究者ルイ・アルチュセールの強い影響を受けている。日本語訳に、『スピノザと政治』（水声社）、『ヨーロッパ、アメリカ、戦争』（平凡社）、『市民権の哲学』（青土社）などがある。

鵜飼によれば、第一次世界大戦が、国民国家間の均衡原理に基づく公法秩序が解体していく第一幕だったとすれば、二〇世紀から二一世紀にかけての現在はその第二幕ともいうべき転換期にある。

一方における資本主義市場のグローバル化が、他方におけるヨーロッパ連合の構築過程が、ときにはほとんど識別不可能なまでに絡み合いつつヨーロッパ各国の政治生活のルールに変更を迫っている。この事態に対する即時的な反動からは国家主権の再建強化を求める主張が生まれ、「主権主義（者）」という新たなカテゴリーも誕生した。しかし問題の所在はむしろ、過去数世紀にわたって形成されてきたヨーロッパの政治文化と、ヨーロッパ連合の構築という現下の課題の間に根本的な齟齬が横たわっているという点にある。*22

このように鵜飼は問題の所在を整理し、国家主権の二重の機能不全が、グローバルに反動的かつ暴力的なかたちで主権主義を台頭させていながら、この「齟齬」を埋めるべき新しい形態の主権がなお不在であることを、アポリアとして指摘する。そして鵜飼は、以下のように、二〇〇〇年に書かれたバリバールの「主権論序説」の一節を引用しながら、シュミット思想との対決的対話の必要性を説く。

結局のところ、シュミットによる主権の構想は、国内的枠組みから国際的枠組みへと移動しつつも同一的なままの、ある中心的概念を含んでいる。すなわち、政治秩序がその反対物へと裏返り、どんな法、どんな制度にも通常は影響している制限を解除または無効化する、例外点または尖点〔折り返し点〕の観念である（…）。それゆえ超越は、権力の根本的に二律背反的な形象と、つねに不可分である。独裁は、明らかに、その形象のうちの一つであるが、歴史的現実主義から来るシュミットの要求は、最終的に、それとは別の形象を特権化するにいたった。反対物の統一としての境界である。そこでは、戦争と条約、秩序と無秩序、政治の「内部的」形象と「外部的」形象とが隣接しつつ交替しあう。それゆえ、シュミットにとって、主権はつねに境界上で成立し、何よりもまず境界設定において行使されると言うことができるだろう。[*23]

こうした鵜飼およびバリバールから得た示唆を敷衍して考えると、一九九〇年代の湾岸危機・湾岸戦争がパレスチナに対して圧力となりオスロ体制をもたらしたこと、さらに二〇〇〇年代のアフガニスタンやイラクへの対テロ戦争に便乗するかたちで第二次インティファーダへの大弾圧が拡大されたことからして、世紀転換期のパレスチナ／イスラエルもまた、この同じ反動的な主権主義（とその機能不全）の圏内におかれていることが見えてくる。オスロ合意も隔離壁も、「境界設定」の試みであるからだ。したがって、シオニズムそのものもまた、一次大戦後の第一幕から世紀転換期の第二幕にかけての主権主義の変容から逃れることはできないし、さらに言えば、「反対物の統一」そのものを目指したバイナショナリズムはすぐれてこうした主権主義の臨界点を指し示しているといえるだろう。

「アラブ系ユダヤ人」と人種主義国家

ここで、境界上で成立する主権、境界設定で行使される主権に関連して、もうひとつ参照すべき思想動向がある。そもそも「ユダヤ人」／「アラブ人」を明確に区分された民族的実体であるかのようにこれまで自明視されてきた前提を根底的に問う作業だ。シオニズム運動以降にユダヤ教徒が人種化され、それ以降、血統主義的に、遺伝子主義的に、文化主義的に、さまざまな手法を駆使しながらユダヤ人／アラブ人は絶対的に異なる存在として固定化されてきた。建国前のバイナショナリズムも、さらに言えば二〇〇〇年代に浮上したバイナショナリズムの多くもまた、この区分を基本的な前提としながら共存を語ってしまっているという側面がある。

この問題を全面的に扱ったのが、イラク系ユダヤ人であるイェフダ・シェンハヴ※の『アラブ系ユダヤ人』[*24]である。シェンハヴは、イスラエルのなかでは中東地域出身のとりわけアラブ諸国出身のユダヤ人たちが同時に「アラブ人」でもあることがタブー視され、またそのことを自己否定せざるをえない現状を、とりわけポストコロニアリズムの議論を援用しながら——すなわちシオニズム的人種論がヨーロッパ中心の植民地主義に根ざしているとして——論じた。中東出自のユダヤ教徒たちを指す「スファラディーム」のユダヤ人や「ミズラヒーム」のユダヤ人といった言い方が、結果的に「ユダヤ人」というカテゴリーを実体化し、その存在を人種化させてしまってきたが、シェンハヴは「われわれは実のところアラブ出身のアラブ人ではないか、そのことをわれわれは自己否定させられてきたではないか」と端的に突きつけたのである。同書は出版当初、イスラエル社会で衝撃をもって受け止められ、硬い学術書であったにもかかわらず著者は新聞やテレビで数多くのインタヴューを受けることとなった。

※イェフダ・シェンハヴ：一九五二年〜。イスラエルの社会学者、政治経済学者、民族問題研究者。イラクから建国直後のイスラエルに移民してきたアラブ人ユダヤ教徒の両親の下に生まれた。日本語訳された刊行物はない。

ヘブライ語で出されたものとしては本文で触れた『アラブ系ユダヤ人』のほか、『多文化主義とは何か』や『二国家解決を越えて』などがある。

バイナショナリズムを主題化した書物ではないが、同書が二〇〇三年に、すなわち二国家分離解決の破綻が明らかになった後に多くのバイナショナリズム論が出されている時期に刊行されているのは象徴的だ。というのも、同書の含意は、従来の二民族の共存という枠を乗り越え、「ユダヤ人」で一つ、「アラブ人」で一つ、というように別々に数えられる実体とみることをこそ、否定しようとしているからである。この議論の導入は、バイ－ナショナリズム思想の展開に対して、ナショナリズムそのものを批判するという意味で、新たな視点を加えうるものであると言える。

実際その後シェンハヴは、「「例外状態」の帝国的歴史」[*25]という論考を発表し、シュミットからアガンベンにいたる主権論に対し、ポストコロニアリズムの立場から介入を試みることになり、そしてその論考は、先に紹介したシンポジウム「例外状態としてのパレスチナ」とその書籍化『パレスチナを考える』を強く触発するものとなったのである。その主催者であり編者であるロニット・レンティンは、同書の前書きで、シュミットおよびアガンベンに欠けている植民地主義批判の要素をフランツ・ファノン再読で補ったシェンハヴの同論考が、この企画において重要な出発点となったことを認めている。[*26]すなわち、例外状態を固定化する国家主権を問題視するにしても、それが土台としている支配者（入植者）と被支配者（植民地人）との非対称的構造が無視されてはならないが、これまでの例外状態論にはそれが欠けている、というわけだ。

しかしながらレンティンは、そのシェンハウ自身が、イスラエルを「人種主義国家」として明確に理論化する手前で立ち止まってしまっていることに不満を呈し、それを乗り越えていこうとする意図を語っている。[*27] それゆえにレンティンは、例外状態論と人種国家論とを架け橋することを同書の主眼とし、主権論に内包される収容所的生の問題とその生政治に内包される人種主義の問題とを、シオニズム国家イスラエルおよび占領下パレスチナの上で交差させようとしているのである。

エドワード・サイードの最後の展開

こうして国家主権およびユダヤ人／アラブ人という境界設定そのものが同時に問いなおされる地点まできたところで、エドワード・サイードのバイナショナリズム論の最後の展開を検討することにしよう。

最初に見たように、サイードのバイナショナリズムは、世俗的民主的一国家を原則としたものであった。だが、サイードは最晩年にさらに踏み込んだ領域まで思想を深めた。生前に刊行した最後の著書となった二〇〇三年の『フロイトと非‐ヨーロッパ人』で、サイードは、エクソダス＝出エジプトの物語を再解釈し、ユダヤ教とユダヤ人アイデンティティそのものを根底から考察したジークムント・フロイトの『モーセと一神教』を論じた。[*28] 無神論者であったはずのフロイトは、ナチスによる迫害を受けて亡命した先のロンドンで、大胆にユダヤ教の起源を覆す論文を最後に遺したのであった。「ユダヤ教の父祖モーセが実はエジプト人であったならば」という仮説に立って、古代イスラエル人《びと》およびヤハウェ宗教成立のメカニズムを、自身の精神分析理論を応用しながら説明してみせた。すなわち、古代イスラエルの一神教の起源にはすでに「他なるもの」としてのエジプト＝非ユダヤ的なものがあるのであり、それによってこそ初めてユダヤ教・ユダヤ人も存在しえた、というわけだ。[*29] この仮説からサイードはアイデンティティすなわち自己同一性が、根源において他者を含んでいることを指摘する。

フロイトが主張したのは、ユダヤ教がそれ自身から始まったのではなく、(…)むしろ(エジプトやアラブ的な)他のアイデンティティとの出会いから始まったということだ。(…)アイデンティティは、それ自身だけでは、思考したり作動することができない。すなわちアイデンティティは、根源にある抑えつけることのできない欠損や亀裂なしには、自らを構成したり想起することができないのだ。[*30]

ユダヤ教・ユダヤ人の起源が実はエジプトに存する、そしてアイデンティティの根源に他者がいる、という指摘によって、サイードは、シオニズムのもつヨーロッパ中心主義、アシュケナジーム中心主義、植民地主義、そして人種主義を根底的に批判する視点を手にする。
したがって、ユダヤ人に特権的に語られがちであった「離散《ディアスポラ》」や「故郷喪失」といった概念も、ユダヤ人に独占されるべきものではないことになる——むしろシオニズムこそが、ディアスポラ概念を、否定すべき対象としてではあるが、ユダヤ人の専有物として独占しようとしてきたわけだ。サイードはこう続ける。

ディアスポラで故郷喪失的なその性質は（…）、ユダヤ人だけの特徴だと言う必要はない。膨大な人口移動、避難民、亡命者、国籍離脱者と移民が氾濫するこの時代において、自分の共同体の内と外の両側に同時に生きる人びとの、ディアスポラな流浪と、未決のコスモポリタンな意識にもまた、そうしたことが探しだせるはずだ。[*31]

そして同書の末尾をこう締めくくる。「ディアスポラ的な生のための政治の条件に希望をもつことは可能だろうか、そしてそれは、ユダヤ人とパレスチナ人の土地におけるバイナショナルな国家の、さほど脆弱でもない基礎になりうるだろうか。私自身は可能だと信じている」と。[*32] ここでバイナショナリズムがディアスポラとワンセットで語られることとなる。だがサイードのバイナショナリズムの立場は、同じ言葉で表現されているとしても、もはや世俗的民主的一国家という原則に基づくものには収まらなくなっている。それは、ディアスポラ原則に基づくものへと深化ないし変質しているのである。

シオニズム運動において否定の対象とされてきたディアスポラ――そしてサイード自身、それゆえにその用語の使用を拒絶してきた――が、ここでは一転して肯定すべき基盤として言及されている。

そのことの真意は、この信念の表明でもってサイードが論を閉じているため、推測するほかないが、「ディアスポラ」概念が国家主権との緊張関係にあることだけは明らかだ。

サイードがディアスポラ概念を再検討するにいたった背景には、ニューヨークでコスモポリタンとして生きることを選びとったサイード自身の立場が色濃く反映された、ある種ユートピア的な響きがあることは否めない。こうしたディアスポラ論が、被占領下パレスチナに置かれたパレスチナ人の現実的な政治にそのまま適用できる議論ではないことは、サイード自身も認めるところであっただろう。おそらくここには、自らの晩年を意識したサイードが、やはり最晩年にユダヤ人論（モーセ論）を展開したフロイトに自らを仮託して、思想の限界的可能性を吐露したものと考えるべきだろう。

おわりに

サイードがディアスポラに基づくバイナショナリズムを唱えたところで、われわれは最後に、ジョナサン・ボヤーリンとダニエル・ボヤーリンの兄弟による『ディアスポラの力』を部分的に参照することで、その思想的意義を測りたい。

ディアスポラ概念は、シオニズムによって、否定されるべき地理的離散へと矮小化されてしまってきた。しかしながら、ユダヤ教史におけるディアスポラは、本来的には神殿の破壊と王国の崩壊という、神罰としての追放、すなわちヘブライ語の「ガルート」であったものである。国家からの追放こそが要諦であるとすれば、ディアスポラは地理的に民族が離散していることが問題なのではなく、自ら国家主権を握らないということが重要になってくる。そして、その神罰が終わり王国が復活するのは、あくまで神によって贖罪が認められたとき、すなわち終末にメシアが到来したときなのであって、シオニズムのように人為的に世俗権力でもって国家建設をすることによってではない。逆に、シオニズムはユダヤ教に反する、そして神に反するということになる。[*33]

それゆえボヤーリン兄弟は、ガルート主義のユダヤ教の立場から、ディアスポラの思想的意義として、主権の拒絶を示唆する。

われわれは、エスニシティを政治的ヘゲモニーから分離する唯一の社会構造として、ディアスポラを特権的に扱うことを提唱したい。（…）世界では、主権とアイデンティティという二つの力が連動することによって、日々何千人もの人びとが殺戮されているが、（土地への根ざし、土着性、領土的自決といった言説で正当化されるような）主権を拒絶すると同時に文化的アイデンティティを粘り強く保持する姿勢は、この世界に対しなにがしかを提示しうるに違いない。[*34]

こうしてボヤーリン兄弟は、ディアスポラを肯定する立場から、大胆にも国家主権を放棄することを提言する。もちろんボヤーリン兄弟は、民族アイデンティティそのものを否定したわけではないし、アナーキストのように国家一般の破棄を訴えているわけではない。また、ディアスポラの思想経験をユダヤ人に特権的なものと捉えているし、異教徒・異民族が何がしかの統治をおこなうことを認めてもいる。しかし彼らは、ユダヤ・ディアスポラから導かれる教訓を、主権とアイデンティティがもたらす排外主義に対し、普遍性をもつ対案として提示している。すなわちそれが教訓として敷衍されたときには、主権そのものの破棄が可能性として含まれている。

実際、ディアスポラ論を提示するのに先立って、第一次インティファーダのまっただなかに、サイードとジョナサン・ボヤーリンとのあいだで交わされた対話的な論争のなかで、ジョナサンが、バイナショナリズムとほぼ同意義で使われる一国家解決（One-State Solution）に引っ掛けて、「無国家解決」（Non-State Solution）と一言漏らしたことが想起される。[*35] もちろんジョナサンも、「現段階で国家要求をあきらめろということではないが」と留保をつけているように、現実政治の次元では「無国家解決」はまったくの夢想とみなされるほかなかっただろう。だが、純粋に思想史の次元で考えるのであれば、これは一つの極限形態である。

しかし、それから四半世紀を経て、とりわけ政治的には後退どころか破滅といってもいい二〇〇〇年以降の第二次インティファーダを経た状況下で、主権論批判が現れてきたことが注目される。最晩年のサイードもまた、その時期に、かつての「論敵」のディアスポラ論に近い境地に辿り着いたのであった。政治的破綻があるからこそ、思想的な次元でラディカル化が進んだというのは、ある意味で必然的展開といえるかもしれない。これは、第一次世界大戦がシュミットに主権論の再考を求めたこととも対応する。危機は好機にも転換しうる。二〇〇〇年代の破滅的状況が、バイナショナリズムの復興と、その先の主権論批判とを促したのである。それは思想的には一つのチャンスといえるだろう。

▼第三章▲オルタナティヴな公共性に向けて
――ディアスポラの力を結集する

1　ディアスポラの用語をめぐって

一九九〇年代以降、英語圏で、そしてそれを受けて日本語圏でも、「ディアスポラ」を主題とした研究書の刊行が急増した。[*1] ポストコロニアル状況下での人口移動および労働移民の増加に加えて、冷戦終焉によるグローバル経済の促進による流動性の高まりも背景にあるだろう。戦前までにも植民地支配関係下での人口移動――植民地への入植および、奴隷貿易も含めた植民地からの労働移住――は当然あったが、植民地の独立を経て、植民者の引き揚げ、旧宗主国への政治亡命、経済移民など、越境的移住はさらに多様化していった。そして東欧革命・ソ連崩壊による冷戦体制の崩壊は、グローバル資本主義を拡大させ、人口の流動性をさらに高めた。こうしたことが、「ディアスポラ」という用語の使用を推し進めたのであろう。

しかし、「ディアスポラ」というのは、古代ギリシャ語に語源をもち、長くユダヤ人の離散に代表的に使われてきた、かなり特異な用語だ。なぜ「移民」などではなく、「ディアスポラ」なのだろうか。繰り返し差し向けられるこの問いに答えるためにも、最初に用語の整理をしておこう。

まず差異化がはかられるべき「移民/マイグレーション（migration）」との比較を見ておく。古くから確立している移民研究の蓄積は厚く、日本でも明治期から戦後まで続いた移民送り出しについての歴史的研究から、現在盛んになっている移民労働力の受け入れについての政策的議論にいたるまで、「移民研究」としてその分野が確立されている。ディアスポラに関する議論の場を設けたときに、ユダヤ的刻印ゆえにその使用に対し異論を唱える立場の人がまず提起する対案が、「移民/マイグレーション」だ。マイグレーションは、その中立的なニュアンスゆえに、より適しているというわけだ。なかでも伊豫谷登士翁などは、世界規模での多様な越境的状況についても、「移民」という言葉で論じつづけている。[*2]

だが、マイグレーションが意味するのは、たんに「移動/移住」にすぎない。集団的な移動を含意する場合もあるが、いまから誰かが移民するということにさえも使用可能なように、マイグレーションは自発性と個人性をも備えもっている言葉である。逆に言うと、たとえば奴隷貿易に起源をもつブラック・ディアスポラを、マイグレーションという言葉で表現するには無理がある。

さらにこの語のユダヤ的刻印というにとどまらず、歴史的背景に踏み込んで、ディアスポラ用語の使用を批判する立場もある。ブラック・アート研究者の萩原弘子は、古代のユダヤ人ディアスポラが、ローマ帝国支配下で通商のために自発的に地中海世界各地に移住したという歴史的事実に鑑みて、ディアスポラを強制的離散というニュアンスで用いることや、それを「ブラック・ディアスポラ」や「コリアン・ディアスポラ」というように転用することを批判している。[*3] 萩原も指摘するように、「ディアスポラを克服して現代イスラエル国家が建国された」といった物語によってイスラエルの正当化を許してしまう恐れを考慮すると、この指摘はそれとして重要であろう。

しかし、用語法により深くこだわるのであれば、事情はさらに複雑である。ディアスポラという用語は、ユダヤ人の歴史経験に結びつけられる以前から、まずは古代ギリシャ人の入植活動および戦争による離散の両方に用いられてきた。その後、『七十人訳聖書』（ヘブライ語からギリシャ語への翻訳）を通じてユダヤ人の離散にギリシャ語のディアスポラが転用されるようになったが、その語源においてディアスポラはすでに多義性をはらんだ用語であった。またギリシャ語聖書経由でキリスト教世界に入ってきたディアスポラ用語が、近代において一九世紀末に国民国家から排除されたユダヤ人の迫害経験に再転用されるようになった経緯がある。[*4] その文脈に照らせば、ディアスポラは、ユダヤ人に限定されず、国民国家に収まらない越境的な人びとの状況を示す概念として有効であり、たとえばポストコロニアル状況下で旧植民地から旧宗主国へ流入した人びとに対してディアスポラという呼称を使用することも不自然ではない。

次に比較すべきは、パレスチナ出身のエドワード・サイードなど、ディアスポラのユダヤ的刻印を嫌う立場の人から用いられてきた「エグザイル（exile）」だ。「エグザイル」の語義は、個人の亡命ないし追放・流刑など、第一には個人的な要素が強いが、集団的な追放を意味することもある。そこに共通するのは政治的な強制性だ。サイードはエグザイルを、この個人的かつ集団的な追放という意味で重ねて用い、そして繰り返し「亡命知識人」について語ると同時に「集団的強制移住」について語った。

サイードにおけるエグザイルは、『故国喪失についての省察』という書物およびそれに収録されている同題の論考に示される[*5]ように、日本語では「故国喪失」あるいは「故郷喪失」と訳されることが多い。もちろん一般的訳語ではないにせよ、サイード独特の用法を考えたときには、よく考えられた訳語だとは言える。故国ないし故郷を外的な強制力によって喪失したこと、その喪失感に苛まれていることを意味するからだ（とはいえ、同論考のなかだけでも、exile の訳語としては、「故国喪失」以外に、文脈によって「流民」、「追放」、「亡命」、カタカナ「エグザイル」が充てられており、この言葉の広がりと訳者の苦労がうかがえる）。その記念碑的論考のなかでサイードは、エグザイルについて非常に多角的に切り込んでいる。歴史背景、心理状態、文学表象、哲学理論などを次々と経由しながら、エグザイルが何であって何でないかを腑分けしていく。

エグザイルとは、まずもって、自分と故郷とのあいだに強制的に設けられた亀裂であり、また故郷への帰還が不可能であることによる根源的な悲哀であるという。そして現代世界においては、エグザイルは大規模な強制移住として発生するところに特徴があるが、しかし、国際社会による支援対象となる無辜の「難民」とは異なるという。それは、「「わたしたち」と「アウトサイダー」との境界をまさに越えたところ」に広がる「所属せぬ者たちの危険な領域」に位置するのである[*6]。

しかしその両義性ゆえに、サイードはエグザイルから独特の可能性を読み取る。「いくつかのエグザイル状況については語るべき肯定的な面もある。「全世界」を外国として見ることで、独創性あふれるヴィジョンができあがるだろう。ほとんどの人間は原則として、ひとつの文化、ひとつの環境、ひとつの故郷しか意識していない。エグザイルは少なくともふたつのものを意識する。そしてこのヴィジョンの複数性から生まれるのが、同時存在という次元に対する意識——音楽の用語を借りるなら——対位法的意識なのだ」[*7]。

だが、これは後述するように、まさに「ディアスポラ」としてわれわれが重視している特性でもあるはずだ。しかしサイードは、意識的にディアスポラという用語を避けて、あえてエグザイルにこだわっている。これまでサイードは、いくつかの著作やインタヴューのなかで、ディアスポラの忌避について語っており[*8]、日本語圏で早くには上野俊哉が『ディアスポラの思考』（一九九九年）のなかでこの問題に触れている[*9]。サイードは、ユダヤ人とパレスチナ人のおかれている歴史的条件が異なる以上、パレスチナ人がユダヤ人と同じような意味で「ディアスポラ」だというふうには呼べない、と明言した。上野や先に触れた萩原弘子がこの立場に理解を示すように、このサイードの選択はそれとして重要である。

とはいえ、このディアスポラ用語の忌避の問題については、第一にそもそもディアスポラがユダヤ人の用語であるという断定自体が妥当とは言いがたい面がある。第二に、二〇〇三年に死去する最晩年のサイードが、まさに自身が問うてきた「故郷喪失／エグザイル」の意味として、「ディアスポラ」

を肯定的に語っている。二〇〇二年の講演をもとに〇三年に死後刊行された『フロイトと非‐ヨーロッパ人』において、サイードはこう述べている。

ディアスポラで寄る辺なきその性質（…）はユダヤ人だけの特徴だと言う必要はない。膨大な人口移動、避難民、亡命者、国籍離脱者と移民が氾濫するこの時代において、自分の共同体の内と外の両側に同時に生きる人びとの、ディアスポラな流浪と、未決のコスモポリタンな意識にもまた、そうしたことが探しだせるはずだ。[*10]

これは、サイードのある種の「転向」とも言える大きな立場変更であるが、サイードによるディアスポラ用語の承認は、しかしながら、サイード個人の選択にとどまらない広い文脈を背景としており、それゆえ長い射程をもった問題提起ともなっている。というのも、『フロイトと非‐ヨーロッパ人』は、ジークムント・フロイトが、自身ユダヤ人としてナチスに迫害され、亡命の地イギリスで最晩年に取り組んだ、スキャンダラスな一書『モーセと一神教』、つまり、「ユダヤ民族」を逆説的にも根源における他者性・不純さ（エジプトつまり非ユダヤ性）から説いた大胆な試みを、現代のパレスチナ／イスラエル問題の観点から読み解いたものであったからだ。これについてはすでに触れてきたとおりだ。[*11]

ともあれ、こうしてディアスポラ用語の使用に対する最大の拒絶者であったサイードの「賛同」を得て、われわれはディアスポラの特権的な主題化に向けてさらに前進できるように思われる。

2 ギルロイとホロコーストの問題

上野俊哉の先駆的な『ディアスポラの思考』（一九九九年）において、すでにディアスポラの概念化がユダヤ・ディアスポラの戦略的流用であること、しかもそのユダヤ・ディアスポラ自体が、ギリシャ語という他者の言語からの「翻訳」であり、メタファーとして意味の転移を背負ってきたという経緯に注意が向けられていることは、瞠目に値する。[*12] そこにこそ、ディアスポラという用語の批判力と敷衍化がかけられているからだ。そして同書にとって決定的な参照項となっているのが、エドワード・サイードと並び、ポール・ギルロイ[※]、なかでも上野自身が翻訳紹介したギルロイの論考「ディアスポラ再考」[*13]、およびのちに上野が翻訳者の一人となる『ブラック・アトランティック』、なかでもその第六章だ。そこでギルロイ自身が、きわめて自覚的にかつ周到に、古代から現代にいたるまでのユダヤ人の経験や思想を、奴隷貿易以降のブラック・ブリテンやアフロ・アメリカンの文化政治に接続することを模索している。

※ポール・ギルロイ：一九五六年〜。イギリスの黒人ディアスポラ文化研究者。とくに環大西洋世界に広がる黒人音楽文化の研究者でもある。日本語訳があるのは、本文で触れた『ブラック・アトランティック』のほかに『ユニオンジャックに黒はない』（月曜社）がある。

その試みの意義については、ギルロイ本人も著書・論文で目配りをしているように、戦略的に流用すること、接続することは、単純に比較をしたり同一視をしたり、あるいは逆に、比較不可能なものとして唯一絶対視することではない。その流用・接続においてどうしても問題になるのが、ナチスによるホロコーストと、イスラエルによるパレスチナ占領の問題だ。ギルロイは明白にホロコーストの唯一性を承認しつつ、しかし、「ホロコーストの唯一性の承認を、合理性と民族虐殺の恐怖（テロ）との共犯性をよりよく理解することの妨げとはしたくない。（…）これら複数の歴史を一緒に議論することは可能で、また実り多いはずである」と述べる。[*14] そしてギルロイは、プリーモ・レーヴィ[※]の言う人種的奴隷制に触れつつ、強制収容所の目的のひとつであった奴隷労働システム（ならびに政治的敵対者の排除といわゆる「劣等人種」の根絶）が日常社会の経済構造に組み込まれていることを指摘する。[*15] すなわち、ホロコーストとジェノサイド一般との決定的な違いというのは、収容所（キャンプ）の問題に存するのだ。

※プリーモ・レーヴィ：一九一九〜一九八七年。イタリアの化学者、作家。ナチスによる強制収容所の生き残りであり、その体験やそれについての考察についての著作を残した。日本語訳としては、『これが人間か』（朝日新聞社）、『溺れるものと救われるもの』（朝日新聞社）、『休戦』（岩波文庫）などがある。

収容所の思想については、すでに前章でハンナ・アーレントおよびジョルジョ・アガンベンの議論に関連して触れたように、パレスチナ被占領地の分断・封鎖状況について考えないわけにはいかない。収容所（キャンプ）という提起は、イスラエルの占領政策の核心を見事なまでに抉りだす。そしてその本質をもっとも尖鋭的に映し出しているのは、第七章で詳しく論じるが、ガザ地区であり、そしてガザ地区研究者のユダヤ人であるサラ・ロイの存在だ。ロイの両親はともにナチスの収容所を経験し奇跡的に生き残ったユダヤ人であり、ロイは両親の移住したアメリカ合衆国のイディッシュ語コミュニティで生まれ育っている。そのロイは、ナチスがユダヤ人に対しておこなったこと（両親から聞かされてきたこと）とイスラエルがパレスチナ人に対しておこなっていることを、同一視などしないのはもちろんのこと、むしろ単純な比較には警戒しているぐらいだが、しかし人間性の否定という点において共通するものを見ていることは事実だ。[*16] そしてロイが直接そのような整理をしているわけではないが、ロイの分析に照らして考えれば、パレスチナの被占領地に関して言うと、一九四八年のイスラエル建国時からガザ地区全体が実は「難民収容所」でありつづけているということに加えて、一九六七年の第三次中東戦争から八七年の第一次インティファーダまでの時期が「労働収容所」であり、オスロ合意の和平プロセスを移行期として、二〇〇〇年の第二次インティファーダ以降は「強制収容所」と化していると言わざるをえない。

すなわち、六七年から八七年までの被占領地は、イスラエルにとって極端に安価な労働力の供給源でしかなく、しかもパレスチナ人労働者はいわゆる外国人労働者と異なり、イスラエル国内に住み着くことなく毎日ガザ地区や西岸地区に帰っていくこと、なけなしの労賃を国外に送金せずイスラエル市場でイスラエル製品の購入に使い切ることから、きわめて好都合な存在であった。八七年のインティファーダによって初めて集団的かつ継続的に反抗的な態度を示したこれら被占領地のパレスチナ人を労働力とみなすことをやめることにしたのが九三年のオスロ和平合意であった。名目的な「自治」を与える代わりに、イスラエル側での労働を禁止する、しかし占領は継続し「自治区」内での経済発展はとことん阻害する、と。九〇年代の和平プロセス下で生じたのは、さらなる徹底した土地の収奪と失業率の増大による貧困化であった。そしてそれへの抗議として始まった第二次インティファーダに対するイスラエルの回答が、占領地の完全閉鎖（壁で完全に囲い込む、基本物資・食糧・医薬品さえも搬入させない、人の移動を禁止する）というものであった。国連機関による食糧配給が断続的に停止し、病院が機能を停止し、パン工場が操業を停止し、電気と水の供給も一日数時間に制限され、しかし住民はイスラエル側へも他のアラブ諸国へも働きに出ることができない。しかもかつて世界がナチスの種々の収容所の存在を知っていながら手をこまねいていたのと同様に、いま世界はガザ地区を見殺しにしている。ナチス政権下では、強制収容所の向こう側に「絶滅収容所」が稼働していたことを想起しなければならない。ガザ地区がこの先そうならないという保証はない。

実際ガザ地区では、二〇〇〇年代の封鎖強化に加えて、二〇〇八年以降はイスラエル軍によって断続的に大規模な空爆と軍事侵攻に晒され、ときには千単位の死者と万単位の負傷者を出すほどの被害を出している。ロイはこうしたガザ空爆・侵攻の最中に、ホロコーストを経験したユダヤ人の倫理を問題にする発言をしているが、それは上記のような五〇年以上にわたる占領の経過をふまえてのことであった。[*17] ロイのような反シオニストのディアスポラ・ユダヤ人にとっては、ホロコーストとパレスチナの問題は、収容所（キャンプ）的な生を強いられる場という社会構造と、それを黙認することによって崩壊していく倫理という共通性の次元で結びついていると言えるだろう。

それゆえ、ギルロイや上野が強調するように、ディアスポラ概念の有効性というのは、たんに人の地理的な移動や離散の分析や、ディアスポラの民と定住者との緊張関係の分析のみにあるのではなく、むしろ、近現代社会に内在する不安定さ、つまり「いま・ここ」に内在する喪失を適確に見いだし、上野の言葉を借りれば、そこから新しい「オルタナティヴな公共圏」を創造するところにあるはずだ。[*18] 実際、「キャンプ」の問題というのは、直接的にはギルロイが『ブラック・アトランティック』の後に刊行した *Between Camps*（2000）から来ているのだが、ギルロイを日本へ招聘した小笠原博毅によれば、言われがちなように幻滅したギルロイにおいて「オルタナティヴな公共圏」が失われ「キャンプ」にとって代わられたということではなく、あちこちに遍在するキャンプ的状況・キャンプ的思考との対峙をとおして、はじめてディアスポラのもちうる公共性を模索できる、という側面は軽視されてはならない。[*19] たとえ「ブラック・アトランティック」が特定の国家、民族、文化に依拠しない共同性を可能にするユートピア空間だとしても、その根底には奴隷貿易・奴隷制度という最悪のディストピアが潜んでいるのであり、しかもそれは終わった過去ではなく、奴隷制が近代資本主義世界成立の土台となった以上、そして近代世界になお人種主義と国民主義とが蔓延している以上、キャンプというディストピアは「いま・ここ」にあるのだ。すなわち、たんなる移動性や越境性を賞揚するような非政治化されたディアスポラ論が跋扈することへの戒めをこそ、キャンプの問いから読み取るべきであろう。

実際、キャンプの遍在性というのは、日本においてもまったく他人事ではない。移民大国化への議論と相補的なかたちで、外国籍者を潜在的犯罪者とみなすようなサブリミナル・メッセージが法務省や警察やマスコミから垂れ流され氾濫している。すなわち、犯罪のほとんどを占める日本人犯罪を棚に上げて、「外国人犯罪」という用語を創出し流通させる行為がそれだ。[*20]〈九・一一〉以降はとくに「テロとの戦い」という論理を前に、犯罪＝外国人＝社会の脅威という連想によって排外主義が煽られ監視社会化が強まっている（入国管理における指紋採取などその典型だ）。象徴的にも、すでに監視カメラだらけの日本社会にいま急速に最新設備を盛んに売り込んでいるのが、イスラエルのセキュリティ産業であり、パレスチナ人を管理する軍事技術として開発された個人識別可能な監視カメラが民間転用され、繁華街を歩くだけで顔写真データがストックされていっている。われわれの社会がキャンプになっていないという保証がどこにあるだろうか？　あるいは、グアンタナモ基地の収容所――キューバの一部を「半永久的に租借」した土地にある「テロ」容疑者収容所であり、国内法の適用外として人権無視が横行している――に世界は驚いたが、日本には「大村収容所」という戦後に在日朝鮮人を国外追放するための施設があったこと、そしてそれが「大村入国管理センター」として存続し現在は外国人の送還施設になっていることは、どれくらい知られているだろうか？[*21]

越境や移動においてではなく、キャンプ的なものへの抵抗においてこそディアスポラは論ぜられるべきだと言えよう。

3　スピヴァクにおけるサバルタンとディアスポラ

同様にそうした観点から「ディアスポラ」概念を考えることは、インド出身の思想家ガヤトリ・スピヴァク※の「サバルタン」の問題にも通じるところである。スピヴァクがサバルタン——民族・階級・性において三重に従属的な地位におかれ発話主体になれない者——という言葉を戦略的に使っているのは、第三世界的な問題が、「移民一般」に還元されないようにするためであった。[*22] ディアスポラにおいて問われているのも、あるいは追究すべきなのも、そうした戦略だろう。

※ガヤトリ・スピヴァク：一九四二年～。インド出身で在米の比較文学者。マルクス主義やフェミニズムやポストコロニアリズムなどの理論を駆使した批評を展開している。日本語訳としては、『デリダ論』（平凡社ライブラリー）、『ポスト植民地主義の思想』（彩流社）、『ナショナリズムと想像力』（青土社）などがある。

移住を強いられていなくとも、たとえそこに居続けたとしても、近現代世界の構造上の変動のために、まさにそこに居続けたことによってディアスポラとなることがある。たとえば、アイヌモシリの収奪によって、琉球の収奪によって、その住民が日本本土の首都圏に流れれば、明らかに彼ら・彼女らはディアスポラであるが、しかしかりに先住民がその地に残ろうと、故郷はすでに破壊され失われている以上、残った者はディアスポラ＝故郷喪失者でないとは言えない（当然、北海道や沖縄とされた地域の内部での強制的移住、事実上の追放も大規模に存在しているが、越境的移住者という観点にとらわれると、そうした存在は看過されてしまう）。ユダヤ人について言っても、イスラエル建国後にシオニストによってアラブ諸国（イラクからモロッコにいたるまで）に住むユダヤ人がイスラエル移住を強いられたが、それでも残ったごく少数のユダヤ人らは伝統的コミュニティを破壊され、孤立した生を強いられている（この場合、ヨーロッパ系ユダヤ人によって建国統治されているイスラエルに移住したところで、二級市民扱いを受けるアラブ系ユダヤ人もまた、ディアスポラであることには変わりない。この問題については、ギルロイも、わずかにだが言及している。さらに言えば、ディアスポラ主義者からしたら、イスラエルが神の意思によらない人為国家である以上は、どんなユダヤ人にとってもディアスポラは終わらないのだが）。

他方、建国されたイスラエルの領域内に残ったパレスチナ人も、一部はその内部で強制移住を強いられた「域内難民」であり（国連の認定する難民には入らない）、また移住せず元の村に残ったとしても、やはり故郷は消滅し、異郷に住まう「異邦人」扱いされる存在となっている。また、建国後七〇年を経たいまでもなお、「未公認」となったままで行政サービスから除外されているイスラエル領内のパレスチナ人の村は数十を数える。さらにイスラエルが一方的に「併合」を宣言した東エルサレム（国際的には承認されていない）のパレスチナ人たちは、イスラエルが「イスラエル領」とみなす土地の住民でありながら、イスラエル国籍を与えられていない。パレスチナの内部には、被占領地にかぎらず、無数の分断線が引かれている。この複雑な状況は、「難民」や「移民」という概念だけで捉えられないことは明らかだ。

サバルタンとは、直接的にはインドにおけるカースト制度およびとりわけ女性の地位を前提に、スピヴァクが戦略的に使用した概念であり、賛否を含めて大きな物議をかもした用語であるが、移住や離散という視角からだけでは捉えきれないディアスポラ的存在を、苦しいながらもなんとか前景化しようという試みである。たとえば他に、在日朝鮮人作家の徐京植による「半難民」という独特の用語もまた、サバルタンに類比される試みのひとつと言えよう。[*23] 国連によって認定され保護される「難民」でもなく、ただ自発的に移住した「移民」でもなく、日本による朝鮮半島の植民地支配という具体的な歴史経験に根ざした、政治性と集団性を帯びた移住を背景とし、そして植民地支配終了後にもなお日本国家によって非国民として異化され差別される存在をどう名指すのか。徐は、そのために「半難民」という言葉を編み出して用いている一方で、それとともに、『ディアスポラ紀行――追放された者のまなざし』[*24] などにもあるように、「ディアスポラ」用語も使用している。

ただし用語そのものが問題なのではない。サイードが、まさにわれわれが論じている意味でのディアスポラ概念を、長くエグザイルと呼び習わしてきたように、完全に同じとまでは言わないにせよ、通底する問題に対して、「サバルタン」や「半難民」といったそれぞれの名指しをおこなっている。そうしたなかで、上野俊哉は、あえて「学術的正確さ」よりも、概念などに「還元不可能な何か」を重視し、ラップやピアノなどの音楽の「リズムで思考する政治学」の必要性を提起している。[*25] 徐にあってもそれは共通するように思われるのだが、学術的定義にこだわるのではなく、『ディアスポラ紀行』の序章において、おおよそのディアスポラの用語法を確認し、国籍（無国籍）・国語・母国語・

母語などの根源的なズレを説明したあとは、もっぱらアート（文学・絵画・インスタレーション・音楽など）を通して滲みだし伝わってくる、ディアスポラ／追放の経験を丹念に読み取っている。これは徐にかぎらずアートを論ずる在日朝鮮人に共通する問題意識だと言えよう。[*26]

これが、ギルロイの「ブラック・アトランティック」において音楽が決定的な役割をもたせられていたのと密接に関係することは、言うまでもない。さらに付け加えれば、イスラエル建国以降七〇年以上にわたって離散とキャンプの生を強いられているパレスチナ人らにとって、消滅してしまった故郷との繋がりを集団的に支えつづけているものが、何よりも音楽と詩（詩はメロディを付して広く口ずさまれる）であったこと、そして政治家や闘士以上に敬意を払われるのがマフムード・ダルウィーシュやサミーフ・アルカーシム、ファドゥワ・トゥーカーンといった「民族抵抗詩人」であるということも想起されねばならない。ディアスポラの経験の共有と伝達において、すなわちディアスポラ的公共圏の成立において、アートは必要不可欠な基盤となっているのではないか。

スピヴァクに戻ろう。政治経済学の次元を重視し、とりわけ多国籍資本の越境的活動を警戒するスピヴァクその人は、とはいえ、サバルタンとは別に、ディアスポラという用語をときおり使うにあたって、ある留保と警戒をもっている。端的にそれは、ポストコロニアリズムと新植民地主義との隠れた共犯関係への警戒であり、階級とジェンダーという観点を希薄化させたエスニック・マイノリティ研究やリベラルを自称する多文化主義のようなものは、多国籍資本が途上国を利用するのに都合がいい宣伝道具に堕してしまう、という自戒でもある。[*27] スピヴァクは、こう述べている。

もし〈フェミニズム〉がエスニック・スタディーズと並んでアメリカ研究のなかに吸収されるなら、あるいはポストコロニアリズムと並んで移住がもたらす混血性礼讃のなかに吸収されるなら、〈南〉はふたたびその姿を隠し、ディアスポラの民がネイティヴ・インフォーマントの代役を務めることになるのである。[*28]

新しい国境を越えた動きのなかでは、「新しいディアスポラ」——「発展途上」の国々の種子が発展済みの土地に根を下ろすべく新たに播かれること——（…）である彼ら彼女らがいまや祖国と呼ぶ国民国家が、国際資本のための新しい統合を強化すべく、彼ら彼女らがいまだに文化のよりどころとする国民国家に対して「援助」をあたえているのだ。[*29]

もちろん「ディアスポラ」についても、国民国家を揺るがす批判的側面だけでなく、強い民族アイデンティティを保って祖国に経済貢献をするなどしてナショナリズムと共犯関係となる場合もあったという側面を無視することはできない。[*30] 歴史的に、あるいは理論的にも、ディアスポラを言うだけでは批判的概念たりえないのは、経済エリートの新移民やそれを利用する国家の政策などを見れば明らかだ。近代国民国家の中心を占めてきた強い「国民主体」が、民族と国家の一体性を前提したのみならず、マッチョでエリートの男性を理念としてきたのであれば、「ディアスポラ主体」は、それに対抗するものとして、民族・階級・性のすべての次元において、旧来の〈中心性〉を解体するものでなくてはならない。スピヴァクは、「グローバル化する労働市場のもとでディアスポラ的存在と化しつつある下層の女性たちが直面している、故国追放者のそれにも似た苦境」については、グローバルな領域における経済的なものに加えて、ローカルなものが拡大された領域におけるジェンダー化の観点から取り組まれるべきであると指摘している。[*31] スピヴァクによる「ディアスポラ」への慎重な言及を拾い上げていくと、スピヴァクがジェンダーと経済を軸足としつつ、国民国家との共犯関係に陥ることに警戒していることがよくわかる。

4 〈群島〉論、あるいはジュネを読む梅木達郎

さらに、ディアスポラをめぐる問いを思想的に深めるために、「多島海」論あるいは「群島」論を切り口に議論を広げたい。

ラテンアメリカをフィールドとする文化人類学者の今福龍太が二〇〇八年に刊行した記念碑的大著『群島‐世界論』[*32]は、大陸中心の歴史、つまり強大な支配国家中心の世界観を、海洋交通こそが近代を推し進めたという観点から、根底的に反転させる壮大な企てであり、ディアスポラ論的な転回をもたらすものであると言える。だが、あまりの大著ゆえここではむしろ、同書の原型とも言える、今福と詩人の吉増剛造による二〇〇五年の対談「多島海、あるいは千々石 *islands*」、およびそれを収録した

『アーキペラゴ――群島としての世界へ』[33]に限定して論じたい。
「アーキペラゴ」というギリシャ語は、島が散らばった海（具体的にはエーゲ海）のことであり、それは島の側に重点をおけば「群島」であり海の側に重点をおけば「多島海」であるという、二重の意味ないし訳語をもつ。それを今福は、陸と海との反転、地と図の反転、ネガとポジの反転という関係で見ており、「そこに視点や認識の反転や飛躍の機会が隠れている」と言う。[34]また今福が、半島についても一定類比的なことが言えるとしたときに、対話者である吉増は、イタリア半島の形を想像しつつ、ヴァルター・ベンヤミンの靴下の裏返し、裏地のタッチについてのエッセイを話題に出す。[35]さらにうしろのほうで、吉増は、靴下と並べて「手袋の裏返し」にも二度触れている。[36]靴下や手袋の裏返し／反転という比喩によって、今福ととりわけ吉増は、裏返すときの口を思考の「傷口」として論じ、また血を流しつつ傷を開き反転させることが、傷口をつくる「両刃の剣」であると論じている。[37]
こうした議論をするときに、吉増は、「そういえば、誰かの心の絵にもそういうヴィジョンがあったな」と曖昧に想起しているが、私はこの「誰か」が放浪の作家ジャン・ジュネ、あるいはジュネを論じたフランス文学者の梅木達郎であったはずだ、と感じた。『群島－世界論』や『アーキペラゴ』の読者にとっては、一度も登場しないこのジュネや梅木の名前は唐突に感じられるかもしれないが、これにはほとんど確信に近いものがある。というのも、実際吉増には、独特の言語実験的な作品集のなかに「ジュネの手袋」と題した一作があり、そのなかで、梅木が「手袋の裏返し」や「傷口の反転」を論じた著作『放浪文学論――ジャン・ジュネの余白に』を取り上げたことがあったからだ。[38]そして、以下で梅木のジュネ論を見ていけば、その対談に梅木の議論が、あるいはジュネの戦略が響いていることが確認できるだろう。

実際、梅木の『放浪文学論』は、ディアスポラという言葉を使っていないとはいえ（むろん用語が直接的な問題ではない）、優れたディアスポラ論のひとつであり、梅木の言う「放浪」はそのままここで検討している「ディアスポラ」と置き換えても差し支えないだろう。[*39] 梅木は同書の「放浪のモチーフ」「方法としての放浪」の各章で、歓待、邂逅、対話、敵対、暴力、裏切りといった、ディアスポラ論に通じる重要なテーマを次々と論じていくが、ここでは「反転」と「傷ついた祖国」の二つのトピックだけを取り上げる。

梅木が強調するジュネのテクストの特質とは次のようなものだ。

あらゆるものの反転の名手ジュネにかかると、それまで自明と思われていたものの価値が揺らぎだし、決定が困難になり、しばしばその反対物へのずれていってしまう。（…）ジュネはテクストのあらゆるレベルに裏切りや反転の運動を書き込み、自分自身もまた裏返ろうとする。[*40]

かくして手袋が、「内から外への移行の比喩」、「語りのレベルが反転するポイント」、さらに言えば「ジュネのテクストの構造そのものを指し示すメタテクスト的な形象」[*41]として、繰り返し登場することとなる。戯曲の舞台の小道具として登場する、植民地の農園主つまり支配者が見張り代わりに置いていく手袋は、とりわけ、権力の記号、権力の「空洞性」の象徴である。のちの展開で、隷属させられているアラブ人たちの反乱によって、主人の手袋の権威は失われ、「権力が手袋のように裏返ってその空虚さが暴露され」る。[*42] たとえばジュネの『女中たち』においても、冒頭から手袋が登場するが、それは女主人と女中との支配・被支配関係を、そしてその反転可能性と同時に、「権力の不均衡と支配の問題」を象徴している、と梅木は指摘する。[*43]

つづいて、第二の論点、「傷」について見ていく。梅木によると、ジュネは「祖国とは傷の共同体である」という説を展開している。ジュネは祖国フランスの「不動のシンボル」たるシャルトル大聖堂を選び、その建設者たち（親方、絵師、石工、ステンドグラス溶接工、七宝細工師など）が、「ブルゴス、ケルン、ブルージュの現場から流れてきたたいへんな数の外国人」であったこと、そこにはトレドから来たムスリムも加わっていたことを強調した。これらは、スペイン、ドイツ、ベルギーの都市である。さらに、その外国人労働者らが定住も同化もされなかったこと、絵画などの芸術品が海外で展示されるように、その地方の住人に大聖堂の「所有権」があるわけではないこと、逆に国外の誰もがそれに親和性を感じてもいいこと、などを指摘し、ジュネは、「あらゆる角度から、シャルトル大聖堂とフランス人との特権的な結び目をほどいていく」。[*44]

そこから梅木はこう述べる。

共同体の根拠には何か非同一的なものがあり、共同体はそれを暴力的に再固有化し、根拠における同一性の不在を忘却することによって自らを立てる。（…）祖国の起源にあり、祖国として民族・国民を統一するものは、なんらかの固有性ではなく、傷の存在である。だが傷とは何か。それは固有な領域に刻みつけられた裂け目であり、皮膜で覆われているべき内部が破れ出て、外部にむき出しにさらされ、内部の体液が滲み出していく場所である。外からやってきた暴力が保護膜を突き破り、内部の閉域に突き刺さってぱっくり口を開けた開口部。つまり傷とは内部を、あるいは固有なものを損ない、自己閉塞的に閉じるがままにさせないものなのだ。[*45]

こうして、吉増と今福による群島論の根底には、ジュネ＝梅木の「反転」と「傷」のロジックが響いていることが見てとれる。[*46]

ところで、ここに見られる、祖国を根拠づけるものは、祖国以外の非固有なもの、外から到来した「傷」であり、それこそがむしろ共同体の起源であるという、逆説的な非起源の論理によって、再度想起されるのは、最初の預言者モーセがエジプト人であったならばと仮説だてたフロイトを、現代的視角から論じたエドワード・サイードだ。

フロイトが主張したのは、ユダヤ教がそれ自身からから始まったのではなく、（…）むしろ（エジプトやアラブ的な）他のアイデンティティとの出会いから始まったということだ。（…）アイデンティティは、それ自身だけでは、思考したり作動したりすることができない。すなわちアイデンティティは、根源にある抑えつけることのできない欠損や亀裂なしには、自らを構成したり想起したりすることができないのだ。[*47]

このように、ジュネの言う「傷」は、アイデンティティの根源に「欠損や亀裂」を見出すサイードの思想と見事に呼応しているのが分かる。つまり、「傷口」から世界像を「反転」させるような群島的思考、ディアスポラ的思考は、ジュネとサイードを媒介としながら、「アイデンティティの根源的な他者性」にまで至りつくのだ。アイデンティティとは普通は「自己同一性」のことであり、その意味では「アイデンティティの他者性」とはほとんど形容矛盾に聞こえる。だが、ジョナサン・ボヤーリンとダニエル・ボヤーリンの兄弟のユダヤ思想家が『ディアスポラの力』で唱えていた「不揃いのアイデンティティ」も、まさに形容矛盾に聞こえなかっただろうか。[*48]

5　新しい部族主義かアイデンティティの否定か

ユダヤ・ディアスポラの思想的遺産を肯定的に捉えつつ、ユダヤ人以外の分野へと開いていこうとするボヤーリン兄弟は、『ディアスポラの力』に収められた二人の共筆による「ディアスポラ――ユダヤ人アイデンティティの生成とその根拠」のなかで、「ディアスポラ的アイデンティティとはいわば、不揃いのアイデンティティにほかならない」と述べている。最後に、この一文を契機として、三つの問題提起をしたい。
一つめ。国際社会学者の岡野内正は、「パレスチナ問題を解く鍵としてのホロコースト（ショア）とナクバに関する正義回復（リドレス）」[*49]という論考で、この「不揃いのアイデンティティ」の前後で展開されているボヤーリン兄弟の議論を丁寧に追いながら、その上に立って「新しい部族主義（new tribalism）」という大胆な提言をしている。「われわれはディアスポラを、民族自決に代わる理論的かつ歴史的モデルとして提唱する」[*50]と宣言するボヤーリン兄弟のディアスポラ論は、岡野内から見ると、「事実上、「ユダヤ民族」を超える新部族主義的な「ユダヤ諸部族」を、ユダヤ教の伝統に即して具体的に展望することによって、ユダヤ・ナショナリズムの限界を超えようとするもの」であるという。[*51]
そして岡野内が着目するボヤーリン兄弟の結論部分は、ディアスポラ主義に向けて設定した三つの段階を、①土地と結びついた部族の段階、②土地と結びついた生活が他民族との接触によって危機にさらされる段階、③ディアスポラ的生存形態の段階、として整理されるもので、この三番目において、それまで展開してきた「無力さ」の主張、すなわち、「現世権力を放棄することは、差異を保持する最も強力な様式にほかならず、したがって、最も有効な抵抗手段なのである」ということになる。[*52]そしてそこから導きだされる結論と教訓はこうだ。

われわれは、エスニシティを政治的ヘゲモニーから分離する唯一の社会構造として、ディアスポラを特権的に扱うことを提唱したい。ディアスポラは、解きがたいほど徹底的に相互依存を深めている世界において、文化的アイデンティティの保持を可能にする起点にさえなるのだ。(…)ユダヤ教が世界に対してなすべき最も重要な貢献とは、実のところ一神教ではなく、ディアスポラのほうではなかろうか。(…)ディアスポラが教えてくれるのは、土地を支配せずとも、ましてや、他の民族を支配せず、彼らから土地を奪う必然性をつくり出さずとも、一つの民族が独自の文化を、つまり差異を保持することは可能であるということだ。(…)差異の拒絶は、人びとの生活を疲弊させ、抑圧の前触れとならざるをえない。世界では、主権とアイデンティティという二つの力が連動することによって、日々何千人もの人びとが殺戮されているが、(…)主権を拒絶すると同時に文化的アイデンティティを粘り強く保持する姿勢は、この世界に対しなにがしかを提示しうるに違いない。[*53]

ボヤーリン兄弟によるこの主張を、岡野内は数あるディアスポラ論のなかでも画期的なものであるとして高く評価しつつも、土地への欲望の放棄や暴力を語る主体の代表性に関して、若干の疑念を示しつつ、それを補完しうるものとして、「新しい部族主義」を唱える。それは、自己につながる系譜の複数性から導出された帰属の複数性を前提とした上で、自己と他者の過去の不正義を徹底的に議論し、歴史的正義回復の諸手段によって、非暴力的に土地への欲望を充たすことを求める、新しい部族の立場[*54]

として説明される、複数帰属の許される「新部族主義」だという。たしかに複数帰属という観点は、錯綜したホロコースト犠牲者とパレスチナ難民に対する「正義回復」に現実的かつ公正な対処を示しうるだけでなく、中東出身のユダヤ人たちが実のところ「アラブ系ユダヤ人」ないし「ユダヤ教徒のアラブ人」でもあるという、矛盾したように見える複合的アイデンティティのアポリアにも、ひとつの回答を与えうるだろう。

関連して興味深いのは、先の上野俊哉が、「複数の異質なトライブの配合を生きる人間」として「アーバン・トライバル・スタディーズ」[*55]を提唱していることだ。実のところ、それはすでに『ディアスポラの思考』の末尾ですでに予告され、かつその時点ですでに着手されていた仕事であり、上野のなかではディアスポラ論と密接に連関するものなのは間違いない。岡野内の「新部族」とまったく同じ含意であるはずはないにせよ、国民国家を突破するのに、あえてアルカイックな「部族」を戦略的に使用するところなど、底通するものではあるだろう。ディアスポラ論と新部族論の絡みはまだ十分に議論されていない。今後の有意義な展開が期待される。

三つの問題提起と言った二番目と三番目は、先のボヤーリン兄弟からの長い引用にあった、「主権とアイデンティティという二つの力の連動」にそれぞれ関わる。ボヤーリン兄弟は、「主権を拒絶すると同時に文化的アイデンティティを粘り強く保持する」ことを主張した。すなわち、主権の拒絶。これに関連するものとしては、第二章でも取り上げた鵜飼哲の重要な仕事、『主権のかなたで』[*56]を挙げておきたい。なかでも、ディアスポラ論との絡みで特筆しておくべきは、ガヤトリ・スピヴァクの主催する国際シンポジウムにおいて鵜飼が発表した「島・列島・半島・大陸――隣りあうものたちの惑星的思考」である。それは群島論とも深く呼応するものだが、とりわけ強く東アジアの状況が、危機感をもって語られている。言うまでもなく、〈列島〉は日本であり、〈半島〉は朝鮮＝韓国であり、〈大陸〉は中国を指す。

そして、もっとも問題となる〈島〉が何を指すのか、それはこの文脈においては、さしあたりは台湾と、そしてなにより沖縄であることになる。このひとつの発表のなかに、この地域独特の複雑な植民地支配の歴史をふまえつつ、サバルタンの問題、ジェンダーの問題、グローバル資本の問題、あるいは上野俊哉も触れていた「不気味なもの（unheimlich／unfamiliar＝非家族的なもの）」の問題が盛り込まれている。そしてそれらすべてが、「国民的主権」との緊張関係におかれている、という構図になっている。〈島〉（他にも独島／竹島や尖閣諸島／釣魚台、金門島などさまざまな島がある）が「国民的主権の言語に翻訳され[*57]」ようとするときに、いかに抵抗しうるのか。いかに主権の論理と訣別し、その「かなた」を思考するのか。鵜飼は、「主権の歴史はつねに簒奪の歴史だ」として、同書の始めから終わりまで、主権の論理に対抗する「歓待の思考」を展開している[*58]。つまり「客」をたんなる客としてもてなすのではなく、「主」をも脱構築（「主」も最初は「客」であったことを想起）する思考としてだ。言うまでもなく、こうした意味での歓待はディアスポラの思考と深く関わる。

しかし第三に、ボヤーリン兄弟の言う「不揃いのアイデンティティ」の議論に立ち戻ったときには、

「主権とアイデンティティという二つの力の連動」のうち、アイデンティティの拒絶ということは議論の対象外なのだろうか。ここで思い起こされるべきは、国家や民族といった共同体の根拠に、非同一的なもの、傷を見いだしたジャン・ジュネを読む梅木達郎だ。梅木は『放浪文学論』の最後の箇所で、ジュネが、文化的覇権主義を否定しただけでなく、文化相対主義や多文化主義にも懐疑的だったとしている。「いやそもそも彼が認めないのは、アイデンティティを打ち立てて同化と排除の暴力を振るうすべてのものである」、と。それに対してジュネの戦略とは、「アイデンティティなき闘い」である。権力に対して別の権力を打ち立てたり、別のアイデンティティを対置したりすることは、排除へ反転するリスクを排除しきれない。

ジュネは何も持たないものの鷹揚さをそれに対置する。世界をちっぽけな自己同一性で分割する代わりに、絶えず移動し、境界を踏み越え、自分のいるところに歓待の経験をまき散らすだろう。ジュネがもたらす驚きとは、文化的政治的コミットメントをおこないながら、アイデンティティなき闘いが可能であることを身をもって示したことにある。その闘いぶりをわれわれは放浪主義という観点から幾つか見てきた。（…）彼のアイデンティティなき戦いは、現在のわれわれにも、世界の至るところで繰り広げられる暴力の反復を逃れるための貴重な示唆を与え続けている。[*59]

これが梅木の『放浪文学論』の結論になるのだが、末語で、暴力の蔓延する世界に対するオルタナティヴを提示しようとするところは、ボヤーリン兄弟の『ディアスポラの力』と相通ずるものがある。とはいえ、ボヤーリン兄弟のディアスポラ主義が文化アイデンティティを肯定しつつ権力のみを否定するのに比して、ジュネ＝梅木の「アイデンティティなき闘い」は、おそらく、あまりに純粋で性急であり、空想的にすら響くかもしれない。

もちろん、「自分はナショナリズムとは無縁だ」と宣言すれば自分だけは無垢でいられると思い込んでいるような、「脱アイデンティティ」といった無責任な立場に与するつもりはない。アイデンティティを論じる者はすべからくナショナリストだと切って捨てるような議論は、ナショナリズムが着脱可能な衣服か出入り可能な実体的空間だと短絡している。だが、「遍在するキャンプ」を論じた小笠原博毅にしたがえば、そうした議論は「内部／外部というテリトリーの思考に縛られた」[*60]ものだ。そしてそれに対置されるのが、（ギルロイと上野を論じる）小笠原にあっても「群島的思考」であった。遍在性とは群島性でもあるがゆえに、抵抗するにも群島を思考することが必要となる。

かくしてこの観点からも、今福龍太、吉増剛造を経由して、やはり梅木の議論に立ち戻ることとなる。ボヤーリン兄弟は「不揃いのアイデンティティ」を強調するが、アイデンティティというのは「自己同一性」とも訳されるもので、それを「不揃いの」と言うのは形容矛盾でさえある。それをあえて形容矛盾として呈示するのであれば、さらに踏み込んで、自己同一性たるアイデンティティそれ自体を、根源にある非同一性という観点からさらに問い直す必要があるのではないか[*61]。それは十分価値ある試みのように思われる。

第Ⅱ部 パレスチナ／イスラエルの表象分析

▼第四章▲パレスチナ／イスラエルにおける記憶の抗争
――サボテンをめぐる表象

はじめに

パレスチナの地にユダヤ人国家としてイスラエルが建国されたのが一九四八年のことであり、その出来事は、一方では国家を手に入れたユダヤ人にとっては「祖国の建国記念日」として記憶され祝福されるだろうが、他方では先住のアラブ・パレスチナ人の側からすれば、故郷の決定的な破壊として記憶され嘆かれる。アラビア語では破滅や大災厄を意味する「ナクバ」という言葉で表現されている。あるいは、「一九四八年」という象徴的な年号を示す数字「四八」でこの大災厄「ナクバ」を表現することもある。二〇一八年には「イスラエル建国七〇年」の盛大な祝賀事業が行なわれたが、それはパレスチナ側からすれば「ナクバ七〇年」を想起する節目であり、同時にその故郷を取り戻す大義を確認する節目でもあった。

その年、パレスチナ難民の帰還権を訴えて、イスラエルに対する大規模なデモが、とりわけ難民の割合の多いパレスチナのガザ地区で断続的に行なわれたが、それに対するイスラエルの対応はガザ地区内への武力攻撃によるデモの鎮圧であり、その結果、一年間で二〇〇人以上が殺害され、一万人以上が負傷した。週末のデモごとにイスラエル軍の銃弾にさらされ多くの死傷者が出るにもかかわらず、それでも徒手空拳で抗議を続ける姿はほとんど自殺行為にさえ見えたが、「ナクバ／一九四八」がもつ重みはパレスチナ難民にとってそれほどまでに大きいということであり、逆に言えば、イスラエルからすればそうした難民デモの群衆は、武器を持っていないがそれだからこそなおさら、自らの歴史的正統性を脅かすものとして、許容しえないのだろう。狭隘なガザ地区内部での、何も持たざる難民のデモに対する正規軍の武力攻撃は、異様なまでにアンバランスであり、それ自体がイスラエル国家の不安を物語っているように思われる。

このそれぞれの郷土の「再生」と「破壊」の記憶をめぐるあまりにも対照的な物語は、祝福するユダヤ人の側と告発するパレスチナ人の側、双方から何度となく表象されてきた。小説として、詩として、映画として、ドキュメンタリー映像として、モニュメントとして。その表象のされ方は、それぞれの作家の背景や立場を反映しつつ、鋭く対立もしてきた。記憶とその表象をめぐって抗争状態にあるとさえ言える。近年日本でも「歴史戦」という言葉が、おもに植民地支配や戦争行為の正当性を主張する右派陣営によって使われるようになってきたが、それは、戦争と植民地支配の歴史叙述をめぐって、日本とアジア諸国とのあいだで断絶が生じ、それぞれの正当性をめぐって論争があることを示している。戦争や紛争の歴史表象は、現在へと延長され継続する紛争であると言える。その意味では、パレスチナ／イスラエルにおいても、表象をめぐる「歴史戦」が繰り広げられてきたと言えるだろう。とりわけパレスチナの破局つまりナクバの記憶と、その表象のされ方は、最大の争点だ。これから見ていくのは、まさに「記憶」を中心的なテーマとして数多くのモニュメントを世界中で制作しつづけているイスラエルのユダヤ人作家、ダニ（ダニエル）・カラヴァンである。

1　カラヴァンとベンヤミンにおける「記憶」

石ひとつにも、どんな小さな土地にも、記憶が満たされている国、一歩前進するために一〇年、一〇〇年、一〇〇〇年の歳月をさかのぼらなければならない場所に、私は生まれた。地中海の波が洗う海岸に生を享け、砂丘に登り、そばにはオリーブの樹が茂り、山々と渓谷とに抱かれて私は育った。そして、あの恐るべき戦争もどうにかかいくぐって生きてきたのだ——記憶、それは私の存在そのものの一部であり、記憶が消え去ったなら、方向も歩むべき道も失われてしまうのだ。[*1]

イスラエルのユダヤ人モニュメント作家、ダニ・カラヴァンは、「記憶」に訴えかける多くのモニュメントを、イスラエル各地に世界各地にそして日本各地に制作・設置し続けている。とりわけ、列車のレールを用いて、第二次世界大戦下のヨーロッパにおけるユダヤ人の収容所への移送の記憶を喚起する作品も多く、「ホロコーストを忘れないための記念碑」や「強制収容所囚人へのオマージュ」など、ユダヤ人迫害の記憶に直結するモニュメントをイスラエル国内やドイツやフランスなどにいくつか制作している。

カラヴァンは世界的にも人気が高く、日本でもたびたび展覧会が巡回している。一九九四年から九五年にかけては、「ダニ・カラヴァン展」が日本各地を、神奈川・岡山・宮城・茨城・三重・北海道・山梨と巡回し、そしてまた二一世紀の最初の年にカラヴァンは再び日本を訪れた。「新千年紀へのメッセージ――イスラエル美術の近代」展の一部として、カラヴァンは神奈川県立近代美術館にインスタレーションを作成している。さらに二〇〇八年にも再び「ダニ・カラヴァン回顧展」が東京と長崎で開催されている。

またカラヴァンは、「記憶」を喚起するモニュメント作家として、多くの批評家や哲学者、歴史学者に高く評価されている。そのなかでもひときわ注目を浴び数多く言及されているのが、第二次世界大戦中に自殺したドイツのユダヤ系哲学者ヴァルター・ベンヤミンを追悼するために制作されたモニュメント「パサージュ（Passages）」である。ベンヤミンは、一九三三年にナチスが政権につくとフランスに亡命していたが、そのフランスも第二次世界大戦下でナチスに侵攻・占領され、さらにスペインへ亡命しようとしたが、その避難の途上でフランスとスペインの国境の街ポルトボウで入国拒否に遭って自殺してしまう。一九四〇年のことだ。

カラヴァンはそのポルトボウにベンヤミンを追悼するモニュメント「パサージュ」を制作したの

だった。「パサージュ」とは、ベンヤミンが長年取り組んで残した哲学的遺稿集のことであり、パサージュと呼ばれる一九世紀パリのアーケード式商店街の考察から、初期資本主義からの転換点という通過の瞬間としてのパサージュを捉えようという試みであった。[*2] ベンヤミン未完の大作だ。しかしながらこのモニュメントは、地上には入り口しか見られず、そこから階段が地中トンネルを貫いて降りている。この階段は、断崖から再び地表に突き出し、海の手前でガラス板によって遮られて終わっている。そのガラス板には、ドイツ語、カタルーニャ語、スペイン語（カスティーリャ語）、フランス語、英語の五つの言語でベンヤミンのテクストの引用が刻まれている。「有名なひとたちの記憶よりも、無名なひとたちの記憶に敬意を払うほうが難しい。歴史の構築は無名のひとたちの記憶に捧げられる。[*3]」と。

批評家の浅田彰は、このモニュメントについて、「歴史の勝者のモニュメントを批判してやまなかったベンヤミンにふさわしい、これは見事な反モニュメントと言うべきであろう」と評した。[*4]「反モニュメント」とは、哲学者の岩崎稔の端的な整理によれば、「モニュメントによってある想起が意志されながら、しかしその形式によって記憶が扱いやすいものになってしまうことをいかに回避するのか、という試み」としての「対抗的記念碑」である。[*5]

この作品への絶賛は後を絶たず、ベンヤミン哲学の威光も得て、カラヴァンはますます名声を高めていった。「記憶の人」「場所の人」「カラヴァンという名のパサージュ」「偉大な平和のイデオローグ」。また、ユネスコからミロ・メダル（一九九二年）とピカソ・メダル（一九九四年）を受賞するなど世界で数多くの賞を受け、さらには日本でも高松宮殿下記念世界文化賞（一九九八年）を受賞している。偉大なモニュメント作家、ダニ・カラヴァンである。

たとえば歴史哲学論で著名な野家啓一もまた、連載論考「記憶と歴史」の書きだしを、まさにこのカラヴァンのモニュメント「パサージュ」の紹介とそこに刻まれたベンヤミンの引用から始めている。[*6] 野家のこの論考は、彼の持論である時間論や物語論の検討を経て、連載の最終回には再びベンヤミンを登場させ、ベンヤミンの哀悼的想起（Eingedenken）と、そして例によって「歴史の天使」に言及して結ばれている。[*7] つまり、本来的に未完結な歴史がつねに現在時（Jetztzeit）から哀悼的想起によって再構成されるとベンヤミンを用いて主張することで、歴史は「物語り」的な性格を持つとされるのだ。逆にあたかも過去の全体を復元できるかのような目的論的な歴史観が批判される。「歴史の天使」が持ち合わせる哀悼的想起とは、「一つ一つの断片に対する想像力に裏打ちされた愛惜の念」[*8] なのであって、均質的な時間の連続性は否定されるというわけだ。

それにしても「歴史の天使」の登場は、もはや例によって、という感が否めない。ある意味で、冒頭にカラヴァン経由のベンヤミンが引かれた時点で、結びもまた予想されていたと言ってよい。とりわけ、「記憶」や「想起」という切り口から歴史が論じられる場合、最後に「歴史の天使」が飛び立って美しい結末を迎えるような歴史論は、すでにベンヤミン絡みの文章では決まり文句のように使い古されてきた。

これは紋切り型であるというだけではない。最後に飛び立つ「歴史の天使」が、これまで黙殺されてきた敗者を救済する「約束」として持ちだされるのであれば、これこそが予定調和的に全体を保証する構図に陥ってしまってはいないか。「有名なひとたちの記憶よりも、無名なひとたちの記憶に敬意を払うほうが難しい。歴史の構築は無名のひとたちの記憶に捧げられる。」というのはまったくその通りだろう。むしろあまりに正しすぎるとさえ言える。これまで語られてきた歴史が勝者の歴史であるということも、それに対する批判として敗者の歴史が語られねばならないというのも、テーゼとしてはむしろすでに陳腐化している。ベンヤミンの言葉もこの部分だけを取り出して見れば、誰も疑問を差し挟む余地がないほどに当然のことである。

であるがゆえに、かえってここで疑問が生じるのである。果たして、ベンヤミンはこれほど単純明快なことを言っていたのだろうか。カラヴァンの理解するベンヤミン、またそれを好んで引用する人びとは、本当にベンヤミンに寄り添っていたのだろうか。

「石ひとつにも、どんな小さな土地にも、記憶が満たされている国」などというようなフレーズに印象づけられながらも、しかし、カラヴァンの作品・文章が収録され、そして多くのカラヴァン論が収録されている何冊かの美術カタログを繰り返し眺めていると、ある欠如を感じてしまう。それを確認するべく丁寧に一ページずつ見ていくと、あらゆるカタログを通して、たった二箇所しか「パレスチナ」の名前が出ていないことに気づかされる。その二度ともカラヴァン本人の言葉なのだが、その一つは「かつてのパレスチナ、現在はイスラエル（what used to be Palestine and is now Israel）」[*9]となっているのである（もう一箇所も「かつて」の地名として。後出）。「かつてのパレスチナ」。「かつて」とは一九四八年のイスラエル建国以前のことだろうか。ここでさらに驚かされるのが、種々のカタログの巻末に掲載されてあるカラヴァンの年譜である。「一九三〇年　イスラエルのテルアヴィヴに生まれる」と。[*10]一九三〇年に「イスラエル」は存在しない。英文表記では、やはり Tel Aviv, Israel と記載してあるものと、たんに Tel Aviv と都市名だけ記載してあるものと、両方ある。おそらくカラヴァン本人の側から提供された略歴がそうなっていたのであろうが、日本での主催側で日本語に翻訳するに際して、「一九三〇年、イスラエル」という記述に疑問を差し挟むような感性や知識が欠如していたことも確かだ。実際には一九三〇年の時点では、「イギリス委任統治領パレスチナ」であったわけだが、カラヴァンの略歴ではそのことには一切触れられることがない。こうして現在からも過去からもきれいにパレスチナは忘却される。これが「記憶の人」「場所の人」と称されるダニ・カラヴァンであるというわけだが、その出生年・出生地の表記からは、記憶も場所も喪失してしまってはいないか。

2　カラヴァン作品におけるシオニズム

次に、ダニ・カラヴァンの作品を具体的に見ていこう。

エルサレムのクネセト（国会議事堂）に作った「エルサレムの平和への祈り」（一九六五―六六年）や、テルアヴィヴの裁判所に作った「公正な裁き」（一九六二―六七年）という代表的な壁面彫刻は、この作家の政治的立場とイスラエル国内での評価を雄弁に物語っている。「平和」や「公正」を作家の信条と、作品のモチーフとしていようとも、イスラエルの国会と裁判所が、法措定的暴力と法維持的暴力の組み合わせでもって、国内外のパレスチナ人の人権や財産権をどれほど「合法的」に剥奪しつづけてきたのかを想起する必要があるだろう。建国から現在にいたるまでの七〇年強の現代史のありとあらゆる場面で、国会がパレスチナ人の社会生活を規制する法律を制定し、裁判所がそれに基づいて淡々と裁定をくだしてきた（市民権剥奪や家屋破壊など）。カラヴァンが国家の暴力装置の最たるものを飾るモニュメント作家であることを、彼の「パサージュ」をベンヤミン的と絶賛する批評家たちはおそらく知らないだろう。

イスラエル国内の特定の土地の記憶に結びつけたインスタレーション作品も重要だ。カラヴァンの作品として「パサージュ」に次いで最も有名なのは、初期の巨大な作品で、イスラエル南部のネゲヴ砂漠のベエルシェバで創作された「ネゲヴ記念碑」（一九六三―六八年）だ。風や光を取り込み、井戸へと水を流す構造をもつこのモニュメント作品は、自然環境との調和を主題とするカラヴァン作品の原型とも言われる。しかし、この作品は、第一次中東戦争時にこの地を「守りぬいた」ユダヤ人の部隊であるネゲヴ隊に捧げられたものであり、戦死した兵士の名前と戦闘の記録が刻み込まれている。[*11] 典型的な兵士顕彰碑であり戦争記念碑である。ところが、事情はこれにとどまらない。

このネゲヴ部隊が何からベエルシェバを「守った」のかと言えば、イギリス委任統治政府から実力行使で「独立」を勝ち取り、かつ第一次中東戦争（イスラエルはこれを「独立戦争」と呼ぶ）ではエジプト軍を排撃して勝利したのだ。しかもベエルシェバは聖書の創世記にも登場するアブラハムゆかりの「聖地」である。つまりこの記念碑は、聖書時代からの「イスラエル」の連続性＝正統性を示唆すると同時に、イギリス・エジプトという外部勢力による干渉を排除し、「独立」を勝ち取ったことを顕揚することで、対比的に自らを内部化し、自らの侵略性とパレスチナの存在を否認する機能をも有している。

もちろんここで想起すべきは、ベエルシェバはアラブ人先住民を追放してイスラエルが手に入れた土地であることだ。一九四七年の国連パレスチナ分割決議では、住民構成を無視してこの地域の多くが「ユダヤ人国家」の側に割り当てられていたが、戦争の結果、国連の示した分割線をはるかに越えて街の中心部も含めてすべてイスラエル国家に占領されてしまった。元のアラブ人住民の大半は追放されてパレスチナ難民となってしまう。カラヴァンのモニュメントにはこのパレスチナ人たちは微塵も登場しない。はたして、この戦争を「土地を守りぬいた」ものとして顕彰することが、史実に照らして、また倫理的に、妥当な行為なのだろうか。

次に、イスラエル北部の海岸に近いハデラの古い入植村をリノベートした「開拓者の庭」（一九九〇—九八年）を見てみよう。この庭園は、もとは一九一一年に開拓された農場であり、それが位置するハデラはシオニズム運動のなかで最も初期に入植があった場所の一つである。一八九一年にリトアニアやラトビアから来たユダヤ人が湿地帯を開拓したのが始まりとされる。したがって、カラヴァンによる記念碑としての庭園は、まずはこの開拓者たちを想起するためのものであり、ユーカリやオレンジやオリーブの植樹とそのあいだを縫うように配置された水路と沼は、開拓当時を再現しその記憶を刻もうとしている。[*12]

だが、一九四八年以前からの古い入植村だとしても、しかしやはりヨーロッパからの入植活動に起源をもつ。シオニストからすれば崇高な開拓精神かもしれないが、先住アラブ人からすれば、外部からの一方的な入植者にすぎない。またその地名「ハデラ」の由来は、アラビア語で「緑色」を意味する「フドゥラ」から取られている。広く野草に覆われていて一面が緑色だったことからの命名だが、その地名ハデラにすでに「アラブ」が刻み込まれているのだが、カラヴァンがこの庭園に付けた名前は「メヤスディーム」、つまり字義的には「創始者」であり土地については「開拓者」。やはり先住アラブ人がいないかのような、典型的なシオニズム史観「土地なき民に、民なき土地を」を反映している。

さらに言えば、現在拡大されたハデラは、一九四八年前後の第一次中東戦争で周囲のアラブ人の村を破壊し、住民を追放し、そして土地を併合したものだ。カラヴァンは、この庭園の一角に、亡くなった兵士たちの名前を刻む石柱を建てるのを忘れなかった。戦闘で死亡した兵士たちがいる。石柱は静かに死者を追悼しているようで、しかしこの土地が戦闘で奪い取ったものであることを裏返しに示してしまっている。

エイン・ホードの「オリーブ樹の反映」（一九九四年）、および、テル・ハイの「オリーブ樹をして我らの境界ならしめよ」（一九八三年）という、いずれもオリーブ樹を使った二つのモニュメントを取り上げよう。

まず、設置場所の「記憶」を辿ろう。北部の大都市ハイファの近郊にあるエイン・ホード（Ein Hod）は、もともとアラブ人の村アイン・ハウド（Ein Hawd）であった。第一次中東戦争でユダヤ人が侵攻し占領、元のアラブ人住民は追放された。その村はユダヤ人芸術家たちのコロニーとして作り直されたため、村の名前はヘブライ語風の発音に修正すると同時に、言葉の意味の上でも「栄光・華麗（Hod）」を表わすように変えられたのである。追放された元のアラブ人住民は、そこからすぐ近くの山の中腹に新しい村を作り、かつてのままのアイン・ハウドと呼んだ。イスラエルからは長く非合法扱いされながらも存続し、ここには二つの微妙に名前の似通った村、アイン・ハウドとエイン・ホードが並存することになったのである。[*13] だが、一方でアイン・ハウドはイスラエルの公的地図に掲載されることもなく忘れ去られ、他方でエイン・ホードは芸術家コロニーとして有名になり、観光スポットにもなっている。芸術家カラヴァンがエイン・ホードに作品をつくることは自然なことかもしれないが、では、あのベンヤミン追悼の「パサージュ」にカラヴァン自らが刻んだ言葉は何だったのだろうか。「有名なひとたちの記憶よりも、無名なひとたちの記憶に敬意を払うほうが難しい」と。その難しさをカラヴァンは自ら証明してしまった。

もう一つ、テル・ハイも大きな問題含みの場所であり、ユダヤ人・イスラエル人の戦意やナショナリズムを高揚させるために利用されてきた場所であった。もともとテル・ハイは、パレスチナの北部ガリラヤ地方に作られた入植地であったが、いわゆる開拓村というよりも、むしろレバノンおよびシリアとの国境に近い高地につくられた前哨基地であった。第一次世界大戦でオスマン帝国が敗北・解体し、パレスチナが英領に、レバノンとシリアが仏領になったことで、前哨基地の役割が明瞭となったのであった。そしてその直後の一九二〇年に入植してきたユダヤ人と地元アラブ人とのあいだで本格的な武力衝突が発生し、双方に死傷者が出た。そのなかのユダヤ人側の死者であった、ロシア人入植者ヨーゼフ・トルンペルドールが、死に際に「自分たちの国のために死ぬのはいいことだ」と言ったとされたため、この言葉が格好のスローガンとなり、入植活動や戦争において命を懸けて戦うことを賛美するために頻繁に引用されるようになった。学校の教科書に登場するだけでなく、国家の戦士・英雄として記念碑が建てられ、毎年この地で記念式典が開かれるようになったのである。[*14]

さて、そのような場所にカラヴァンのつくった「オリーブ樹をして我らの境界ならしめよ」は、いかなるメッセージを含むのか。カラヴァンとも長年の親交があり、カラヴァン展を日本で開催した世田谷美術館館長の酒井忠康によると、カラヴァンはヨルダン川西岸地区でのパレスチナ人のオリーブをイスラエル軍やユダヤ人入植者が伐採するのに抗議し、オリーブの樹を逆さに吊り上げたインスタレーションを作成し物議をかもした。それについて「自分の仕事は、いつだって政治的でないことはない」と語ったという。[*15] つねに平和を希求し、平和の象徴として中東原産のオリーブの樹を作品に頻繁に用いた。美術批評家たちは、こうした「平和主義者」のカラヴァンの顔を額面どおりに受け取る。しかし、テル・ハイに「境界」を求めるのにオリーブを使うことが、いかなる平和のメッセージとなりうるのだろうか。テル・ハイは、すでに見てきたように、最北端にある前哨基地であり、そのために戦地となった。前哨基地というのは、国境の最前線で軍事的に警戒する場所だ。カラヴァンの言う

「境界」とはアラブ諸国との境界以外のものではないだろう。しかも、テル・ハイという、トルンペルドール神話が作られ、国軍兵士の理想、つまり命を賭してでも国土を守る「殉死せる英雄」という理想が作られ、それが記念式典によって再生産維持されている場所である。これほどまでに反ベンヤミン的なモニュメントもないだろう。

さらに、イスラエル内のトルンペルドール神話の捉えられ方に則して言っても、テル・ハイを特権視することは時代錯誤の感を拭えない。トルンペルドール神話は、以前の「迫害されるユダヤ人」というイメージを改め、「戦うユダヤ人」「強いユダヤ人」というイメージを喚起し、入植活動と国土防衛を鼓舞する国家神話として利用されてきたのだが、一九七三年の第四次中東戦争以降、七〇年代から八〇年代を通して、厭戦感の広まりと世代交替によって脱神話化が進み、公的行事以外では大きな意味を持たなくなりつつある。それればかりか、トルンペルドール神話は、実証的に疑問視され、いまではまさに捏造された神話であると考えられている。つまり、ロシアから三〇歳を過ぎてから移民してきたトルンペルドールはヘブライ語を不得手とし日常的にはロシア語話者であったため、死に際の最後の一言がヘブライ語であったこと自体がほぼありえないのだ。[*16] そうだとすれば、カラヴァンのこのモニュメントは、国家の英雄神話に寄り掛かりすぎではないだろうか。

さらなる問題は、エイン・ホードとテル・ハイの両方の作品に使われているオリーブ樹だ。先にも触れたように、カラヴァンはオリーブの木を作品に多用しているが、オリーブは、カラヴァンにとっては「聖書の木」であり「彼の子ども時代の木」である、つまり「テルアヴィヴの開拓者であった父アブラハムによる肥沃さの回復を象徴する木」だと言われる。[*17] ここに読み取られることは、第一に、聖書の時代からの正統性を創造＝捏造することであり、第二に、「肥沃さの回復」と言われるように、入植を正当化した「民なき土地に土地なき民を」というスローガンの刷り込みであり、そして第三に、パレスチナの文化の文字通りの横領である。というのも、パレスチナ人にとっては、オリーブは村で受け継がれてきた財産であり食材であり風景であり、その記憶でもあったからだ。つまり生活の欠かすことのできない一部であり続けているのだ。それがものの見事に横領されてしまっている。カラヴァンは、占領地西岸地区でのオリーブ樹の伐採には反対しているのかもしれないが、それはしかし、イスラエルではよくあるシオニスト左派の立場にすぎない。すなわち、西岸地区・ガザ地区内部での破壊活動は「国防」の領域外だから反対だが、イスラエル国内においてはすべてがユダヤ人のものでなければならない、と。政治・経済はもちろんだが、記憶も歴史も文化もユダヤ人が独占して当然とする立場だ。しかし、オリーブは、中東の、アラブの、パレスチナの、記憶であり歴史であり文化だ。ダニ・カラヴァンの両親の出身である東欧ガリツィア（ポーランドとウクライナの境界地帯）のリヴィウの記憶ではないはずだ。

こうして、国会・裁判所の壁面彫刻から、ベエルシェバ、ハデラ、エイン・ホード、テル・ハイのモニュメントを見てきたが、これでもなお批評家たちは、ダニ・カラヴァンを「無名な人たちの記憶」を救いとる「ベンヤミン的」作家と言いうるだろうか。

「有名なひとたちの記憶よりも、無名なひとたちの記憶に敬意を払うほうが難しい。歴史の構築は無名のひとたちの記憶に捧げられる。」というテクストは、ヴァルター・ベンヤミンの「歴史の概念について」（いわゆる「歴史哲学テーゼ」）のためのノートに記されたものだ。ところが、その「歴史の概念について」の有名な言葉を借りて言えば、むしろイスラエルは「依然として勝ち続けている」[18]。しかも、一九世紀末のシオニズム運動の始まりからのパレスチナの土地支配面積比で言えば、実に〇対一〇〇を一〇〇対〇にひっくり返すほどの大勝だ（一九四六年までに全土の六パーセントを買収、一九四七年の国連パレスチナ分割決議で五六パーセント対四三パーセント、一九四九年の第一次中東戦争休戦で七七パーセント対二三パーセント、一九六七年の第三次中東戦争で一〇〇パーセント実効支配）。その勝ち続けている戦士を顕揚すること、祖国のために戦い、死んだ英雄を記念することは、戦後のイスラエル国家という目的達成のためにユダヤ人戦士が犠牲になったと神話化しているという点で、まさにベンヤミンが「暴力批判論」のなかで目的 - 手段の運命的連関にとらわれていると批判した「神話的暴力」になってしまっている。[19]そして「境界措定」もまた、「法措定的な暴力一般の原現象」であるとされていたのではなかったか。[20]

あるいは、聖書の時代からの連続性を創造（捏造）することによって、歴史的正統性を訴えることは、「歴史の概念について」の中でベンヤミンが批判する「歴史の連続」、「歴史の均質な経過」ではないのか、という疑問も提示できる。[21]しかし繰り返すが、一神教のヨーロッパへの伝播や改宗の結果としてユダヤ教コミュニティのできた東欧からヨーロッパ人が移民してきたところで、一神教発祥の「聖地」に対する歴史的連続性が担保できるわけではない。それは、たとえて言うなら、日本にあるさまざまな仏教系の諸宗派に（墓があるなど）何らかの帰属をもつ日本人が、仏教発祥の聖地とされるインドのブッダガヤに対して、さらにブッダガヤを擁するインド全土に対して、居住したり所有したり共同体をつくったり国家をつくったりする歴史的必然性や歴史的権利を主張するようなものだ。もしそのようことを真顔で主張しようものなら、インド人からだけでなく世界中から一笑に付されるほかない。ことユダヤ教に関してだけは例外扱いし、しかもそれが芸術作品で表現されることに関して、批評家たちが脱政治化して手放しで絶賛することは、歴史学・哲学・美学のあらゆる観点から批判されなくてはならない。

ここで、先に見たように、イスラエル国会による依頼を受けエルサレムの国会議事堂（クネセト）に、またイスラエル司法省による依頼を受けテルアヴィヴ裁判所に、それぞれ壁面彫刻を作成したダニ・カラヴァンには、皮肉にも法措定暴力と法維持暴力の混成体が体現されていると指摘することも誇張とは言えない。なぜなら、まさにこの立法機関と司法機関とが合法的かつ組織的にパレスチナの地からパレスチナ人を排除しユダヤ化することを可能にしてきたからだ。

逆に、ヴァルター・ベンヤミンその人については指摘しておきたいある側面がある。パレスチナに行かなかったベンヤミンについてだ。一九二三年にシオニズム運動のなかでパレスチナに移住したユダヤ教徒のドイツ人思想家の友人ゲルショム・ショーレムから、ベンヤミンはパレスチナに来ることを繰り返し熱く説得されていた。それに対しベンヤミンは、心も揺れ、ヘブライ語を学習したり、パレスチナ行きのための奨学金を申請したりするのだが、結局旅行も含めてパレスチナに行くことは一度もなかったし、またシオニズムに対しては一貫して距離を置いていた。

例えば、一九三三年九月一日付のショーレム宛書簡では、「君が初めて僕のパレスチナ移住の可能性について話題にしたとき、僕はこのことを、そうした場合パレスチナが僕にとって――多かれ少なかれ目的に適った――滞在場所であるという風には、まったく捉えてはいなかった。(…)そして君は僕のパレスチナ移住問題を持ち出した際に、大胆にも――しかし必ずしも軽率とも言えないのだろうが――僕のユダヤ人との連帯の問題を経験に判定させようとしている。」[*22]と記し、警戒を示している。

また、ショーレムから強く誘われる以前から、周囲に対しパレスチナ行きに否定的なことをはっきり書いてもいる。一九二一年一〇月一〇日付のルートヴィヒ・シュトラウス宛書簡では、「シオニズムに参加している人間を非難する気はないが、それはユダヤ精神とは無縁である。(…)私のリベラルな文化基盤から言えば、政治的シオニズムははっきり拒否せざるを得ない。」[*23]と、シオニズムを批判しているし、さらには、一九二三年一一月一八日付のフローレンス・クリスティアン・ラング宛書簡では「パレスチナに行くことは、いまの僕には、実際的な可能性も理論的な必然性もない。」[*24]と、自らの内的論理的行動としてもパレスチナ行きを拒否していた。加えて、大量のユダヤ人入植者に反発して一九三六年に始まった「アラブ大反乱」に関しては、同年六月二五日付のショーレム宛書簡では、「僕は心配するが、アラブ人の実力行動に劣らず有害なものは、ユダヤ人の心理的な反動ではなかろうか。」[*25]と、心配のなかにやはりシオニストへの批判的姿勢が現れている。

もちろん、ベンヤミンの側にパレスチナに住んでいるアラブ人への配慮があったわけではないであろうし、シオニズム運動の侵略性を告発していたわけでもない。そうした意味では、ベンヤミンは反シオニストであったというわけではないが、パレスチナの土地を収奪するシオニズム運動に終始冷ややかな視線を向けていたことは強調されるべきである。そのことに照らしたときに、徹底したシオニストであるダニ・カラヴァンを、ベンヤミンの名のもとで賞賛することはやはり不当なことと言わざるをえない。

3 サボテンと記憶の抗争

こうした傾向は、もちろんダニ・カラヴァン一人にとどまるものではない。たとえば、世界的にも認知度の高い、山形国際ドキュメンタリー映画祭（ちなみにパレスチナ人ミシェル・クレイフィ監督の『石の賛美歌』という優れた映画がこの映画祭で特別賞を受賞している）[*26]において、一九九七年に大賞を受賞した作品として、ロン・ハヴィリオ監督の『エルサレム断章』がある。一〇年の撮影時間を費やし、全七章、六時間にもなるこの大作は、すぐれて「記憶」に訴える作品である。映画祭に寄せられた監督の言葉を聞こう。

私の少年時代のエルサレムは、分断されていた。国境、鉄条網、コンクリートの塀、それに憎しみと無理解で切り離されていたのだ。市の中心部であるヤッファ門の周辺は物騒な無人地帯になっていた。大人になって、私は自分の生まれた世界を理解しようと努力した。過去を掘り下げ、自分の一族の足跡を、そして彼ら一人一人が激しく変化する暴力的な都市のなかで幸福を追求した様を、たどる必要を感じたのだ。私はこの個人的な道程を映画製作のなかに選び取った。画家のように、あるいは写真家のように映画を撮ること――自分の環境を記録すること。それはあたかも忘却に抗うことのようだった――映像、顔、物語、断片、放っておけば記憶から消し去られてしまうものを定着させること。この映画は私の娘たちのために、私の国のために作ったものだ。だが同時に、これが個人的で地域的なものであればこそ、より普遍的なものに到達しうるのだと私は信じる。[*27]

そしてこの映画は、「断章（fragments＝断片）」というタイトル通り、通史的にではなく、過去の映像・写真・絵画、現在の家・家族・街の映像、人々へのインタビューなどの断片を、時間軸を何度も往復しながら自在に織り交ぜる。その間、監督は饒舌にナレーターを務めている。断片を通史的全体に構成することなく「断章」として呈示し、忘却に抗い、「記憶から消し去られてしまうものを定着させる」。これだけを聞けば、これまたさもベンヤミン的な歴史像が思い浮かべられるだろう。しかしながら、結局のところこの映画の目指すところは、イスラエルという国家の存在と正統性を何一つ疑わない自らの家庭生活へ収斂する予定調和的な物語の全体を再確認することでしかないのである。

それに反するような一切のものは見事なまでに排除・隠蔽されている。

物語は、エルサレム近郊の閑静な村エイン・カレムの自宅から始まる（始まりであり、また目的でもあるのだが）。まず、そもそもこの村自体が一九四八年に破壊・占領されたアラブ人の村「アイン・カーレム」なのだが、そのことへの言及はもちろんない。それればかりか、第三章では、そのまさに住んでいる家を撮影しながら「一九世紀にアラブ人が建てた家である」とだけ軽く語っておいて、ではなぜそこにイスラエル人である自分たちが住んでいるのかという問いは一切出てこない。

同じく映画の三章で、リフタやデイル・ヤースィーンなどエルサレム近郊の四つの村について一九世紀半ばにもすでにユダヤ人の入植地として「購入」しようという計画が存在することが当時の書簡で示されるが、結局なぜ一九四八年まで購入が進まなかったのかには言及しないまま、唐突に「一九四八年にリフタの住民は村を出た」という監督によるナレーションが入る。しかも、村の住民が自発的に村を出たかのような語りは、四八年のナクバ（破局）を否定するためにイスラエル政府が捏造したプロパガンダであることは、イスラエルの歴史家であるイラン・パペなどによって完膚なきまでに論証されている。[*28]『エルサレム断章』の記憶が、実のところ公的歴史の反復でしかなく、またそれを再生産・維持しているということの証左の一つである。

これと匹敵するほど衝撃的な場面が映画の第二章に登場する。この映画において、エルサレム旧市街の「嘆きの壁」は「記憶のつまった壁」として重視されており、さまざまな時代の映像が差し込まれている。映像資料として最も古いのが、一八七〇年のものであり、そこに「壁の前は三メートルの幅しかない」と監督のナレーションが入る。次に一九四八年の写真が写され、通路幅が変わらないことが確認できる。それから「一九年間のヨルダンによる支配の後」、一九六七年にエルサレムを「再統合」(すなわち武力占領)した暁に、「数多くの人びとが嘆きの壁を訪れることを予想し、邪魔な建物を取り壊した」と掃除をしたかのように淡々と語られ、画面は一気に現代の広々とした壁の前の空間とそこいる人びとの映像になる。しかし、もしベンヤミン的に言うのであれば、「邪魔」扱いされた廃物にこそ視線を注ぐべきである。「歴史の概念について」の第九テーゼで語られるのは、「歴史の天使」が破壊された瓦礫の積み重なった廃墟(カタストローフ)を見つめている、ということであった。[*29] そうであるなら、ここで一言も触れられていない「邪魔な建物」とは一体何であったのかは思い起こす必要があることであろう。

そこは、「マグリブ地区」と呼ばれ、マグリブ地方(アルジェリア、チュニジア、モロッコ)から移住してきたムスリムのアラブ人地区があったのだが、その住居一三五軒をブルドーザーで取り壊したのだ。約六〇〇人のアラブ人が政策的に強制排除され、生活の場を奪われたのである。[*30] この事実は「記憶がつまった壁」には記憶されていないとでも言うのだろうか。まさにその目の前で起こった出来事であるというのに。

『エルサレム断章』についてこうした事例を一つ一つ挙げていくときりがないためこのくらいでとどめておくが、全体のトーンについて一言だけ加えたい。先に「ヨルダンによる支配」と言ったが、この映画においてエルサレムが分割支配されたときに、壁の向こう側にいたのは「ヨルダン人」のみであり、一九六七年に「再統合」して以降は、あたかも「ヨルダン人」はすべてヨルダン川の東岸（すなわち現在のヨルダン王国領）に撤退したかのように語られているのである。したがって、パレスチナ人は存在しない。若干の「アラブ人」が異邦人のように登場するが、何も政治的・歴史的な主張をしない。唯一、住居を奪われたことを告発する女性が登場するが、彼女はクルド人であり、その住居に入るのはアメリカ人ということになっている。そもそもがユダヤ人による収奪は存在しないのであれば、その収奪を告発するパレスチナ人など登場する余地はない。

このハヴィリオの大作『エルサレム断章』が一九九七年の山形国際ドキュメンタリー映画祭で大賞を受賞した。

ダニ・カラヴァン然り、ロン・ハヴィリオ然り、国際的に名声を得ている芸術家であり、かつともに鋭く「記憶」に訴える作品を生み出している芸術家において、ほぼまったく重なる傾向が見いだせた。彼らの言う「記憶」が、一面的であるというより、積極的に別の記憶を抑圧していたり、さらにはむしろ「虚構」であったりする傾向がある。従って、ここでやはりジークムント・フロイトの「隠蔽記憶」を参照することは有用であると考えられる。

「隠蔽記憶」とは、現実の出来事あるいは幻想から、主体によって虚構的に再構成される記憶のことであるが、それはそのネガこそが価値を持つ。「その記憶としての価値をそれ自身の内容にではなく、他の抑圧された内容に対する関係に負っているようなものとしての隠蔽記憶[*31]」である。この記憶は、隠蔽するものと隠蔽されるものと関係、つまり隠蔽記憶の内容とそれによって抑圧された内容と対立的な関係から、「陽性隠蔽記憶」と「陰性隠蔽記憶」と呼ばれる。[*32]

陽性隠蔽記憶は饒舌である。『エルサレム断章』のハヴィリオのように。それは、つねに語り続けることによって、別の物語が顔を覗かせる隙を与えないためである。饒舌に語り続けることで、自己の物語を守る。饒舌な語りは、自己自身をも騙しているだろう。ハヴィリオは、見ようとしていないだけでなく、「本当に」パレスチナが見えていない。しかしながら、その饒舌は、まさに饒舌であるがゆえに、その意図に反して陰性隠蔽記憶を浮き彫りにしてしまう。その外延を余すところなく示してしまうからだ。

また自己の物語を守る別のやり方もあるだろう。先の「かつてのパレスチナ、現在はイスラエル」と言ったカラヴァンの言葉を前後も含めて引用しよう。

この土は何世代もの間、おそらく、かつて一度も、人間が強制するような類の命令を受けたことがない。ここ、まさにこの場所では、服従を経験したことのない土。かつてのパレスチナ、現在はイスラエルであるまさにこの土地は、決して服従を強いられなかった。[*33]

パレスチナ人に対して、ありとあらゆる命令が強制されていることは、否定し難い事実である。イスラエル国籍者は宗教・民族によって厳密にファイリングされ、アラブ人については、居住の自由にも職業選択の自由にも制限を加えられている。二〇一八年からはアラビア語が公用語から外され、先住民が自らの母語で社会生活を営む権利も剥奪された。イスラエル国内のイスラエル国籍をもつアラブ人に対してさえこうである。西岸地区・ガザ地区の占領地の住民に強いられる、人権無視の軍令（典型的には一切の移動も禁止する外出禁止令や治安を理由にした家屋破壊令）については言うまでもない。こうした基本的な事実をカラヴァンが知らないはずがない。

そうだとしたら、「かつて一度も」「決して」命令と服従などなかったという断言は、きわめて異様である。ここから読み取ることができるのは、頑なな拒絶の表明だ。自分が信じるもの以外は認めない、これ以外の主張は認めないというカラヴァンの意思表示である。しかしその言明の不自然さは、同時にやはり、現実には至るところに「強制」「命令」「服従」が蔓延していることを、その意図に反して示してしまっているだろう。「そんなことは絶対にない」とあからさまに否認する態度が、かえってそれがあることを漏らしてしまっているのだ。

カラヴァンとハヴィリオ二人の語りは、先に「反モニュメント／対抗的記念碑」を論じた岩崎稔の言葉を借りれば「防衛機制としての物語」[*34]としての発現である。防衛機制もまたフロイトの精神分析の用語で、自分が受け入れ難い状況に対してその不安を軽減すべく無意識に働く心理過程のことであり[*35]、歴史や現実を否認しながら自己を肯定するような修正主義的な物語もその典型的な一形態と言える。こうして「陽性隠蔽記憶」が明らかにされたいま、ようやく「陰性隠蔽記憶」の考察へと、つまり隠蔽されてしまった記憶の探究へと向かうことができる。だが、その前段階としてもう一つだけ回り道をしよう。

神奈川県立近代美術館で二〇〇一年に、「新千年紀へのメッセージ――イスラエル美術の近代」展の一部として、ダニ・カラヴァンの作品が制作された。「カディッシュ――ツァバールのためのレクイエム」と名づけられたこのインスタレーション作品は、この美術展のメインであったとさえ言える。美術展全体の図録の他に、唯一この作品のみが別刷のパンフレットになって詳しく紹介された。

美術館一階の池に面したテラスに鉄道の線路が敷かれ、線路の下の白砂利の間から黄色い花が顔を出している。レールの一方の端は階段下テラスの端で切断され、その延長上の池の中にサボテンの鉄像が立っている。そんなインスタレーションである。それに寄せられたカラヴァンの言葉を引用しよう。

ツァバールは南アメリカを原産とするサボテンであり、一四〇〇年にスペイン人の手によって本国にもたらされた。そこから地中海沿岸に広がり、パレスチナ、イスラエルの地にも成育するようになった。その住人は、その針によって守られ、その甘い果実を喜んだ。間もなく、ツァバールはイスラエルの、そしてその地に生まれたイスラエル人のシンボルとなった。[*36]

「カディッシュ」とは、ユダヤ教における服喪者の祈りである。「ツァバール」は、ヘブライ語でサボテン。実際、一般にイスラエル生まれのユダヤ人（一九四八年の建国前はパレスチナ生まれのユダヤ人）を「ツァバール」と呼ぶのだが、それは移民第一世代から二世が増えてきた頃に、地元生まれのユダヤ人をパレスチナ／イスラエルに自生する植物であるサボテンになぞらえた表現である。そこに込められたイメージは、カラヴァンの述べているとおり、厳しい砂漠地帯にたくましく棘に包まれた外皮で育ちながら、しかしその中身は甘く瑞々しい果実として食されるというものだ。これは、イスラエルのユダヤ人は外見は逞しいが心根は優しい、という比喩表現である。地元生まれを「ツァバール」と呼ぶようになった背景には、自給自足的共同体としてのキブツの理想をそこに重ねたからでもあった。[*37] そして「レクイエム」は鎮魂歌。つまりこのモニュメントは、「イスラエルのユダヤ人の死者に対する鎮魂」のモニュメントである。直接的なタイトルであると言える。

しかし、例によって違和感を指摘せざるをえない。大きく二つの問題が指摘できよう。第一には、これまでのカラヴァンの作品からしても、鉄道線路のイメージは、間違いなく強制収容所へのユダヤ人の列車による強制移送の記憶である。たとえば「ギュル強制収容所の囚人へのオマージュ」（一九九三—九四年）でも線路が中心的に使われているのは、典型的である。そして、その線路の直接の延長線上に、イスラエルの地に根づいたイスラエル人のシンボルとしてのサボテンがある。ここで真っ先に思い浮かべられるべきは、スティーブン・スピルバーグ監督の映画『シンドラーのリスト』（一九九三年）だ。その最後の場面、収容所から解放されさまようユダヤ人たちに対し連合軍のソ連兵が言う。「東には行かないほうがいい。西もやめたほうがいい」。そして、ある方角を指差して叫ぶ。

「向こうに街がある!」。場面は突然にエルサレムに移り、シンドラーに救われたユダヤ人たちは安住の地を手に入れるのだ。[*38]

だが、これこそまさに予定調和的な、つまりは捏造的な、死者を鎮魂どころか逆に都合よく利用する歴史観だろう。繰り返しになるが、ベンヤミンによって真っ先に否定されるべきものであろう。フランスのユダヤ人映画作家でシオニストであると自任するクロード・ランズマンでさえ、自らの長編ドキュメンタリー映画『ショア』(一九八五年)と対比しつつ、「ちがう。イスラエルはホロコーストの贖いではない。あの六〇〇万人はイスラエルが存在するために死んだのではない。[*39]」として『シンドラーのリスト』の最後の場面を批判している。それでは目的‐手段連関の中で歴史を修正(捏造)する神話的暴力となるだろう。鉄道レールの延長上にパレスチナの地が置かれているが、ホロコーストがイスラエル建国に影響があったことは否定できないにせよ、シオニズム運動はそのはるか以前の一九世紀からのものだ。ホロコーストによって建国を正当化することは、端的に歴史の修正である。そしてそもそも、「イスラエル生まれのユダヤ人」=ツァバール(サボテン)が「根づいた」かのように表象するのは、アラブ・パレスチナ人の存在を黙殺するものであり、相変わらず「民なき土地に、土地なき民を」というプロパガンダの反復をしていることになる。これが問題の第一点目。

問題の第二点目は、さらに「ツァバール」そのものにある。

『エルサレム断章』が大賞を受賞した山形国際ドキュメンタリー映画祭の第一回目(一九八九年)に応募されたが、選考に落選し正式出品にも至らなかった無名の作品として、『サボテンに魂はあるか?』というドキュメンタリー映画がある。[*40] 片や正式出品されコンペティションの末、大賞を受賞した作品(勝者!)と比べれば、「歴史の敗者」とさえ言われそうな作品にすぎない。

しかしながら、実に興味深い作品である。パレスチナ人の老人らが、サボテン(アラビア語では「サッバール」。もちろんヘブライ語の「ツァバール」と同じものだ)を探し歩く。サボテンが群生しているのが見つかる。その側には、崩れかけた壁の一部があったり、あるいはサボテンの周囲は単なる平地になっていたりする。老人らは、かつて自分たちの住んでいた村の場所を探していたのだ。

一九四八年とその前後、実に多くのパレスチナ人の村が、ユダヤ人の武装組織(建国後はイスラエル軍)によって破壊された。その数は四〇〇以上に達するとされる。[*41] 建物を残して乗っ取られたものもあれば、跡形もなく根絶させられたものもある。そして、文字どおり一切の痕跡も残さないほどに破壊され尽くした村が、かろうじてその所在を示しえたものがサボテンであったのだ。サボテンは、アラブ・パレスチナ人の村の生け垣としての役割を果たしていた。その村がたとえブルドーザーで根こそぎにされ、家屋が完全に消滅し、サボテンも潰され刈り取られても、しかし、地中に根を残すサボテンだけは後からまたそこから生えてくる。つまり、サボテンはかつてそこにアラブ・パレスチナ人の村が存在していたことを示しているのである。

すると、カラヴァンは、オリーブに続いてまたしても、パレスチナの村にとって最も大切なものを横領しているということになる。実際、オリーブにせよサボテンにせよ、あるいはアラブの食文化にせよ、パレスチナから収奪しつつ自らの「伝統を創造する」ものとして逆手に利用するというのは、イスラエル社会全体で日常的に見られるものではある。したがってカラヴァン一人に帰せられるものではないが、イスラエルの芸術家としてカラヴァンもまたそれを色濃く体現していると言ってよい。

パレスチナの村のサボテンそのものに話を戻そう。「ウォーキテクチャー」(warchitecture)という造語がある。「ウォー」(war)＝戦争と「アーキテクチャー」(architecture)＝建築の組み合わせからなっており、戦争などで破壊された都市の記憶を伝えるものだ。[*42] 何かを記念碑として建築することで記憶のモニュメントとするのではなく、破壊の痕跡をそのままモニュメントとして残すことを指す。サボテンは、さながらこの「ウォーキテクチャー」の役割を果たしていると言ってよい。ナクバ、大破局の痕跡として。

先にも触れたように、ヴァルター・ベンヤミンの「歴史の天使」は、破局(カタストローフ)をこそ見ていた。その破局を見る天使は、予定調和的に最後に全体を保証するのではない。そうではなく、逆に一見調和的にまとまっている物語に「ショックを与える」ことで、この全体を破壊するのであったはずだ。[*43] ウォーキテクチャーとしてのこのサボテンは、ダニ・カラヴァンとロン・ハヴィリオが雄弁に構成しようとしていたシオニズム的発展の全体像に「ショックを与え」、その調和を揺るがせるものであると言えよう。

おわりに

インスタレーションと映像作品のなかにパレスチナ／イスラエルの記憶表象が激しく抗争しているのを見てきた。その最後に取り上げた映像作品『サボテンに魂はあるか？』は、サボテンに「魂はあるか？」と問うところに、その特異なまなざしが示されているように思われる。そしてその問いは、人間にだけでなく、動物・植物・鉱物にまで精神と言語を認めていたヴァルター・ベンヤミンを思い起こさせる。初期のエッセイ「言語一般と人間の言語について」で、ベンヤミンはランプとランプの言語を例にとって説明していた。「どの言語も自己自身において自己を伝達するのであり、言語はすべて、最も純粋な意味で伝達の〈媒質〉（Medium）なのだ」と。[*44] ここで擬人化はきっぱりと拒否されている。その事物の言語は、人間へと「翻訳」されるのだ。そう、「擬人化」と言えば、それはカラヴァンの「ツァバール」がそれである。カラヴァンのツァバールはたんに現代イスラエルのユダヤ人の擬人化にすぎないのであり、そこには「ツァバールの言語の翻訳」などという発想はない。そうではなく、翻訳をこそ認識の本質とみなすベンヤミンにあっては、「事物の言語を人間の言語に翻訳すること」は、「名なきものを名へと翻訳すること」であり、そのことで「何かを付加すること」ができる。「その何かが、認識にほかならない」のだ。[*45]

ここにベンヤミンの特異な言語観と翻訳観が典型的に表れているのであるが、『サボテンに魂はあるか?』は、すぐれてベンヤミン的な意味でサボテンの言語の翻訳を試み、サボテンを認識しようとしているように思われる。サボテンをインスタレーションにおいてたんにイスラエルのユダヤ人のシンボル(象徴)として擬人化したカラヴァンに対して、パレスチナの破壊された村のサボテンは、強いて対比的に言えば、多様な意味のアレゴリー(寓意)であると言えよう。住居の垣根、食物、村の破壊、暴力、死、追放、かつての生活の記憶、故郷、現在の難民としての生、忍耐、そしてイスラエルに収奪された文化ということも含めて、媒介し翻訳し伝えるだろう。

イスラエルのシンボルとしてのサボテンがイスラエル近代美術展の主役として神奈川に作られ、パレスチナのアレゴリーとしてのサボテンが密やかに山形に応募され敗北した。パレスチナのサボテン「サッバール」は、イスラエルに横領され、そして「ツァバール」として鎮魂されてしまうのか。イスラエルは「依然として勝ち続けている」。

▼第五章▲パレスチナ／イスラエルの「壁」は何を分断しているのか

――民族と国家の形を示す五つのドキュメンタリー映像

はじめに

パレスチナ／イスラエルを舞台としたドキュメンタリー映像は、二〇〇〇年以降、膨大な数にのぼるようになった。これは、デジタル撮影機器の技術進歩と普及によって、より廉価でより高質な映像が容易に記録し編集することができるようになったことも背景にあるだろう。しかし、パレスチナ／イスラエルについて言えば、二〇〇〇年以降の圧倒的な政情不安と被占領地における人権侵害の悪化がある。二〇〇〇年九月にイスラエルの軍出身の右派政治家アリエル・シャロン（当時右派リクード党首、翌年に首相）が東エルサレム旧市街のムスリム地区にある聖地「ハラム・アッシャリーフ」（「神殿の丘」）を挑発的に強硬訪問したことをきっかけとして、パレスチナ人たちの大規模な抗議運動（第二次インティファーダへと発展する）とそれに対するイスラエル軍の過剰な武力弾圧が起こった。[*1] 抗議行動のヨルダン川西岸地区とガザ地区への全土的な広がりは、イスラエル軍によるパレスチナ自治区の全面的な軍事再占領を招くに至り、パレスチナ／イスラエル社会に甚大な影響をもたらした。

こうした背景の下で、パレスチナ／イスラエルはこの時期、「絵になる映像」がひじょうに撮りやすい場所となっていた。カメラを片手に西岸地区・ガザ地区の占領地に飛び込めば、走行するイスラエル軍の戦車や兵士による銃撃、パレスチナ人の抗議デモとそれを弾圧するイスラエル軍との衝突など、「ダイナミックな映像」を撮ることが誰にでも可能となっていた。また、アラブ人であろうと、ユダヤ人であろうと、パレスチナ／イスラエルの人びとは、こうした歴史的・政治的背景を背負っているためもあり、マイクを向ければ、誰もがなにがしかの主張をもっており、インタヴュー収集には事欠かない。

勢い、にわかに「映像ジャーナリスト」「戦場ジャーナリスト」は急増し、占領地での衝突や分離壁の映像を、「パレスチナ対イスラエルの紛争の実態」として記録しようとする。それらの映像は、「パレスチナ」と「イスラエル」という完全に別個の二つの政治的実体が、あるいは「アラブ人」と「ユダヤ人」という本質的に相容れない二つの民族が、一つの土地の領有をめぐって対立をしている、という対立構図に収斂しがちである。もちろん、根本的なところで占領／被占領という、あくまで不均衡な二項対立で語られるべき政治責任の所在は見失うべきではなく、そうした支配構図のなかでなされる具体的な暴力行為は詳細に報道されなくてはならない。

ただし、いわゆるマスコミと呼ばれる日々の報道を担うメディアと、映像作家が特定の対象に独自の切り口で迫るドキュメンタリー映像とでは、期待される役割は異なる。パレスチナ／イスラエルをめぐる膨大なドキュメンタリー映像群のなかで印象深いものは、おそらく紛争の対立図式に収まらず、むしろその自明性を揺るがしつつも、他方で政治責任を曖昧にすることなく、また映像作家自らの政治的立場性をも自覚しているものであるように思われる。そうしたなかパレスチナ／イスラエルに関する映像で二〇〇〇年代の前半に際立った作品が多く残されているのは、前記の二つの理由（技術的進歩と第二次インティファーダ）に加えて、二〇〇二年からイスラエルがヨルダン川西岸地区内に建設しはじめたいわゆる「分離壁」（隔離壁）の存在があるだろう。総延長は六〇〇キロメートル以上に及び、高さは街の中を通る最も高い場所では八メートルにも達する、巨大な建造物である。イスラエルは、自国とパレスチナ自治区（西岸地区）とを「分離」し、自国の治安を守るためのものと対外的には正当化しており、「セキュリティ・フェンス」という名称を用いている。しかし、パレスチナの側では、これが南アフリカ共和国の人種隔離政策に類比すべきものとして、「隔離壁」ないし「アパルトヘイト・ウォール」という名称を用いている。

この長大で堅牢な壁の存在自体が人を茫然とさせるほどに「壮観」であることが、映像作品を生み出しているというにはとどまらない。分離壁は、イスラエルが主張するところに従えば、イスラエル国家とパレスチナ自治区とを分離し、ユダヤ人とアラブ人とを分離するものとされる。すなわち、イスラエル国家の領土的な外枠を示すと同時に、「ユダヤ人国家」のユダヤ人アイデンティティの外枠をも示すべきものと言える。だが現実には、その分離はそう単純ではない。第一には、分離壁のルートはヨルダン川西岸地区の内部で複雑に入り組んでおり、イスラエル領と西岸地区とを分離するのではなく、西岸地区内のユダヤ人入植地やパレスチナ人の農地や水源地をイスラエル川に取り込むように曲がりくねって走っている。すなわち壁はイスラエル国境（西岸地区とのあいだでは一九四九年の休戦ライン）とは大きく外れているのであり、イスラエル国家とパレスチナ自治区との「分離」を外していることが第一。つぎに、ユダヤ人をアラブ人からきっぱり「分離」しようという意図が、かえってその根本的不可能性を露呈させてしまっていることが第二。この分離の不可能性の具体的詳細は以下の映画分析のなかで論じていくとして、この時期二〇〇〇年代前半に重要なドキュメンタリー映像作品がいくつも制作された背景には、第二次インティファーダとその弾圧という「紛争の絵」以上に、分離壁に象徴される「分離という思想」とその混乱がパレスチナ／イスラエル問題の本質を浮き彫りにしているからだろうと思われる。

1 『壁』

シモーヌ・ビットン監督の『壁』（二〇〇四年）は、ヨルダン川西岸地区にその当時建設が本格化していた「分離壁」を主題としたドキュメンタリー映画である。実際に壁によって土地を奪われ生活を破壊されている地元パレスチナ人、壁によって守られるはずのユダヤ人入植者、壁の建設責任者のイスラエル軍将校、壁の建設労働に従事しているパレスチナ人労働者、といった具合にさまざまな立場の人びとにインタヴュー取材を重ね、「壁」の存在とその影響を多角的に提示している。だが、数多く存在する分離壁を主題とした映像作品のなかで、ビットンの『壁』が卓越しているのは、その冒頭にも象徴的に表現されている、「アラブ系ユダヤ人」（中東地域出身のユダヤ教徒のアラブ人）としての監督自身の二重のアイデンティティゆえである。

冒頭は、エルサレムの南部のヨルダン川西岸地区にあるユダヤ人入植地のなか、パレスチナ人の村ベイト・ジャッラとのあいだに設置された分離壁の前でなされた、入植者の女の子との会話だ。映像は壁のみを映し、会話に注意を向けさせる。監督を遠巻きに見つけていったんは逃げた女の子が戻ってきたと思われる場面からだ。


「あなたがアラブ人だと思ったから逃げたの。カメラが武器に見えたてし」

「だけど、戻ってきたでしょ？」

「誰なのかがわかったから」

「じゃあ、誰？」

「ユダヤ人に決まっているじゃない！」

「本当に私がユダヤ人だと思うの？」

「ユダヤ人じゃないの？」

「もしかすると違うかも。どうやってユダヤ人だとわかるというの？」

「言葉（ヘブライ語）で」

「じゃあ、もし別の言葉を、アラビア語をしゃべったら？　あなたアラビア語を知ってる？」

「ええ、私のお母さん、アラビア語を話すもの。モロッコ出身だから」

「じゃあ、あなたのお母さんがアラビア語を話していたら……」

「ううん、お母さんは家ではアラビア語を話さないの！」

「なぜ？」

「私がわからないから」

「でも、もしお母さんがアラビア語を話していたら、他の人はお母さんをアラブ人だと思うかもしれないじゃない？」


実際にビットン監督は、アラブ世界のモロッコ生まれ育ちで、アラビア語も話す「アラブ系ユダヤ人」（ユダヤ教徒のアラブ人）である。したがってこの会話は、たんに「もし」の話ではない。たしかにビットン監督は、映画のなかでアラビア語を駆使してパレスチナ人にもインタヴューをしている。しかしこれは、ヘブライ語とアラビア語の両方に堪能であるということで、インタヴュー取材に広がりと深みを得ているという技術・能力上の問題にはとどまらない。そもそもこの分離壁は、いったい何と何を分離しているのか、という根本的な問いをビットンは発しているのだ。

この問いに対する答えは、いくつかありうる。この映画のなかでインタヴューを受けたイスラエル軍の将校が答えているように、「イスラエル国家とパレスチナ西岸地区とを分かつグリーンラインにおよそ沿っている」というのがその一つであり、それはイスラエル国内の一般的な認識や、日本の報道にも共有されている見方だ。それに従うと、壁の建設目的も、西岸地区側からイスラエル側への侵入者を防ぐための「治安・自衛」であるということで正当化される。これに対して、より実態に即した批判的な見方は、「分離壁は、西岸地区内部にあるユダヤ人入植地や農地・水源地をイスラエル領側に取り込むような複雑なルートで建設されている」というものであり、その場合の建設目的は、西岸地区の土地と資源の収奪ということになる。それと同時に、この建設ルートには、最大限の土地と資源は欲しいがそこに住むパレスチナ人は不要でありできるだけ排除したいという意向が働いており、パレスチナ人の人口密集地は壁の向こう側に追いやるという形にもなっている。すなわち、この第二の見方では、分離壁は、人口統計学的な意味において、イスラエルのユダヤ人とパレスチナのアラブ人をできるだけ細密に分断しようとしている、と言うこともできる。

こうした批判的な視点は重要だ。だが、ビットン監督の問いの射程はもう一段深い。ユダヤ教徒である自分は「ユダヤ人」であるとされるが、しかし、アラブ世界にルーツをもつ以上は、「アラブ人」でもあるはずだ。それはちょうど、ムスリムのアラブ人やキリスト教徒のアラブ人が存在するように、ユダヤ教徒のアラブ人として。そうだとすれば、ユダヤ人とアラブ人を分断しようとする分離壁によって、自分はどちら側に位置するというのか。そもそも「ユダヤ人」と「アラブ人」という区分自体が成り立つものなのだろうか。こうビットンは繰り返し問うているように見える。

従来、ヨーロッパ世界出身のユダヤ人いわゆる「アシュケナジーム」がイスラエルを建国し、現在でも支配層をなしているのに対して、中東・地中海世界出身の東洋系ユダヤ人は「スファラディーム」あるいは「ミズラヒーム」と呼ばれ、相対的に低い階層をなしてきた。彼らは建国後にユダヤ教徒人口の数合わせのために動員された側面があり、建国を担ったヨーロッパ系のアシュケナジームに比べて、受動的な地位に置かれてきたからだ。[*2] そうした中東世界出身のユダヤ教徒たちの多くがアラブ文化圏／アラビア語圏に属する「アラブ人」であったのだが、「ユダヤ人国家」イスラエルを構成するためには純粋な「ユダヤ人」としてしか認められないため、アラブ人やアラブ性は徹底的に排除されなければならなかったからだ。また同時に、アラブ人であるパレスチナ人をイスラエル国内ではマイノリティとして差別し、ヨルダン川西岸地区・ガザ地区では軍事占領下に置いている状況のために、そうしたアラブ系ユダヤ人（ユダヤ教徒のアラブ人）たちは自分たちを差別・支配されるパレスチナ人側ではなく、そこから自らを切り離すために、むしろより強硬にパレスチナ人を差別する姿勢を取る。すなわちそれは、アラブ人としての自己を否定することを通して「純粋なユダヤ人」を装うという無意識化された防衛機制である。[*3] 結果として、先住のムスリムとキリスト教徒のみが「アラブ人」とされ、主に建国後にアラブ世界からイスラエルに移民したユダヤ教徒たちは「非アラブ人」とされてしまった。

したがって、ビットン個人にとってこの分離壁は、自らのアイデンティティそのものを強引に分断し、その一部（アラブ）を切り捨てて「純粋なユダヤ人」を捏造するものにほかならず、またそれをイスラエル／パレスチナへと拡大させて見た場合、「純粋なユダヤ民族」の領土と「純粋なアラブ民族」の領土をイデオロギー的に（再）生産し固定化するものにほかならない。

二〇〇四年にこの映画が完成しパレスチナでも上映されたとき、ビットンは、ヨルダン川西岸地区ラーマッラーでの上映会で監督挨拶と質疑応答を行なった。当時エルサレム在住だった私も観にいっていた。聴衆のパレスチナ人たちの一部からは、「世界に向けて分離壁の問題を告発してくれる映画をつくってくださってありがとう」という感謝が表明され、また反対に一部からは、「自分たちパレスチナ人がこの壁に反対して主体的に行動を起こしている現実が十分に捉えられていない」と不満が表明された。応えるビットンはその両方に対して違和感を示し、こう述べた。

私はこの映画を占領下にあるパレスチナ人の代弁をしようとしてつくったのではなく、徹頭徹尾、私の立場性にこだわってつくったものだ。なのであえてここは私自身の母語で言わせてほしい。Je suis une juive arabe.（私はアラブ系ユダヤ人である）〔ビットンがルーツをもつモロッコは、アラビア語とともに旧宗主国であるフランス語をも公用語としており、ビットンはフランスのパスポートも保持している〕。*4

この問題に関連して、映画の後半で、ビットンは興味深い一人の人物に語らせている。この人物シュリ・ディヒターーは、イスラエルとヨルダン川西岸地区を分つグリーンラインと接するキブツ（イスラエル国内にあるユダヤ人の入植村）の住人で、シオニストではあるのだが、分離壁には強固に反対している。

一九四二年までこのあたりにはユダヤ人の入植地はなかった。この地域全体にパレスチナ人が住んでいた。四〇年代前半からユダヤ人が入植を始めた。自分の住んでいるキブツ・マアニットもその一つだが、パレスチナ人の村のなかに挟まれる場所につくられた。このあたりのユダヤ人入植地の役割は、最前線を形成することだった。できるだけ東側に入り込んで入植すること。いまの西岸地区への入植者らと同じように、丘の上に入植地をつくった。われわれは実はもうグリーンラインを過ぎて西岸地区のなかに入っている。フェンスの向こう側に見える村が、カフィイーンだが、ここら一帯の彼らの農地はフェンスによってすべて切り離されている。彼らの生活を唯一支えていたオリーブ畑からは何も収穫することができなくなった。通行許可証によってゲートから出入りができるなんてのはデタラメだ。今年もここのオリーブは木についたまま腐っていった。封鎖と囲い込みが、今も昔もわれわれユダヤ人の生活基盤になってしまっている。自分の両親は、ポーランドのゲットーの出身だ。封鎖のなかで生きてきたんだ。たしかにわれわれユダヤ人とこの土地とのあいだには愛すべき物語がたくさんあるだろう。しかしそれは狂った愛、独占欲だった。この分離フェンスの何がひどいかと言えば、すべてのイスラエルのユダヤ人がこれに同意してしまっているという点だ。みんな正気を失っている。われわれは土地を愛するあまりに、土地を密封してしまったのだ。まるで全員で、パレスチナ人を道連れに心中しようとしているかのようだ。このフェンスは、シオニズムがこの地に故郷をもち繁栄する可能性をも消去してしまったのだ。

ディヒターは、パレスチナ／イスラエルがユダヤ人の「故郷」となるべきだと考える点で、言葉の広い意味でシオニストではある。だがそれは、現行のイスラエル国家の領土に限って純粋なユダヤ人国家を建設しようとするシオニスト左派でもなければ、パレスチナの全土を純ユダヤ化しようというシオニスト右派でもない。シオニスト左派は、西岸・ガザの軍事占領に対しては批判的だが、それはイスラエルと西岸・ガザ地区とをきっぱりと分離することでもあり、分離壁の思想に親和的な側面がある。シオニスト右派は、とりわけヨルダン川西岸地区の全土をイスラエルに統合したい（しかしそこに住むパレスチナ人は排除したい）という欲望をもっているため、分離壁の思想に反対する側面がある。ディヒターの主張は、土地を分離せず、パレスチナ人も排除しない、一つの土地のうえで二つの民族が共存する、というものだ。これは、イスラエル建国前のマルティン・ブーバーが取りえたような「文化シオニスト」の立場（「ユダヤ人国家」を求める「政治シオニスト」と対比される）、つまりユダヤ人と土地との精神的な繋がりを重視し、そこにユダヤ人の居住権を認めこそすれ、ユダヤ人による領土的な独占やユダヤ人だけの国家は求めない、という思想に近い。[*5] ビットン本人がこの人物の発言に賛同しているとまでは断言できないものの、シオニズムと土地との錯綜した関係を具体的に表明している場面として、あえて長く語らせていることは間違いない。

ビットンの『壁』が提起した二つの問題、入植地と分離壁との関係の問題、そしてユダヤ人アイデンティティと分離壁との関係の問題については、それぞれ次の二つの映像作品が深く呼応しているように思われる。

2　『鉄の壁』

ムハンマド・アラタール監督の『鉄の壁』（二〇〇六年）は、制作・公開の時期とそのタイトルからすると、分離壁を主題にしていることを強く推測させる。だが、建設が進められている巨大な構造物としての「壁」にのみ目を奪われると、物事の本質をかえって見失うことになる。この作品はそのように訴えているように思われる。

この映画が主題としているのは、分離壁それ自体ではない。むしろ中心となっているのはヨルダン川西岸地区の内部に建設されたユダヤ人入植地だ。実は、タイトルの『鉄の壁』が表しているのは、分離壁のことではなく、この入植地のことである。これは「シオニズムの父」テオドール・ヘルツル（ハンガリー出身）や「イスラエル建国の父」ダヴィッド・ベングリオン（ポーランド出身）と並んで、ユダヤ人国家建設のイデオロギーを支えたゼエヴ（ウラディーミル）・ジャボティンスキー（ロシア帝国領出身）※の言葉から来ている。

※ゼエヴ（ウラディーミル）・ジャボティンスキー：一八八〇～一九四〇年。当時ロシア帝国領で現ウクライナ出

身のユダヤ人で、作家、記者、シオニズム運動家。元の名前ウラディーミルを、シオニストを自覚するようになるなかでヘブライ語のゼエヴに変えた。第一次世界大戦中にユダヤ人軍を組織してイギリス軍の指揮下でパレスチナに入りオスマン帝国軍と対峙した。戦後にイギリス軍を離れ、パレスチナでユダヤ人の自衛軍を組織したのが、修正主義シオニスト組織の始まりとなった。

シオニストの入植活動は、先住民を無視してでも進めなければ、止まってしまう。すなわち、打ち倒すことのできない鉄の壁によって先住民を隔て、先住民を排除した権力の庇護の下でのみ、シオニストの入植活動は継続・発展させることができるのだ。

（ジャボティンスキー「鉄の壁」一九二三年十一月）*6

映画は冒頭、この言葉の引用から始まっている。

ベングリオンら「政治シオニスト」たちは、欧米世界の利害関係を気にしながらロビー活動によって着実に土地の買収と合法的移民枠の確保を進めていき、欧米大国の支援をえてユダヤ人国家建国運動の主流派をなした。イスラエル建国後もベングリオンが初代首相となって一九七〇年代まで（つまり右派リクード政権が誕生する一九七七年まで）政権運営の独壇場をなした。それに対して、ジャボティンスキーらは、武装闘争と強引な入植活動によって、パレスチナの全土を、さらにはその範囲を越えて「ナイル川からチグリス・ユーフラテス川まで」をユダヤ人国家として手にすべきだとさえ主張した。現実的な政治交渉を重視して少しずつ領土を拡張しようとした「政治シオニスト」に対し、その主張を「修正する」という意味合いから、「修正主義シオニスト」と呼ばれた。直接的にはジャボティンスキーが主流派の地位に立つことはなかったが、このイデオロギーはのちの右派リクード党に対して絶大な影響力をもった。

一般的には、ベングリオンら政治シオニストやその後の労働党は「左派」「穏健派」とみなされ、それに対してジャボティンスキーら修正主義シオニストやその後のリクード党は「右派」「強硬派」とみなされ、新聞報道などでも政局に触れる際は対立的なものとして整理されがちである。だが、実際のところこの両派は対立的な関係にあるどころか、どちらもが武力闘争と入植活動の実践を基本としていたという点では差異はない。主流派の政治シオニストらは欧米世界からの支持を期待していたというだけで、建国前から実は右派をはるかに凌駕する規模の地下武装組織「ハガナー」（建国後のイスラエル軍の基礎となる）をもち、第一次中東戦争時にパレスチナ人の虐殺・追放の中心を担った。さらに、のちに労働党を形成した主流派の「労働シオニスト」たちは、キブツに象徴されるように、農業・工業において生産を担う労働者としてパレスチナに入植することを実践してきたという点で、「実践シオニスト」とも呼ばれた。そして入植活動こそがユダヤ人国家建設の基盤となるとも考えていた。この武力依存と入植実践は、まさにジャボティンスキーの思想と通底するものである。ジャボティンスキーは、左派が伏せていた本音を、包み隠すことなく表明したとも言える。その意味でジャボティンスキーは、左派・右派を問わず建国のイデオロギーそのものを体現していたとさえ言えるのだ。

そして映画『鉄の壁』が詳細なデータを添えながら強調するのは、ヨルダン川西岸地区を全面的に占領下に置くことになった一九六七年の第三次中東戦争以降、西岸地区内部へのユダヤ人の入植地建設は、どの政権下においてであれつねにとどまることなく促進されてきた、という事実だ。すなわち、一九七七年以降に右派リクード党として政権を担ったメナヘム・ベギン、イツハク・シャミル、アリエル・シャロン、ベンヤミン・ネタニヤフの右派政権のみならず、ゴルダ・メイア、イツハク・ラビン、シモン・ペレス、エフード・バラクといった歴代の労働党政権下でも、けっしてひけを取ることなく入植地建設と既存の入植地の拡大は進められたのだ。政権交替が繰り返されても、軍事占領地への入植地建設は止まることなく進み、入植者数はつねに増加しつづけてきたのだから。加えて言えば、パレスチナの地にイスラエル領を武力で獲得した第一次中東戦争も、ヨルダン川西岸地区とガザ地区とを軍事占領下に収めた第三次中東戦争も、労働シオニストおよび労働党政権下で遂行されたものであることは無視すべきではない。

とりわけ映画『鉄の壁』で注目を促すのは、一九九三年のオスロ和平合意以降においては、ユダヤ人入植地が拡大されているのみならず、入植地で恒久的なインフラストラクチャー整備がなされ、入植地が一つの街や市の様相を呈し、さらにはイスラエルの都市部と入植地とを直結させる入植者専用のハイウェイ網が敷設され、入植地がイスラエルの「拡張部分」となったという点だ。走行中の自動車内部からの視点で映し出される複数車線の入植者専用ハイウェイは、パレスチナ人にとってはそれだけで十分に障壁として、つまり「壁」として機能することを見せつける。そしてこれが網の目状に巡らせられたときに、西岸地区のパレスチナ人の村は、入植地とハイウェイによってズタズタに分断されることになったのだ。

分離壁はたしかに問題が大きい。しかし、目に見える壁ができたことが問題なのではない。現在焦点が分離壁そのものに移ってしまっているが、そのずっと以前から、一九六七年から入植地（とそれに付随するインフラ）という「鉄の壁」は存在し、増大してきていたのだ。この映画の主眼はそこにある。

そして、この「鉄の壁」の内部にいるかぎり、パレスチナの惨状は入植者の視界に入っていようとも、すなわち高い分離壁で視界が遮られていなくとも、直視されることがない。この映画で印象深いのは、自分の発言が偽善にすぎないことを半ば意識しながらも現実の生活を変えることができないという矛盾に羞恥を垣間見せる一人の人物のインタヴューだ。ヨルダン川西岸地区の一部である東エルサレムのユダヤ人入植地ピスガット・ゼエヴに住むミハエル・バラカートはこう語る。

大半の入植者たちは、宗教的な強い動機などなく、ここの土地や家賃が安く、空気や風景がきれいだから西岸地区に住むことを選んでいるのです。しかし、ここからわずか数百メートルの距離のところにパレスチナ人の村や難民キャンプがあり、その居住環境がどんなにひどいか、そこの子どもたちと自分たちの子どもがどれだけ違う環境に生きているか、入植者のほとんどは知らないし、ごくわずかに知っている人もとりたてて気にはとめていません。

ここでも現実の分離壁（だけ）が問題ではないということが示唆されている。コンクリートの壁などなくとも、ユダヤ人たちはすでに目や心に「壁」をつくっているのだから。

ところで、この映画『鉄の壁』は、最初から全編英語で制作されている。東エルサレムで二〇〇六年に上映された際、たまたま私もエルサレムに滞在していて映画を観て監督挨拶を聞いたが、そこでアラタール監督は、「これからヘブライ語版とアラビア語版を作成する予定ではあるが、この映画の主たる対象は欧米世界だ」と発言していた。これは、この映画が、イスラエルの入植活動を黙認している欧米世界に対するパレスチナ人からの抗議であり、欧米人に対してイスラエルに圧力をかけるようにという訴えでもある、ということを示している。とりわけオスロ和平合意以降にも入植地が一貫して拡大しているという指摘は、オスロ合意の和平の枠組みを歓迎した日本も含めた国際社会への鋭い批判でもある。その批判の矛先は日本社会にも向いている。

3 『忘却のバグダッド』

シモーヌ・ビットンの『壁』と関連するもう一つの問題、「アラブ系ユダヤ人」という二重のアイデンティティについて、真正面から挑んでいるのが、サミール監督の『忘却のバグダッド』（二〇〇二年）である。この映画は、一九五〇年頃にイラクのバグダッドから建国まもないイスラエルへ移民をしたユダヤ人、すなわちビットンの言うところの「アラブ系ユダヤ人（ユダヤ教徒のアラブ人）」の四人と、イラクからイスラエルに来た移民の二世であり、現在はニューヨークに移住をしている映像文化研究者のエラ・ショハット、計五人へのインタヴューが中心となっている。そこに、当時の移民政策を自画自賛するイスラエル政府のプロパガンダ映像と、典型的な中東世界からのユダヤ人（ミズラヒーム）の新移民一家を主人公とした大衆娯楽映画の二つが、部分的に随時差し挟まれている構成になっている。*7

イスラエルの公的な国史からすると、イラクをはじめとする中東諸国にユダヤ人の排斥運動があり、イスラエルはそういった人びとを救出すべく受け入れ、受け入れ後も差別なく暖かく馴化させた、ということになっている。差し挟まれるプロパガンダ映像ではこれでもかとばかりに、移民を受け入れたイスラエルの正義と人道性が謳われていた。しかし他方で、移民一家を描いた娯楽映画では、中東世界出身のユダヤ人移民は著しく戯画化され、典型的に粗暴で無教養な人間として描かれ、無意識の偏見（オリエンタリズム）が露呈されてもいた。

だが、『忘却のバグダッド』でインタヴューを受けた五人は、どの人物も理知的な語り口であり、彼らが次々と口にするのは、これと矛盾する話ばかりであった。イラクのバグダッドの文化や生活の豊かさへの追憶と、イスラエルの移民呼びかけに応じる人が少ないなかでなされた、シオニスト組織によるバグダッドのユダヤ人コミュニティに対する弾圧の謀略、そして居場所を奪われたがゆえの否応なしのイスラエルへの移民と、移民後の貧しい暮らしおよび悲惨な差別体験の数々。

ニューヨークにいるショハットを除くイスラエルにいる四人へのインタヴューは、すべてアラビア語でなされている。四人とも知識人階層に属し、かつ自身のアラビア語やアラブ文化に誇りをもっていること、うち一人はなおもアラビア語での執筆活動を続けていることなどもあり、四人は流暢なアラビア語を話す。

監督のサミールは、イラク生まれで幼少時に一家でスイスに移住をしたムスリムであり、ユダヤ教徒ではない。サミールとこの四人との接点は、イラク共産党だ。サミールの父が共産党員であり、その父がユダヤ人の党員のことを懐古していたこと、そして湾岸戦争のときにイラクからのスカッド・ミサイルがイスラエルに着弾しイラクとイスラエルが直接的に対峙したことから、イラクからイスラエルに渡ったユダヤ人の共産党員のことを思い出し、取材が始まったという。また監督は、「異郷暮らし」という点では、少なからずの共通点を感じているとも言う。

四人のイラクでの体験、そしてイスラエルへの移住の体験は、それぞれに多少とも重なるところがあるが、そのなかでももっとも詳細に追想を語るサミール・ナッカーシュの発言をまとめておこう。

バグダッドではダンスホールに行った記憶がある。来客はムスリムやキリスト教徒が多かった。さまざまな文化に接した子ども時代だった。

イラクを追われたときには無一文に近かった。政府は財産の持ち出しを一切禁止したので、手にはカバン一個分の衣類だけしかなかった。

イスラエルへ向かう飛行機は途中ティグリス川を越える。すばらしい眺めだった。まさに忘れえぬ思い出だ。川岸に並んだ街灯の光が水面に映っていた。今でも脳裏に焼き付いている、最後に見たバグダッドの風景だ。私はまだ若かったが、祖国を愛していた。この思いはけっして消えることはない。

到着後、トラックの荷台にすし詰めにされた。まるで家畜だ。その状態で入植地へと連れて行かれた。降りろと命じられた場所は汚い荒れ地で、夜は岩の上で眠った。終わりのない悪夢のような、つらい毎日だった。われわれは買われたのだ。給料を渡されて国の奴隷になった。

忘れられない記憶がある。空港についた直後、係官たちが、DDT（殺虫剤）を持ってやって来て、移民全員にそれをスプレーした。病原菌のような扱いを受けたのだ。われわれはあの経験をけっして忘れない。言葉では表現できないほどの屈辱だ。

（複数箇所のナッカーシュの発言を集約）

この発言のなかに、祖国への想いと苦渋の移民体験が簡潔に語られている。

さらにビットンの問いに近づこう。映画の冒頭で、四人のうちの一人、ムーサー・フーリーが、「イラクでは「アラブ人」、ここイスラエルでは「ユダヤ人」だ」と言っているのだが、エラ・ショハットは逆のことを言っている。「両親がよく言っていた、われわれはアラブ圏ではユダヤ人、イスラエルではアラブ人なんだ、と」。一見すると矛盾しているが、これこそが「アラブ系ユダヤ人」あるいは「ユダヤ系アラブ人」という二重のアイデンティティの困難を指し示している。二重であることは、ネガティヴに言えば、故郷喪失、アイデンティティの喪失にもなりうるのだ。

この矛盾、この喪失を、自身がミズラヒームすなわちアラブ系ユダヤ人であり、映像表象の研究者であるショハットは次のように追想をしつつ、自己分析を加えている。

イスラエルの幼稚園へ通いはじめた頃、用心していたのは、会話のなかにアラビア語が混じらないように注意して話すこと。当時は理由も分からずに、アラビア語に恥を感じていた。いまではっきりと分かる。イラク人であることはタブーだから、それがバレるアラビア語もいけない。友人も自宅には呼べない。両親のヘブライ語はアラビア語訛りがひどく、祖父母はまったくヘブライ語が話せなかった。

学校に持っていく昼食にも西洋風のものが求められていたけれども、イラク系の自分の家庭で持たされた昼食は、臭いのキツいイラク料理だった。そのことで、「臭いイラク人め」とクラスの子に何度も言われ、初めてのトラウマの経験となった。それで、その昼食を学校に行く前に捨てていた。大好物なのに。

学校で嫌われるのは自分の「イラク性」だと気がついた。その結果、両親を憎むようになった。家族を憎み、否定した。たとえ親のことが好きだとしても、「親みたいになりたくない」、と。

イスラエルにおけるアラブ系ユダヤ人のアイデンティティについて話をするのが複雑で困難な

のは、それがイスラエル－パレスチナ紛争という微妙な問題の陰に置かれているから。話題に出せば、ユダヤ民族が分裂し、アラブ諸国からの攻撃でユダヤ民族が潰されてしまうから、話ができない。イラク人であることがトラウマ的なのは、それが「ユダヤ人の敵と同じ民族」ということを意味するから。そこから目をそらして、「イラク性」を抑圧するしかない。

アラブ系ユダヤ人の自己否定・抑圧については、先に触れたように、イスラエルが「ユダヤ人国家」を国是としていること、および、国内と占領地のアラブ・パレスチナ人を差別・迫害していることから、必然的に導き出される防衛機制であると言える。最後に付け加えたいのは、ユダヤ人国家としてのイスラエルは、こうした重層的なアイデンティティを認めず、ユダヤ人を純化しようとしていること、つまり文字どおりに「民族浄化（エスニック・クレンジング）」を行なおうとしている、ということだ。

4　『あなたが去ってから』

この「民族浄化」（エスニック・クレンジング）を、少数派（人口の二割）としてイスラエル国内に住みイスラエル国籍をもつパレスチナ人、いわゆる「イスラエル・アラブ」の視点からも見直してみる。ムハンマド・バクリ監督『あなたが去ってから』（二〇〇六年）は、二〇〇〇年から数年つづくパレスチナ人による抵抗運動（第二次インティファーダ）とそれに対するイスラエル軍による激しい弾圧・攻撃以降の、イスラエル社会の反動化を捉えている。

バクリ監督は、イスラエル国内のパレスチナ人の村に住んでいるイスラエル国籍のパレスチナ人だが、俳優としても著名であり、イスラエル国内外で存在感のある役柄を数多くこなし、名声を得てきた。バクリには、ユダヤ人国家イスラエルにおいて、「アラブ人市民」が堂々と共生するというモデルを体現している側面があった。[*8]

そのバクリに大きな転機が訪れたのは、二〇〇〇年からの第二次インティファーダとそれに対するイスラエル軍の容赦ない弾圧であった。ヨルダン川西岸地区とガザ地区におけるイスラエル軍による集団懲罰的な破壊活動は熾烈を極め、パレスチナ人の生活基盤を根本から崩壊させるほどのものであった。加えて、このときの抵抗運動はイスラエル国内のガリラヤ地方などアラブ人市民のあいだにまで広がったことが特徴的であったが、イスラエルの治安警察は「イスラエル国民」であるはずの彼らに対して容赦なく実弾を発砲し、十三人を殺害した。

被占領地・イスラエル国内、いずれの抵抗運動と弾圧もバクリに大きな影響を与えた。第二次インティファーダのさなかの二〇〇二年、イスラエル軍は西岸地区北部に位置するジェニン難民キャンプに対して大規模に侵攻し、キャンプ内の建造物を全面的に破壊したが、キャンプ内のパレスチナ人を虐殺したのではないかという国際的な疑念を巻き起こした。[*9] バクリは、すぐさまジェニンに飛び込み五昼夜フィルムを回し続け、急いで編集をおこない、『ジェニン・ジェニン』（二〇〇二年）というドキュメンタリー映像にまとめた。

だが、この作品公開は、虐殺論争に加えて、その頃ちょうどバクリの甥がイスラエルでの自爆攻撃に関わりをもったという罪で逮捕・拘束されるという出来事があったために、バクリのこの映画は過度な非難を集め、イスラエルの放送検閲委員会によって上映禁止の措置が取られてしまう。イスラエルのユダヤ人たちは、バクリを「国家の裏切り者！　テロリストの手先！」と罵り、裁判所が上映禁止措置を不当なものとして斥けたにもかかわらず、実際の上映の機会は著しく制限されてしまう。

その次に制作されたドキュメンタリー『あなたが去ってから』は、バクリが『ジェニン、ジェニン』の上映をめぐって、苦悩や心境の変化を告白のかたちで自ら綴ったものであるが、映画館や裁判所で罵倒され、新聞やテレビで誹謗される様子も克明に伝えている。そこには、イスラエルのユダヤ人と、アラブ・パレスチナ人との共存の可能性と不可能性をめぐるバクリの揺れる気持ちが表れている。

こうした状況のなかで、バクリは、生前に親交の厚かったイスラエルのパレスチナ人作家で政治家のエミール・ハビービー（一九九六年没）の墓を訪れる。ハビービーは、一九四八年のイスラエル建国以降もイスラエル領内に住みつづけたパレスチナ人の代表的な知識人であるだけでなく、個人的にもバクリとは親密な関係にあった。バクリは、俳優として、ハビービーの代表作『悲楽観屋サイードの失踪にまつわる奇妙な出来事』の一人芝居を手がけ、世界各地で公演を行なってもいる。[*10] その敬愛する故ハビービーの墓に向かい、バクリは「あなた」と呼びかけ静かにとつとつと語りかける。ジェニンでの出来事を、バクリ家に降りかかった出来事を。

ハビービーの『悲楽観屋サイード』は、イスラエル国内のパレスチナ人が「パレスチナ人」として生きることの困難を、すなわちイスラエル内にあって「アラブ系市民」と貶められ民族主体としては認められず、占領地や難民のパレスチナ人からは同胞と認められないという状況を、諧謔精神でもって笑い飛ばす不条理小説である。バクリは自らをその主人公に重ねつつ、この作品を敬愛し演じていたのだ。『あなたが去ってから』でもこの原作者は「あなた」と呼ばれ何度も回想されるため、かいつまんで内容を紹介する

——不条理の迷宮に翻弄されるこの小説の主人公の名前は、サイード・アブー＝ナハス・ムタシャーイル。「サイード」は幸運、「ナハス」は悲運の意。家名の「ムタシャーイル」が、悲観屋を意味する「ムタシャーイム」と楽観屋を意味する「ムタファーイル」を掛け合わせた造語で、タイトルの「悲楽観屋」。つまり、「幸運で不運、悲観的で楽観的」という矛盾だらけの名前が、イスラエルでパレスチナ人として生きることを表現している。そしてその名のとおりに次々と奇妙な騒動に巻き込まれていく。自らの「故郷」（パレスチナ）に生まれたはずなのに、その場所（イスラエル）はいわば「外国」であり「敵国」でさえある。故郷に生きてきたはずなのに、所在なき他者でしかなく敵視さえされる。それに対して勇ましい抵抗運動をして確たるアイデンティティを獲得することもできず、さりとてユダヤ人に同化することもできない。巧みなブラックユーモアで描かれた不条理の迷宮は、日々の現実こそが不条理だということを気づかせる。——

エミール・ハビービーは、映画の中の回想シーンでも、独特の言い回しでムハンマド・バクリに対

し、イスラエルのユダヤ人とアラブ・パレスチナ人の共存について語っていた。「パレスチナ人の運命も、イスラエル人の運命も、嫌だと言ったって相互に結びついているのだ」、「ユダヤ人とアラブ人のどちらが愚かなのか。残念ながらどちらも愚かなのだ」と。若き日のバクリは、それを隣でうなずきながら聞いていた。

だが、第二次インティファーダ以降のイスラエル社会の反動化のなかで、手痛いバッシングを受けたバクリは、ハビービーの墓前に行き、ジェニンでの出来事やバクリ家に降り掛かった出来事を静かに語り、そして苦しい心のうちを吐露する。そしてハビービーに反論するようにこう語る。「あなたはジェニンのあの光景を見ずに済んで幸運だった」、「あなたは抑圧者と被抑圧者の愚かさが比べられるというのか」と。

さらにバクリには、第二次インティファーダがイスラエル国内のアラブ・パレスチナ人たちにも飛び火し、その弾圧によって十三人ものイスラエル国籍のパレスチナ人たちがイスラエルの治安警察によって殺害されたという事実が重くのしかかった。一時は調査委員会の設置によって、関係修復に期待をかけたが、しかし「それは愚かで甘い考えだった」とハビービーの墓前でバクリは嘆く。バクリからすれば、イスラエル内にいるパレスチナ人も、本質的にはやはり占領下に置かれているのだ。映画のなかで家屋破壊の映像が流れる。東エルサレムも含むヨルダン川西岸地区で頻繁に見られる典型的なパレスチナ人弾圧の光景だ、とふと思う。重機で破壊される家屋、デモや投石で抗議する人びと、そして催涙ガスや放水や銃撃で弾圧を加えるイスラエルの警察や兵士たち。しかしバクリはナレーションで語りかける。「あなたにはここがどこかわかるかい？　西岸地区ではない。イスラエルにある私の村、アル・バアネだ」。このとき、バクリの親族も警官に暴行を加えられ、妹や母親もまた侮辱を受ける。バクリの母親は寄り添う息子に語る。

七〇年間の私の人生のなかで、こんな酷い光景は見たことがない。大勢の警官隊がやってきて、強烈な催涙ガスを撒き散らした。こんなことは一九四八年のときでさえもなかったことだ。

ハビービーが死去した一九九六年以降、そして二〇〇〇年以降、つまり二一世紀に入った現在も、イスラエルはなお「国民」でもあるパレスチナ人を非国民扱いし、弾圧を加えている。イスラエルは自国の内部にもなお、民族浄化の線引きを持ち込む。[*11] これがバクリの直面した現実であり、それを故ハビービーに報告する。「あなたはこんな光景を見ずに済んで幸運だったかもしれない」。知り合いのユダヤ人からは、善意からか、こう声をかけられたこともある。

お前はこの国にいてラッキーだな。民主主義が十分すぎるほどある。お前は何をすることも許されているんだ。もっとスマートになれ。政治なんか何にもならない。俳優でいいじゃないか。お前は偉い俳優さんなんだから。

だが、イスラエル社会から向けられるあからさまな敵意、民族浄化の圧力を前にして、シニカルに政治的無関心を振る舞えるバクリではない。バクリは、前作『ジェニン・ジェニン』についてこう述べていた。

この映画の意図は、占領地でいま起きていることはとても受け入れられることではない、ということを伝えることだ。この映画で訴えたい対象は、主にイスラエルのユダヤ人であり、彼らに期待をかけている。なぜなら、私はここに住んでおり、他に行くところなどないからだ。

この前作をつくった二〇〇二年以降のイスラエル社会の反動にバクリは深く落胆し、「自分の子どもたちにはこの国を離れてほしいと思うことがある。子どもたちの将来が心配だ」とも述べたが、しかし『あなたが去ってから』の最後は、この言葉で結んでいる。「自分自身を裏切らないように、自分を笑い飛ばし、希望を生み出そう。そしてこう言おう、「希望はまだある」」。悲観楽観屋はまだそこにいた。しかし、それからさらに一〇年以上が経過し、パレスチナをめぐる状況は悪化するばかりだ。バクリはいまでもかすかな希望を保っているだろうか。

5 『ルート181』

パレスチナ／イスラエルの分断（土地の分断、人間の分断）を、その歴史と現在において根源的に再考することを促すドキュメンタリー映画として、パレスチナ人（イスラエル国籍のアラブ人）のミシェル・クレイフィ監督とイスラエル人（ユダヤ人）のエイアル・シヴァン監督による共同制作の『ルート181――パレスチナ〜イスラエル 旅の断章』（二〇〇三年）を外すことはできない。いわゆるロードムービーのドキュメンタリー版のように、ある経路上で出会う人びとに次々と監督二人がインタヴューを重ねていくのだが、「ルート181」という道路が現実にあるわけではない。それは、一九四七年一一月に国連総会で採択された「パレスチナ分割決議181号」の地図上の分割線のことであり、パレスチナの地をユダヤ人国家とアラブ人国家に分割することで、いわゆる「ユダヤ人問題」の解決をはかろうとしたものであった。

しかしこの分割案は双方に受け入れられることなく、戦争状態に突入していき（公的にはイスラエル建国の一九四八年五月からは第一次中東戦争と呼ばれるが、実質的な戦争はこの分割決議に始まる）、この分割線が現実のものとなったことは一瞬もなかった。[*12]「ルート181」というのは、一九四七年当時の分割決議の地図上にしか存在しないものであり、クレイフィ、シヴァンの両監督はこの分割線の「現在」を南から北へと辿りながら、その線上で出会うユダヤ人とアラブ・パレスチナ人とに次々とインタヴューをしていくのだ。訪れる町や村はほとんどヘブライ語で呼ばれているが、監督たちは地元の人びとに、「元の地名は?」という問いを繰り返し投げかけ、アラビア語の地名を聞き出す。そのことで、すべてのユダヤ人の町がパレスチナ人の村の上につくられた「入植地」であったことに気づかせられる。その地には元のアラビア語の地名があること、あるいはユダヤ人の町のすぐ隣には忘れられつつあるアラビア語の名前の廃村があることが、各地で示される。

監督はさらに人びとに問いかける。相手がユダヤ人の場合、「あなたの(ご両親の)出身は?」。人びとからは、ロシア、ドイツ、ポーランド、ハンガリー、モロッコ、チュニジア、イラク、イエメン、などと返ってくる。「では、あなたがたの前にここに住んでいた人びとは?」。すると、「さあ?」、「いなかった」、「アラブ人は逃げ出した」、「アラブ人らは土地を売って明け渡した」と答える(多くのユダヤ人は、「パレスチナ人」と呼ぶことを避け「アラブ人」という総称を用いる)。「いや、追放や虐殺をしたのではないか?」と問うと、そこで本音が剥き出しになる。「我々が戦争で勝ったのだ!」と。追放された難民となった人びとについても二人の監督は質問する。「パレスチナ人らとはいっしょに住めないか?」。すると、ユダヤ人らは答えから逃げる。「昔は平和に暮らしていた」、「政治の話には私たち市民には触れられない」と。そこで露呈するのは、人びとの無知、二重基準、居直りだ。

それに対置されるパレスチナ人らの証言は、半世紀前の記憶を語るときにも、いま目の前の現実を語るときにも、きわめて生々しい。有無を言わさず虫けらのように家族が引き裂かれ、あるいは土地が強制的に没収され、家屋が破壊された。監督は、同じ一つの出来事についてのユダヤ人の見方とパレスチナ人の証言を対置することで、ユダヤ人の欺瞞を浮き彫りにする。

イスラエル南部のガザ地区にも近い場所にあるキブツ（入植村）、ヤド・モルデハイにある入植及び第一次中東戦争の歴史を展示する記念館で、ポーランド領ウクライナ出身の老人男性がパレスチナ分割決議の地図を前にして語る。

ここに住民三〇〇〇人の大きなアラブの村があった。一九四八年に彼らは逃げ出し、ガザで難民生活を始めた。イスラエルとアラブの二国家に分割するため国連で決定された分割ラインだ。アラブ側が受諾していればこのラインに沿ったアラブ国家ができていた。ここヤド・モルデハイもアラブ側だったはずだ。だが彼らは拒否し、我々を海に放り込むと宣言した。逆に我々が彼らをガザに放り込んだ。戦争に打って出なければここも彼らの土地だった。

これはイスラエル人に、そして世界中に広まっている俗説であり、実際にはユダヤ人の側もこの国連分割決議のラインを受け入れたことはない。これは、戦争の責任をアラブ側に帰すために後にイスラエル側が言い出したレトリックだ。シオニズム運動の最大の聖地である、シオンの丘たるエルサレムを含む一帯がこの分割決議では、どちらの側でもない「国際管理区」とされたうえに、その国際管理区がアラブ側と認められた土地に完全に取り囲まれており、エルサレムの所有はおろかエルサレムへのアクセスも著しく制限されるため、とうてい受け入れ難かった（いわゆるヨルダン川西岸地区とガザ地区にあたるアラブ側地域は一九四九年の休戦ラインよりもはるかに広かった）。ユダヤ人側は、一九四七年一一月の分割決議と同時にエルサレム獲得を最大目標に軍事侵攻し、沿岸都市テルアヴィヴからエルサレムにいたる回廊を切り開いた。その一帯にあったパレスチナの村々が計画的かつ組織的に破壊されていった。悪名高いデイル・ヤースィーン村の虐殺事件も、このエルサレム近郊で発生したもので、虐殺はイスラエル建国前の一九四八年四月になされている。この一連の経緯は、イスラエルの歴史学者イラン・パペによる『パレスチナの民族浄化』で徹底的に立証され詳述されている。[*13] ユダヤ人側が分割決議を受けてイスラエルを建国したのでもなければ、一九四八年五月のイスラエル建国宣言を受け入れないアラブ人が宣戦布告して第一次中東戦争が始まったのでもないことは、実証的に解明されている。

もう一つ、「分割」を象徴する場面を見よう。ヨルダン川西岸地区カルキリヤとイスラエルとの境界付近で行なわれているローマ時代の遺跡の発掘現場である。映像は分離壁の横を車で通りながら延々と長大な壁を映し出す。そして着いた現場では、ユダヤ人の発掘監督のもと、カルキリヤのパレスチナ人労働者が働いている。カルキリヤはイスラエル領に隣接し、また周囲に西岸地区のユダヤ人入植地もあるために、分離壁がイスラエルと分離するのみならず街全体を取り囲んでいる。監督らの問いかけに、労働者たちは口々に分離壁による包囲や分断の不安や不満を口にする。そして、国連の分割決議181号による分割ラインの地図をユダヤ人の現場主任に見せる。彼もやはり「アラブ側が受け入れていればパレスチナ国家が誕生していた」という俗説をまことしやかに語る。
それに対して監督らが「ソロモンの審判」の話を振る。「ソロモンの審判」とは、旧約聖書の『列王記』に登場する話で、子どもの母親を名乗る二人の女性に対し、どちらが本当の母親かを判別するのに、賢者ソロモン王は子どもを二つに切断することを命じ、それに対する二人の反応を試したのだ。一人は「あの女に渡すぐらいなら切断して！」と叫び、もう一人は「あの女に渡していいので切断しないで！」と叫んだ。もちろん子どもの命を優先して諦めた後者のほうが実母だった。この有名な聖書の話を利用して監督は国連の分割決議についての認識の誤りを指摘しようとしたのだ。発掘現場の主任のユダヤ人はこう答える。

子どもを二つに裂くことに反対したのは、養母だ。いや、実母のほうだ。引っ掛けたな？　ここでは逆だ。養母が分割を受諾した、実の子ではないから。だがここでの現状はその審判とは逆だ。聖書では切断に同意したほうがすべてを失い、ここでは同意したほうが多くを得た。私もかつて左派だった。譲歩に賛成していたが、インティファーダによって左派は和平をあきらめた。和平は不可能だと悟ったのだ。

すなわち、先住のアラブ・パレスチナ人が国連の分割決議に反対したのは本来の住民として当然のことだと、ユダヤ人に馴染み深い旧約聖書の「ソロモンの審判」を使って気づかせようとしたわけだが、このユダヤ人の現場主任はそのレトリックに気づき反論してきたのだ。そして例によってだが、武力の強さに居直るのだった。「泥棒はユダヤ人の側だったが、だから何だ？　イスラエルのほうがアラブ諸国よりも強い。大量破壊兵器をもっているんだからな」、と。自分がもともと「左派」で「平和主義者」だったが、インティファーダすなわちパレスチナ人の抵抗運動のせいで和平が妨げられたと、和平が進まないのをパレスチナ人の側に帰することも、典型的なシオニストの感覚である。

このようにイスラエルのユダヤ人にあえて語らせる意図は何か。監督のミシェル・クレイフィは、「人々に問いかけ、その声に耳を傾け、（…）トラウマを再び浮かび上がらせること」であり、「それは、二つの社会が歩みよるための不可欠の条件」だと言う。[*14] もう一人の監督エイアル・シヴァンのほうはこう語る。「この国は、さまざまな神話や記憶を動員することにより、絶え間なく創造されつづけている。ここでは「記憶」は同時に「消去」を意味する。（…）通常、「記憶」は「忘却」に対置されるが、ここでは「記憶」そのものが「忘却」のプロセスである」と。[*15]

二一世紀に入ってから建設され始めた「分離壁」によってパレスチナの地は分断されたのでもなく、一九六七年の第三次中東戦争による軍事占領と占領地への入植地建設で分断されたのでもない。『ルート181』が示そうとしているのは、そうではなく、そもそものパレスチナの分断は、一九四七年の国連パレスチナ分割決議およびそれと同時に始まったユダヤ人の軍隊による武力侵攻によってもたらされたのだ、ということだ。その起源の暴力の記憶はしかし、イスラエルによって消去され、そして別の物語に塗り替えられている。クレイフィとシヴァンは、パレスチナ／イスラエルの南から北まで歩きながら、いたるところでその暴力の記憶がトラウマ化し隠蔽されているのを、あえて引っ張り出し、浮かび上がらせようとしているのである。

おわりに

本章で紹介した五つのドキュメンタリー映画は、それぞれ独自の仕方で、パレスチナ／イスラエルにおける土地と民族、それぞれの「分断」の有り様を描き出していたが、それはすなわち「民族」や「国民」や「国家」のあり方そのものに鋭い問いを投げかけるということでもある。[*16] そして、それらの映像作家たちは、批判精神と希望を失うことなく、パレスチナ／イスラエルにおける重層的な歴史と現在における問題の所在を抉りだしている。

五つの作品は、いずれも二〇〇二年から二〇〇六年の時期に制作されたが、この時期にいまでも語り継がれる重要なドキュメンタリー作品が集中しているのは偶然ではない。繰り返すが「分離壁」は建造物としての「壁」として立ちはだかっているだけではない。土地と民族を分断した入植地、入植活動にともなう武力、土地の分断によって歪められた民族アイデンティティ、政治的に正統化された物語によって隠蔽された記憶、そうしたものを喚起するのである。長年の内戦で疲弊していたアフガニスタンで、二〇〇一年にターリバーンが世界遺産の大仏を爆破し、世界から非難を浴びていたときに、イランの映画監督モフセン・マフマルバフは、「あなたが月を指させば、愚か者はその指を見ている」という中国のことわざを引いて、破壊された大仏ではなく、困窮するアフガニスタンの人びとをこそ見てほしいと訴えた。[*17] それは、パレスチナの「分離壁」についても言えることだろう。

〈附記〉

本章で言及した映画は以下の五作品である。

シモーヌ・ビットン監督『壁』Simone Bitton, *MUR (WALL)*, 2004.

ムハマンド・アラタール監督『鉄の壁』Mohammed Alatar, *The Iron Wall*, 2006.

サミール監督『忘却のバグダッド』Samir, *Forget Baghdad*, 2002.

ムハンマド・バクリ監督『あなたが去ってから』Mohammed Bakri, *Since You Left*, 2006.

ミシェル・クレイフィ／エイアル・シヴァン監督『ルート181』Michel Khleifi / Eyal Sivan, *Route 181*, 2003.

第六章　パレスチナ／イスラエルにおける暴力とテロリズム

はじめに

イスラエル国内で、あるいはイスラエルが占領しユダヤ人が入植する、あるいはイスラエル軍の駐留するヨルダン川西岸地区で、パレスチナ人による何らかの攻撃的行動があると、即座にイスラエル政府によって「テロ」と名指されて、一斉に「テロ」という報道が流れる。あるいはしばしば見られるのは、陸海空から封鎖されたガザ地区からパレスチナの武装組織がロケット弾をイスラエル領に向けて発射することに対して「テロ」という非難がなされ、それに対してイスラエル政府が非難声明を出し、イスラエルのメディアが「テロ」として伝え、そして日本も含む世界のメディアが同調するという流れだ。

ここで「テロ」とはさしあたり一般的には、その暴力が、注目を集めたり圧力をかけたりといった政治的な目的を含意するが、しかしそれは「不当で卑劣な暴力」であるという非難のニュアンスで使われるものと理解されていることを確認しておく。すなわち、「テロ」というのは非難のために用いられるのであり、たんなる「攻撃」という事実を表わす言葉ではないのだ。

他方で、イスラエルの側からの武力行使はさまざまなレベルで、その建国期から現在にいたるまで、つねに存在してきたが、これが「テロ」と呼ばれることは公的にはない（「イスラエルの軍事攻撃こそがテロだ」というようにパレスチナ人の側がレトリカルに反論を試みることはあるが、外交や報道で公的に「テロ」と名指されることはない）。それがイスラエル国防軍という正規軍による戦闘機や戦車を使ってパレスチナの町や難民キャンプを大規模に攻撃することに対するものであれ、ユダヤ人入植者の過激派が小銃でパレスチナ人を襲撃することに対してであれ、それは「攻撃」「襲撃」という事実を表現する言葉が用いられる。その標的がパレスチナの武装組織の人間でなく一般市民のときでも、あるいは武装組織を標的としながら周囲のパレスチナ市民を数多く巻き込んで犠牲を出したときでも、やはりイスラエル側からの攻撃が「テロ」という用語で報道されることはない。

つまり、武力行使の主体が正規軍か否か、攻撃対象が市民か否か、という一貫した基準で「テロ」という非難の用語が使われるわけではないのだ。ユダヤ人の極右集団がパレスチナの一般市民を標的にしようとも、「テロ」とは呼ばれないのだから。

では、この「テロ」、あるいは「テロリズム」とは、いったいいかなる背景と理由で用いられる言葉であり、いかなる政治的効果をもつものなのだろうか。そして、その非難の用語法に無自覚に便乗することなく、また単純に対抗暴力に寄りかかることなく、そのあいだの道を行くことができるのだろうか。

1　暴力の円環

冒頭から引用が長くなるが、パレスチナの地において「テロ組織」として世界に知られた、ある武装組織の闘争宣言と、そのリーダーであった人物の回顧録を参照しよう。

この戦いには、多くの犠牲がでるであろう。しかしわれわれは最後まで戦い抜く。同胞は今なお殺戮されている。われわれはその同胞の子弟に忠実でなければならない。われわれが戦うのは、この子ども達のためであり、死にいく人々の臨終の言葉を守るためである。

もし地下抵抗組織が、弾圧や拷問あるいは追放、処刑によってもつぶせぬどころか、弱体化もできないなら、その存在そのものが、全能の神話によって生き続ける植民地政府の威信を傷つける。一つひとつの攻撃が、もしそれを阻止し得なければ、高慢の鼻をへし折っていくのだ。その攻撃が成功しなくても、くぼみはつく。そのくぼみも度重なると、それは割れ目となっていく。

敵はわれわれをテロリストと呼んだ。（…）われわれは、相手が武力で弾圧せんとしたために、武力で対抗した。しかし、武力行使がわれわれの目的であったのではないし、根本理念であったわけでもない。（…）圧制と迫害に対して立ち上がった者が、人間の尊厳のために戦うとき、それがいったいテロリズムと関係があるものだろうか。（…）正確にいえば、われわれは反テロリストであった。[*1]

一読、この「テロ組織」は、おそらくはパレスチナで武装抵抗を続けている「イスラーム原理主義のテロ組織」と称されるハマースのことではないか、と想像をすることは難しいことではない。一九七〇年代に前身となる組織をムスリム同胞団の支部として立ち上げ、一九八七年のパレスチナ占領地での第一次インティファーダ（民衆蜂起）の開始とともにイスラーム抵抗運動「ハマース」として結成されたこの組織は、一九九三年のオスロ和平合意とそれに続くパレスチナ暫定自治政府発足後も（ハマースは不参加）、公然とイスラエルの国家存在を否定し、パレスチナ自治政府とも対立し、武装闘争路線を掲げてきた。とりわけ、自らの体に巻き付けた爆弾もろともバスやカフェでイスラエル市民を殺害する自爆攻撃の数々は凄惨を極めた（ただし付言すれば、そのハマースも、二〇〇四年のパレスチナ地方議会選挙で過半数の議席を確保した後の二〇〇六年のパレスチナ立法議会選挙でも過半数の議席を得て勝利した。このことに関しては「テロ」に関連して重大な論点を含むために後述する）。

とはいえ、冒頭の引用は、実のところハマースの声明などではない。イスラエル建国（一九四八年）以前のイギリス委任統治下パレスチナにおけるユダヤ人のシオニスト武装組織イルグンの闘争宣言（一九四四年）と、当時イルグンの司令官を務め、後にイスラエル首相（一九七七―八三年在任）となったメナヘム・ベギンによる回想である。この当時の状況を簡単に記せば、シオニスト諸派はパレスチナへのユダヤ人の移民・入植活動を活発化させ、国家としての独立を勝ち得るべく既成事実を積み重ねつつ、欧米諸国・国連への働きかけを行なっていた。国際的な後ろ盾を重視したダヴィッド・ベングリオン（後に初代首相）ら政治シオニストが主流派を形成し、後に労働党へとつながっていく「左派」をなした。「左派」と言っても相対的なもので、彼らもハガナーという強大な軍隊を持っていた。それに対してウラディーミル・ジャボティンスキーを祖とする右派原理主義グループ（修正主義シオニストとも呼ばれた）は、外交力によるのではなく武力でもってパレスチナ全土を実効支配し、パレスチナ人を一人残らず追放することこそが純粋なユダヤ人国家への早道でありまた理想形であるとし、反主流派をなした。その実行部隊がイルグンであるが、主流派のハガナーに比べて組織は小さく、しかし武力行動においてはきわめて過激であった。イルグン自体は、建国後ハガナーを母体につくられたイスラエル軍に吸収される形になり、また政治組織としては他の右派組織とともに後にリクード党結成へと発展していく（リクード党は一九七七年に初めて政権与党となり、先のベギンが首相となる）。

つまり、イルグンが武力でもって戦った相手は、「三枚舌外交」[*2]と呼ばれた折衷的解決を図ったイギリス委任統治当局と、放逐すべき先住民であるパレスチナ人であり、また競った相手は主流の政治シオニストであった。メナヘム・ベギンの回想によれば、イルグンの過激な武力行使こそが世界中のメディアの関心をパレスチナで独立を目指すユダヤ人に向けさせたし、イギリス当局やパレスチナ人らに対する心理的圧力となった。とりわけ、一九四六年にイルグンが実行したエルサレムのキング・デイヴィッド・ホテル爆破事件は衝撃的であった。このホテルには、イギリス委任統治政庁とイギリス軍司令部が置かれており、イルグンはその統治拠点を爆破し、一〇〇人近い死者を出した。[*3] イギリス委任統治政府はユダヤ人過激派の取り締まりを強化したが、イギリス本国ではこの事件を重大視し委任統治そのものを否定的にとらえる世論に傾き、結果としてイギリス撤退の遠因をなした。こうした意味では「世界の注目」と「心理的圧力」には成功しており、そしてその二点こそが、「テロ」を暴力一般から区別する決定的な指標であった。

さらには、その「テロ」の効果はイスラエル建国の実現でもって一定程度証明され、その「正しさ」もリクードが政権を獲得しベギンが首相となったことによって重ねて実証されたことになる。つまり、かつての「テロ組織」「テロリスト」が国際的に承認された国家を得て、政権与党・首相になったのだ。

しかし、そうだとすれば、二〇〇六年のパレスチナ立法議会選挙で勝利し首相を選出したハマースも同じではないだろうか。ハマースとイルグンの言葉は重なるだろう。自分たちは、殺戮されている同胞のために戦っているのであり、抵抗運動なのだ。仕掛けられた武力行使に対する反テロリズムなのだ、と。だが現実には、パレスチナ人が「イスラエル国家こそがテロリストだ」とあえて非難することはあるにせよ、イスラエルがテロ国家であると一般に言われることはないし、逆にハマースによるロケット攻撃や自爆攻撃を「テロ」とすることに疑問を抱く人も一般にはいない。この差異は何か。あるいはやはり差異はない、同じだ、と言うべきなのか。

同じだ、と言ったときに、多くの人が思い浮かべるのが、「ある者にとってのテロリストは別の者にとっての自由の戦士である」という長く使い慣らされたフレーズであろう。このフレーズは、同時に二つの主張を伝えているように思われる。ある暴力が正当か不当かは相対的なものでしかない、ということと、そうであるがゆえに、暴力の正当化を糾弾するためにこそ、「テロ／テロリスト」というラベルが必要になってくるということだ。確かに「テロ」という名指しはラベリングではあるが、たんなるラベルにすぎないのだろうか。

パレスチナに長く深く寄り添った放浪の作家ジャン・ジュネが、一九七〇年代にＰＦＬＰ（＝パレスチナ解放人民戦線：ハマース誕生以前のパレスチナの諸党派の中で突出した武装闘争路線を掲げていた）の行使する暴力を断固として擁護したのも、暴力のもつ相対性ゆえ、つまり相対主義を回避するためであった。それをジャン・ジュネ研究者の梅木達郎は「鏡の戦略」と呼ぶ。

体制反抗をおこなう暴力をそれ自体肯定すると同時に自らを対抗暴力規定し、すべての責任と有罪性を体制側に投げ返すこと。テロがあるからテロの弾圧が必要であるという体制側の論理に、体制の乱暴〔蛮行〕があるから革命暴力が必要であるという逆さまの論理を切り返すこと。ここでジュネがとるのは鏡の戦略ともいえるものである。[*4]

すなわち、「テロリスト」の「非人間性」は、まさに体制側がつくり出したものであり、それはむしろ体制自らが怪物的な暴力を行使する存在であるにもかかわらず、むしろそれゆえにそうした自己像を対抗暴力の側に投影するものだとして、その「テロリスト」イメージをさらに反転させていこうという戦略なのだ。

こうしたレトリックは、しかし、さほど奇抜なものではなく、むしろ「イスラエル国家こそがテロリストである」という形でパレスチナ人らが語っていることと変わりない。また、その「鏡の戦略」が、体制（国家）を持っている側とそうでない側の「非対称性」ゆえに有効だとすれば、それは過渡期においてのみ成り立つ論理にすぎないということになり、もしそうなら、イルグンにいたベギンが自らを「反テロリスト」と任じたことも、その過渡期においては正当であったことになる。そのうえ、「過渡期」においてであれば鏡の論理が必然的に成り立つという保証はなく、ジュネ自身、「暴力の円環」の中で、「自分たちが戦っている敵」へと自らが変身してしまう危険、対抗暴力が野蛮さへと転じてしまう危険を自覚していたとことにも梅木は注意を喚起している。「ジュネのしぐさもまた、敵が「テロ」と「テロリズムに対する戦い」として体制側の暴力を正当化したことの裏返しの反復であるとしたら、結局は反射し合う鏡像段階から自分だけ逃れているという保証はないのである」[*5]、と。

こうして話はまた振り出しに戻ったかのように見える。だが少なくとも、一方的にイスラエル側がパレスチナ側の暴力のみを「テロ」と名指すことの不当性だけは明確になったと言えよう。

2　映画『ミュンヘン』から読み取れるもの

だが、無限に反射し合う暴力の円環構造を確認するだけでは、「どっちもどっち」という相対主義に陥ることになる。したがって、その円環構造から脱する視点を得るために、「テロリズム」を主題とする、二つの話題となった映画を参照したい。

一つは、スティーヴン・スピルバーグ監督の『ミュンヘン』（アメリカ合衆国、二〇〇五年）である。[*6] 一九七二年のミュンヘン・オリンピックでイスラエル選手団がパレスチナ人の武装集団「黒い九月」[*7]に誘拐・殺害された事件を受けて、イスラエル政府がそれに対する「報復」を決定し、その命を受けた諜報機関モサドに属していた主人公らが、イスラエル政府による超法規的な密命を帯びてヨーロッパ各地に潜伏するパレスチナ人「テロリスト」を暗殺していく、というストーリーで、『報復』という原題を持つ「ノンフィクション小説」[*8]を原作にした映画作品である。この映画が、「テロ」と「報復」に関して意図して描いていることと意図せずして示したことがある。

スピルバーグ監督（および原作者）が意識していたのは、ジャン・ジュネとは反対の側から見た、つまりイスラエルの側から見た暴力の反転の構図だ。第一に、暗殺作戦そのものが不法行為であることや、暗殺作戦の最中に無関係の市民を巻き込んだことで、主人公らが自らの任務の正当性を疑い、結局自分たちの任務遂行が「テロ」と変わらないのではないか、ユダヤ人としての守るべき法や倫理を踏み躙っているのではないかと思い悩む場面がある。第二に、暗殺作戦を繰り返していくうちに、自分たちの情報もまた諜報員らによって売り渡されていることを知り、追うばかりではなく追われる立場となったことに気づいていく。すると、自分たちが暗殺のために使ってきたのとまったく同じ手法で自らが暗殺される可能性があると思い至り、主人公は焦燥していく。これは、「正当な暴力」が実は「テロ」と紙一重であるというにとどまらず、見る立場が変われば実際に「テロ」と同じであることに暗殺の遂行者自らが気づいていることを示している。

さらには、殺害標的とされる一人のパレスチナ人の「テロリスト」青年に、「国を持てない人間の悲しみがお前に分かるか！」と、パレスチナ国家独立の理念を語らせる場面が出てくる。これは明らかにユダヤ人らがイスラエル建国前には「国なき民」「離散ユダヤ人」だったことをあてこすっている。「ユダヤ人は何年かかって国を手にした？　一〇〇年かかっても国家を樹立したい」、と青年は続ける。冒頭で引用した、「国家」を求めて武力行使を正当化したメナヘム・ベギンの言葉が思い起こされる。こうしたいくつかの場面に注目すると、皮肉にも、強大な国家を手にしたユダヤ人のなかで、正当な暴力（＝報復）／不当な暴力（＝テロ）という区分が揺らいでいることが示される。

だがそれだけでは、やはり「暴力の連鎖」という円環、報復合戦という相対主義的図式を脱することはできない。

実は、この「報復」という構図そのものが裏切られ破綻してしまっていることは強調されなければならない。第一に、物語の発端となるミュンヘン事件において、犯人のパレスチナ人らが脱出を図った空港での銃撃戦で、人質とされたイスラエル選手団の全員が犯人らに射殺されたと公式にはされているが、実際にはそれとは異なり、イスラエル政府の合意のもと、鎮圧にあたった西ドイツの狙撃兵によって犯人もろとも射殺されていたということを、イスラエルの軍事ジャーナリストでイツハク・ラビン首相の補佐官を務めたエイタン・ハベルが二〇〇五年、映画に先立ってイスラエル紙の中で告白している。[*9] あたかもパレスチナ人による唐突かつ不当なテロが暴力の発端であるかのように誘導する映画冒頭からの設定であるが、この告白はそれを覆す。

第二に、「報復」の標的とされた者の多くがミュンヘン事件ないし「黒い九月」と無関係であり、何人かは「テロ」行為そのものと関係がなかった。また作戦の際には通行人など巻き添えとなった犠牲者が多く出た。映画のなかでもこのことに対する主人公らの逡巡や苦悩が複数箇所で描かれている。この点においても、イスラエルのこの暗殺作戦が「報復」の体をなしていないことを示している。

第三に、いわゆる「報復的攻撃」なら、すでにミュンヘン事件の直後にイスラエル軍がPLOの活動拠点となっていたレバノン南部のパレスチナ人難民キャンプへ大規模な空爆と侵攻を行ない、二〇〇人にものぼる死者を出しているし、ここでも無関係なパレスチナ人が大量に殺害されている。この第二、第三の視点からのありうべき疑問——暗殺任務に疑念を持った主人公が上司に「本当にテロに関与しているのか、逮捕して裁判にかけるべきだ」とつめより、また登場するパレスチナ人夫婦がレバノンの空爆・虐殺を非難している——にもかかわらず暗殺作戦を必要とする理由として、映画のなかで諜報機関の上司やイスラエル首相は、裁判や難民キャンプの空爆では「世間の注目を十分に集められない」ため、「暗殺の実行をメディアに報道させつつ、テロリストに脅威を与える必要がある」と「抑止効果」を訴える。ミュンヘン事件に対する「報復」ではなく将来的な「抑止」だというのだ。だがさらに、その抑止効果にさえ主人公が懐疑を抱かせられるのは、一人の「テロリスト」を暗殺しても、また別の一人が代わりをするだけであり、しかもより凶暴な者の登場を導いたためであった。結果的に、抑止どころかさらなる暴力のエスカレートを招いたのだ。

つまり原題『報復』は二重三重に自らを裏切り、「報復」という正当化が成り立たないことを露呈させている。そしてそれは、暗殺部隊のリーダーを務めた主人公においても自覚されていたのだ。このことが示唆するのは、報道において「報復の連鎖」(あるいは「テロと報復の応酬」)と繰り返し表現されるパレスチナ/イスラエルにおける双方の武力攻撃が、そのような同一の平面には存在していないということだ。「報復」の根拠なき暴力はそれ自体が自己目的化し、肥大化してしまう。

それゆえ、その暴力の肥大化の構造から離脱することは、映画『ミュンヘン』の主人公にあっては、その結末場面でイスラエル国家そのものから離脱することであった。超法規的な極秘の暗殺活動に従事していたがゆえに、主人公はヨーロッパ各地での作戦を終えてイスラエルに帰国するも、その活動の性質上、国家の不都合な暗部を知る者として、圧力を受ける立場になる。すでに作戦遂行中に、その正当性と効果の両方に疑義をもった主人公は、イスラエル帰国後の組織対応にいっそう不信を強め、予め妻子を移住させていたアメリカ合衆国に脱出する。しかしそこにも安住はなく、主人公はパレスチナ人組織からの暗殺の恐怖とイスラエルの諜報機関からの監視の恐怖と、その両方に深く精神を苛まれる。そこへモサドのかつての上官が主人公を訪れ面会し、イスラエルへの帰国とモサドへの復帰を促されるも、主人公がそのどちらも拒絶して映画は終わる。

スピルバーグ監督はこの最後の場面で、対テロの報復的暗殺が正当化されないというだけでなく、パレスチナとイスラエル「どちらの側の暴力もテロと変わらない（どちらの暴力もそれぞれの正当化の論理がある）」という相対主義をも批判する視点に到達しているように思われる。ミュンヘン事件を無条件に起点に置く時点で、先述のようにいくつかの問題点や限界があるものの、「国家暴力」に対する批判を示唆して映画『ミュンヘン』のエンディングとしているからだ。

3　映画『パラダイス・ナウ』から読み取れるもの

次に『ミュンヘン』とほぼ同時期に公開された、やはり「テロ」を題材としたもう一つのドラマ映画、ハニー・アブ＝アサド監督『パラダイス・ナウ』（パレスチナ、二〇〇五年）を見ていきたい。このパレスチナ映画が示しているのは、より繊細で錯綜した暴力のあり方と、それゆえに「報復」という一言では表現しえない、暴力の複雑な因果連関に内在するさまざまな中間項だ。

この映画は、二人のパレスチナ人の若者が、イスラエルの首都テルアヴィヴでの自爆に向かうまでのドラマである。何か特定の事件をモデルとしたノンフィクションあるいはそれに基づくドラマではないが、基本的にはパレスチナ／イスラエルで実際にあるさまざまなエピソードを物語へと編み上げたものであり、たんなるフィクションではない。事実に基づいた物語であり、多くのパレスチナ人が日常的に経験すること、見聞きすることの集成である。

二人の若者が生活するナブルスは、イスラエル軍の占領下にあるヨルダン川西岸地区の北部に位置する中心的な都市であるが、山に周囲を囲まれた盆地であるため、外部に通じる道路の要所すべてにイスラエル軍によって常設の検問所を設置され完全に封鎖されている。[*10] 占領と封鎖のせいで経済の疲弊もはなはだしく、若者らに職、つまり収入はない。検問所で日常的に展開されるイスラエル兵の行為は、殴打や銃撃がなくとも、圧倒的軍事力を背景にした占領者の侮蔑的な目線や命令口調により、日々地元住民の中に屈辱を刻印する。さらに、(良くも悪くも)家父長的価値観の比較的強いアラブ社会において、「尊敬すべき」父親(自分の父親でなくとも年長者)と「庇護すべき」女性への屈辱は、共同体全体への強い精神的な攻撃となる。占領者はそのことを知り尽くした上で、半永久的な従属を根底から強いるために、効果的な精神的暴力を日々行使し続ける。

こうした暴力の存在は、しかし、「テロリズム」の名で呼ばれることはまずない。もちろん、ミクロな暴力をすべからく「テロ」の範疇に加えることは、概念的混乱を招くため、例えばブルース・ホフマンやチャールズ・タウンゼンドなどの公平で優れたテロリズム分析[*11]において、対象として扱われないのも当然のことだ。だが、それにもかかわらず、今日のパレスチナにおける「テロ」の問題を考える上で、こうした日常的な屈辱の蓄積が果たしている役割を無視することができないことを、『パラダイス・ナウ』の冒頭の検問所の場面――イスラエル兵が荷物検査の際の侮蔑的な所作や目線でパレスチナ人女性に屈辱を与える――は喚起している。

もう一つ、通常の意味での暴力には数えられない重要な要素をこの映画は組み入れている。いわゆる「コラボレーター（対敵協力者／内通者）」[*12]の問題だ。自爆攻撃に向かう若者の一人の父親がかつてイスラエルのコラボレーターとして働きそのために処刑されていたこと、その汚辱の過去を払拭する欲望がその若者を自爆へと向かわせた一つの要因であることを映画は示唆する。実際のところ、イスラエルの軍や諜報機関にコラボレーターとして利用されてきたパレスチナ人は一万人を超えているとも言われ、多くが何らかの弱みを握られ協力を余儀なくされている（時にはその「弱み」は捏造されることもあり、時にはイスラエル兵による女性への性暴力までもが利用される）。とくにパレスチナ占領地の主要都市とイスラエルとの境界線付近の村において、コラボレーター問題はとりわけ深刻であり、住民同士を疑心暗鬼に陥らせ、共同体の破壊までもたらす危険をもっている。対敵協力は、事情がどうあれ「最悪の裏切り行為」として、見せしめ的処刑の対象となるか、逃げおおせたとしてももはやパレスチナ内には居場所はなく、さりとて「用済み」でしかも「非公認」の「元コラボレーター」が逃げ込んだイスラエル側で保護を受けられることも稀だ。

またもう一人の自爆「志願」の若者もまた、父親の恥辱を背負っていることも見逃せない。こちらの父親は、かつてイスラエル兵に拘束された際に、「右足か左足、どちらかを選べ」と迫られ、片足を銃で撃ち抜かれたうえで釈放され、障害を負っている。その息子は「俺だったら潔く死を選んだ」と、イスラエル兵に命乞いをした父親を、つまり世間からそのように屈服したと見られる父親を恥じている。この恥辱の記憶がまた若者らを絶望させ追いつめる。

この若者二人が暮らすナブルスの街中では、その二人が出歩く先々でコラボレーターを咎める言動に不意に出くわす。店先にはコラボレーターをリンチして晒す動画が売られていたり、食堂では他の客がコラボレーターやその家族を罵倒する会話が耳に入ったりする。片や、街中のあちこちには、自爆の実行者を「英雄」「殉教者」として、追悼しつつも賛美する党派作成のポスターが貼り出されている。このコラボレーター非難と自爆賛美とが重ね合わさり、恥辱を背負った若者を自爆志願者へと誘惑するということを、『パラダイス・ナウ』は、被占領地の日常風景を描くなかで聴衆にゆっくりと理解させようとしているように思われる。

占領と封鎖による貧困と屈辱、そしてコラボレーターによる共同体の破壊。ところが、こうしたイスラエルの占領政策に陰湿に動員される組織的暴力は、「テロ」の範疇に入れられることがないばかりか、いわゆる「暴力」としてさえ認識されることも少ない。しかし、『パラダイス・ナウ』が示しているのは、これこそが「自爆テロ」の遠因——つまり狂信的ではない普通の若者を自爆攻撃へと駆り立てる構造の一部——をなしているという事実だ。

もう一つ、この『パラダイス・ナウ』が冷静にかつ鋭く映し出しているものは、パレスチナ人の絶望・屈辱と「自爆テロ」のあいだにある決定的な中間項、「党派の利害」の存在である。パレスチナ人の行なう自爆攻撃を積極的には支持しなくとも、一定の理解を示す立場からしばしば聞かれるのが、

「絶望ゆえの自暴自棄」と「屈辱ゆえの復讐」というものだ。生きていても明るい未来などない、故郷を奪い家族や自分に屈辱を与えたイスラエルにせめて一矢報いて死んでやろう、という心理分析だ。すでに述べたように、絶望と屈辱を抱えた若者が溢れていることは事実である。だが、彼らが一人で自爆を思い立ったところで、自力でテルアヴィヴに行って自爆攻撃を実行できるはずもない。実のところ、パレスチナ人の自爆者のほとんどが若い男性（しかも学歴も職歴も乏しい）であるが、彼らには精巧で威力のある爆発物を作る知識も材料もないばかりか、自力でイスラエル側に潜入しテルアヴィヴの中心市街地に辿り着ける能力があるはずもないのだ。絶望と屈辱は、潜在的な自爆者を生み出しはする。しかし、彼らを自爆者として勧誘し実行を説得し、自爆ベルトを与えて装着させ、そしてイスラエル領内に送り込む、そのために必要なすべてのお膳立てをするのは、パレスチナ側の具体的な特定の政治党派組織である。

『パラダイス・ナウ』では、自らは絶対に自爆攻撃を行なわないようなある党派の幹部らが、若者らを自爆者として勧誘し、爆弾やスーツを与え、さらには、緊張し怯える「自爆志願者」の前で平然と食事をしつつ、自爆実行後にテレビ局に送られ放映される宣誓のビデオ撮影をし、街中で自爆の成果を誇示するためのポスター作成の準備をしている。そう、党派の幹部ら本人は絶対に自爆攻撃をしないという厳然たる事実があり、自爆の後には必ず党派が戦果を宣伝する犯行声明を出すという事実がある。党派の幹部たちは、絶望もしていなければ、屈辱も受けていないのだろうか。

しかも、そうした党派が行なう武力行使（自爆攻撃も含む）は、パレスチナ側内部での勢力争いから手法やタイミングが巧妙に選ばれてきたことには注意を要する。PFLPがハイジャック「テロ」を一九六八年に開始し、一九七〇年に活発化させたときから、それはパレスチナ解放機構（PLO）の主流派ファタハへの対抗であり、主導権争いであった。[*13] 逆に連続ハイジャックのために、武装勢力の拠点となっていたヨルダンは国際社会から責任を迫られ、一九七〇年九月に、パレスチナ人の活動を弾圧し約五〇〇〇人を殺害した。いわゆる「黒い九月事件」が起きる。映画『ミュンヘン』にも関係するが、一九七二年にミュンヘン事件を起こした武装グループ「黒い九月」は、ヨルダンに復讐をするためにファタハの指導者であったヤーセル・アラファートがつくった非公然の暗殺組織であると同時に（七一年にヨルダン首相を暗殺）、過激化するPFLPに今度はアラファート側が対抗してつくった武装組織という側面もあった。

またすでに触れたハマースは、一九七〇年代半ばに前身となる団体を持ち、一九八七年の第一次インティファーダのときに結成されたイスラーム組織であるが、ファタハを中心とするPLOに対抗するパレスチナの政治党派である。PLOが世俗主義的（非宗教的）傾向をもちながらパレスチナの抵抗運動を結集しつつあるのに対して、ハマースはイスラーム的な性格をもつ抵抗運動として組織されたという、パレスチナ内部での対抗的な意味合いがあった。しかも後述するように、第一次インティファーダの最中には、パレスチナの抵抗運動を分断したいイスラエルは、PLOを牽制するために、PLOと競合するハマースを陰に陽に援助さえしていたのだった。

一九九三年のいわゆるオスロ和平合意以降は、PLOがイスラエルと相互承認を行ない、暫定自治政府としてイスラエルとの和平交渉のテーブルに着いたが、それに対し、ハマースは強く反発、PLO＝自治政府がイスラエルとの和平交渉を進展させようと積極的に動こうとすると、それを妨害することを狙って激しい自爆攻撃を仕掛けてきた。イスラエル政府からすれば、どの党派によるものであれ、パレスチナ側からの「テロ」は議論を打ち切るか、あるいは交渉条件を厳しくするための格好の材料となり、和平交渉を進めたい自治政府に譲歩を強いることを可能にした。そうした自治政府のイスラエルに対する妥協は、いっそうハマースの反発を招き、より過激な阻止行動として自爆を引き起こす、という循環を生んだ。オスロ合意以降に頻発した自爆は、パレスチナ側内部の「党派的な主導権争い」の中で生じてきたとも言えるのだ。

こうした事実背景は、自爆攻撃が、未来に絶望をしてのたんなる自殺とは異質なこと、そして、占領に対する純粋な抵抗運動、受けた暴力に対する報復衝動とも異なる次元にあることを示している。見据えるべき中間項はたくさんあり、しかも錯綜している。映画『パラダイス・ナウ』が特筆して優れているのは、こうした複雑な問題の所在を省略したり単純化したりすることなく、日常のドラマのなかで提示していることである。

4　制御不能な暴力

繰り返すが、「テロ」は非難のためのラベリングである。自らの暴力のみを正当化し、敵の暴力を不当なものだと決めつけるために、イスラエルの政府・政治家・メディアが用いるラベルだ。だが、そうした用法を拒絶するからと言って、パレスチナの側の武力攻撃を「抵抗運動」「対抗暴力」[*14]として自動的に正当化することもできないように思われる。

第一に、そうした立場が見落としているのは、前節で確認したような、党派性の問題である。抵抗の暴力は、占領があれば抵抗がある、というだけの単純な空間で生じているのではない。具体的な利害関係を持った党派が、党派の戦略に従って実行しているのであり、それが個々のパレスチナ人の利益や全体としてのパレスチナ独立に沿うかどうかは、論理的に一致するわけではない。とりわけ、自爆攻撃という手法については、イスラエルの一般市民を巻き込むことへの非難だけでなく、挫折を感じている若者の弱い心理を巧みに利用し自爆者へと仕立て上げる組織に対して、強い非難の声がパレスチナの内部から、とりわけ自爆者として子どもを奪われた親たちから出されている。一方で、自爆攻撃を「狂信的な宗教テロ」と見なすことは明らかに現実に即していないが、他方で、純粋に「抵抗の手段としての暴力」とみなすことも、具体性とリアリティを欠如させている。

第二に、敵の暴力を「テロ」と名指し自己の暴力を「防衛」や「抑止」として正当化することにも、反対に、「テロ」と名指されたものを支配体制（占領）に対する「抵抗」と位置づけることにも共通するのが、暴力を計算可能なものとみなす姿勢だ。自己の暴力は、自らの意図と目的に沿って計算通りに行使され、その成果が得られる、ということが暗黙の前提とされている。だが、映画『ミュンヘン』が（はからずも）描いていたのは、暴力が一方的に独占されたり正当化されたりすることはない、ということであった。暗殺で行使した暴力が、自らにそのまま返されるのではないか、標的の情報を得るために使った情報屋を媒介にして自らの情報もまた敵に売られるのではないか、と主人公は怯える。そうして一人の「テロリスト」を処分したところで、さらに凶悪な後釜を招き寄せてしまう。あるいは『パラダイス・ナウ』が描いていたのは、自爆を企画し命じる者と勧誘を受け実行する者とのあいだにある圧倒的な断絶であった。さらにパースペクティヴを引けば、「テロリスト」を封じ込める目的でイスラエルが行なっている占領と封鎖が、絶望と屈辱を与えることにより潜在的に命を投げ出す若者（可能性としての「テロリスト」）を次々と生み出しているという構図も読み取れよう。

イスラーム政治思想研究者のジル・ケペルが「内乱」などを含意する「フィトナ」というイスラームの概念で示しているのも、これに関係している。ケペルが指摘するのは以下のような事態だ。第二次インティファーダ（二〇〇〇年から）の当初、当時パレスチナ自治政府大統領だった「穏健派」ファタハのヤーセル・アラファートは、配下の武装組織を使ってイスラエルとの交渉の材料としたが、国際的な非難を浴びないように、「無差別テロと受け取られるような行為を可能なかぎり避けた」[*15]つもりであった。だが、イスラエル軍は予想以上に「報復攻撃」を激化させアラファートの組織は壊滅させられ、他方では、ハマースなどより過激な武装組織が「闘争の主導権を奪い取った」。ハマースなどは、「アラファートの自治政府に損害を与えて、パレスチナ陣営内における力関係を逆転させようというのが最大の目的[*16]」としており、イスラエルとの交渉を目指してはいなかった。大規模な自爆攻撃も急速に増えていく。しかも、アラファートの統制がきかないすべての暴力行為の責任が、自治政府とアラファートの責任に帰せられ、イスラエルとの交渉どころか全面的な軍事占領を招いた。

さらにイスラエルの側から見れば、イスラエルを承認し交渉をしてきたファタハを中心とする自治政府を潰したことが、しかし結果として、イスラエルを承認しない「テロ組織」ハマースの選挙勝利・政権獲得（二〇〇六年）をもたらしたという逆説がある。しかも、かつて自治政府発足以前まで、ファタハなどの世俗的勢力がパレスチナの民族独立運動の基盤となることを牽制し、広範な大衆的支持を分断するために、宗教勢力としてのハマースをイスラエル政府が半ば公然と支援していたという過去も思い起こされるべきであろう。こうした一連の事実が示しているのは、どんな暴力的手段も、一方的・独占的に制御されたりはしない、ということではないか。

哲学者のジャック・デリダは、『テロの時代の哲学』に収められたインタヴュー「自己免疫――現実的自殺と象徴的自殺」の中で、「自己免疫」という概念を使い、「防御は、そしてふたつの等しく問題含みの語から作られた「テロリズムに対する戦争」と呼ばれるもののあらゆる形態は、短期的あるいは長期的に見て、みずからが根絶すると称する悪の諸原因を再生するように作用する」[*17]と述べている。これは、第二次インティファーダに対して、イスラエルが「防衛の楯作戦」と名付けたパレスチナ侵攻に対しても例外なく的確に当てはまる。「テロ」に対する「防衛」を謳いながら、あからさまに軍事占領地の人びとの生活基盤を「破壊」しているのだから。

だが同時に、「暴力の円環」構造の中では、抵抗の暴力――当然これも「防衛」と称する――についても、究極的には同様のことが言えてしまう。デリダによれば「自己免疫」とは、「生ける存在者が「みずから」、ほとんど自殺のごとき仕方で、自己自身の防護作用を破壊するように働く」[*18]作用のことであるが、パレスチナ自治政府のアラファート大統領が武力に依存して便乗しようとした第二次インティファーダが、その暴力性ゆえに「自壊」してゆく過程と、それに対して報復を行なったつもりのイスラエルが、自治政府を攻撃することでイスラエル自体を否定するハマースに政権を掌握させる状況をつくったことは、二つともデリダの指摘する自己免疫作用そのものであったと言えよう。制御不可能な暴力を、あたかも自らの手に収めているかのように語るときに見落とされているのは、自爆者が「現実的自殺」を図るのと同時に、社会が「象徴的自殺」へと向かっているという認識であろう。

おわりに

暴力は、パレスチナ／イスラエル問題の歴史のあらゆる過程につきまとってきた。したがって、どの時点で変質したとか量的に拡大したということを端的に言うことは難しい。しかしながら、次の第七章で詳しく見るように、第二次インティファーダ後に始まったガザ地区に対するほぼ完全な封鎖政策と、そしてハマースが統治するガザ地区に対するイスラエル軍の侵攻は、質量ともに容赦のないものとなってきた。二〇〇八年一二月から二〇〇九年一月にかけての大規模なガザ侵攻ではパレスチナ人約一四〇〇人が殺害され、二〇一二年一一月の軍事攻撃では約二〇〇人、二〇一四年七月の軍事作戦では実に約二二〇〇人ものパレスチナ人が殺害された。もちろんその大規模な作戦と作戦のあいだも相対的に小規模なガザ攻撃は継続されており、逆にハマースなどパレスチナ武装勢力の側のイスラエル領に向けたロケット弾の発射も断続的になされてきた。狭隘でかつ封鎖下で避難する場所もないガザ地区へ大規模な軍事侵攻を繰り返すことは、およそこれまでの占領政策では見られなかったことだ。

イスラエル建国（一九四八年建国）から七〇年の節目となる二〇一八年五月を含むその一年間の暴力はまた異なる様相を見せた。ほとんどの住民がイスラエルに収奪・破壊された村の出身のパレスチナ難民で占められるガザ地区では、イスラエル建国七〇年に対する抗議行動としてパレスチナ難民の帰還権を求めるデモ・集会を、年間を通じて毎週末、継続的に行なったが、それに対するイスラエル軍の鎮圧攻撃は主として射撃手による正確な狙い撃ちであった。イスラエルが設置したガザ地区を封鎖するためのフェンスの付近でイスラエル側に向けて行なわれる抗議行動に対して、イスラエル軍はフェンス際から精度の高いライフル銃で殺傷を繰り返した。小さな子どもや白衣を着た看護師なども含めて、武装勢力のメンバーではないことが明白なパレスチナ人も容赦なく銃殺され、二〇一八年の一年間で二〇〇人以上が殺害された。もちろん負傷者は数千人に達する。

だがその死傷者数以上に気になるのは、境界フェンス近くで抗議活動をすれば射撃手に狙い撃ちされるリスクがあると知りながら、目の前で次々と仲間のパレスチナ人たちが撃たれているのを目撃しながら、抗議行動をやめることなくフェンス際に結集するパレスチナ人たちの姿である。いつ自分が撃たれるか分からないという場所に身を晒しているのは、文字どおり「自殺的」に見える。撃つほうが悪いというのは当然のことだが、しかし、毎回確実に一定数が射殺されているのを承知でフェンス際に人びとが結集するのは、それこそ集団的に「象徴的自殺」をはかっているかのようだ。「自爆テロ」ならぬ「自殺デモ」だ。

逆にイスラエル兵の側にも暴力の質的変化が感じられる。フェンス向こうの完全な安全地帯から、狙撃手がしっかり接地して固定したライフル銃で、スコープを覗きながら確実に標的と定めたパレスチナ人を撃ち抜く。デモ参加者らが武装などしていないことを承知で一方的に射殺しているのだ。戦闘行為や衝突のなかでの偶発的な射殺などではない。無防備なパレスチナ人を次々と冷徹に射殺していく。第一次・第二次のインティファーダの最中の武力行使や、戦闘機や戦車によるガザ侵攻とは異なる。政治党派の幹部に対する暗殺作戦とも異なる。イスラエルの側の暴力行使に質的変化が起きているように見える。

もちろんこうした「自殺デモ」とその一方的射殺が継続したところで、何も解決どころか改善さえもたらさない。この暴力の積み重ねは、ガザ地区内の人間社会の破壊と、そしてイスラエル兵（徴兵制下ではイスラエル国民全般とも言える）の人間性の破壊を引き起こすばかりだ。この「暴力」を、マスメディアが「双方の衝突」と報じつづけたのとは異なる仕方で表象し、そして批判する方法を模索しなければならない。

第Ⅲ部 歴史認識

▼第七章▲ イスラエルの占領政策における ガザ地区の役割とサラ・ロイの仕事

はじめに

イスラエルが軍事占領しているパレスチナの土地は、ヨルダン川西岸地区とガザ地区に飛び地となって分かれている。しかしガザ地区は西岸地区に比べて面積は十分の一にも満たない狭隘さで、また西岸地区がエルサレムを中心に擁するのに対して、ガザ地区は南部エジプト国境沿いの辺境に位置するということもあり、一般にパレスチナと言うとヨルダン川西岸地区ばかりが想定されることが多い。ガザ地区は小さな付属物扱いである。だが、イスラエルの占領政策を考えるうえで、実はガザ地区はひじょうに重要な役割をもたせられている。

その占領政策の現段階として、二〇〇〇年に始まる第二次インティファーダ以降、ガザ地区は完全な封鎖状態に置かれ、さらにハマースのパレスチナ議会選挙勝利もあり、イスラエル軍による激しい攻撃に恒常的に晒されている。このガザ地区に対する厳しい封鎖と攻撃は、ヨルダン川西岸地区に対する別様の占領政策と相互補完的になっており、その両方を見る必要がある。西岸地区に対するイスラエルの政策を理解するためにも、ガザ地区の考察が必要なのだ。

こうしたガザ地区分析の観点を先駆的に最も鋭く提起し、その後も継続的にガザ地区をめぐる適確な分析と批判を示しつづけたのが、サラ・ロイである。ロイはアメリカ合衆国在住のユダヤ人であるが、両親がともにナチスによるホロコーストを経験し、かろうじて収容所から生還した、その子どもであるということもあり、ユダヤ人であるからとイスラエルを支持するということではなく、むしろユダヤ人として倫理的にイスラエルの占領政策を批判せざるをえない、という立場をとった。[*1] そもそも「ガザ地区」とは何なのか、その歴史的成立・展開と、イスラエルの占領政策にとってどういう役割を背負わせられているのかを、ロイとともに丁寧に見ていきたい。

1　ガザ地区について

パレスチナの「ガザ地区」と呼ばれる地域は、現在イスラエルによる占領下におかれている、パレスチナの狭い土地である。東西方向の幅が一〇キロメートル前後、南北方向の長さが約四〇キロメートルの細長い長方形をしているため、英語で「ガザ・ストリップ」と一般に呼ばれる（strip は「細長い一切れ」の意味で、日本語では「ガザ回廊」とも訳される）。

この狭い土地（約三六〇平方キロ）に住民が約二〇〇万人も住んでおり、とりわけ北部の難民キャンプが集中している地域は「世界一人口密度が高い」としばしば言われる。その二〇〇万人の人口のうち七〇パーセント以上が、現在イスラエル領とされている地域から一九四八年の前後に住居を追われて避難してきたパレスチナ難民であり、ガザ地区全体が難民キャンプのようなものと言われるゆえんである。

歴史的には、一九四七年一一月の国連パレスチナ分割決議によって、現在のガザ地区の四倍ほどの広さで、パレスチナの南部の地中海沿いからエジプト国境沿いに広がる領土として区分されたことが最初である。それ以前にイスラエル国家が存在していなかった以上、ガザ地区というものが区分されていたわけではない。あいまいに「ガザ地方」と呼ばれることはあっても、その範囲は確定していなかった（ガザ市というのはガザ地区北部にある都市の名前）。この国連分割決議は、その時点でパレスチナ全土の七パーセントしか土地所有をせず、人口比でも三割程度しか占めていなかったユダヤ人の側に、約五六パーセントの土地をユダヤ人国家として認めるという、きわめて非現実的かつ不公平なものであった（エルサレムからベツレヘムにかけては国際管理、それ以外の約四三パーセントがアラブ人国家）。当然アラブ人側はこれを不服として認めなかった。俗説ではユダヤ人側は歓迎して受け入れたと言われるが、実はユダヤ人の側もまたエルサレムが国際管理となったこと、さらにその周囲がすべてアラブ人国家に分配されてユダヤ人のエルサレムへのアクセスが遮断された分割線であることは受け入れられず、決議と同時にエルサレムに向けて攻撃・進軍を開始している。そのため、沿岸のテルアヴィヴからエルサレムにかけての一帯においても最もパレスチナ人の村の破壊が激しい。[*2]

このように一九四七年の分割決議直後からエルサレムを含むかたちでのより広大なユダヤ人国家を目指すシオニズム軍側と、分割そのものに反対する周辺アラブ諸国軍とのあいだで戦闘が始まり、翌一九四八年五月にイスラエルが建国を宣言するが、そのまま第一次中東戦争が継続される。一九四九年七月までに各国と停戦協定が結ばれた時点では、欧米から提供された近代的な武器によって圧倒的な軍事力をもつ新生イスラエル軍が前線を一気に押し拡げ、また戦略的な入植政策によって、全土の七七パーセントを実効支配することとなった（エジプトとの停戦は最も早く一九四九年二月）。この停戦ラインを「グリーンライン」と言い、それによって現在のイスラエル領とされる地域が成立し、その残りがヨルダン川西岸地区とガザ地区という現在の形でその範囲がほぼ確定することとなった。もちろんこれは、国連決議の範囲をはるかに越境した「占領地域」をイスラエルがもつことを意味したが、国際社会はそれをとくに問題視することなくイスラエル国家を承認してしまったため、それが「占領」と認識されることはないのが現状だ。

停戦時点でガザ地区を支配していたエジプトが、一九四九年以降はガザ地区を占領下においたが、領土として併合はしなかった。これは資源にも乏しく、住民のほとんどが難民で占められるガザ地区を、エジプト政府はたんなる負担・不安定要素とみなし、内部に抱え込みたくなかったことによる。それに対してトランスヨルダン王国は、ヨルダン川西岸地区を国土の一部として併合したが、それについてはヨルダン国王（アブドゥッラー一世）とシオニスト側とのあいだで「密約」があったとされ、西エルサレムまで含む現行のイスラエル領の範囲をシオニスト側に認める代わりに東エルサレムを含むヨルダン川西岸地区の領有を得るという取り引きがなされていた。[*3]

一九六七年六月の第三次中東戦争によって、ガザ地区はヨルダン川西岸地区、シナイ半島、ゴラン高原とともに、イスラエル軍に制圧され占領下におかれる。そのうちシナイ半島のみエジプトに返還されたが（一九七九年の講和により）、それ以外の地域は現在にいたるまでイスラエルが占領を継続させている。[*4]

これら占領地には、イスラエル政府がユダヤ人国民の入植政策を進め、ガザ地区にも最大で八〇〇〇人を越える入植者が居住することとなった。それと同時に、ガザ地区およびヨルダン川西岸地区の占領地では、独自の産業発展はイスラエルによって著しく制限され、それによって生じた失業と産業の空白によって、両占領地はイスラエルにとっての安価な労働力供給源とイスラエル製品の販売市場として政策的に利用されることとなった。典型的な植民地経済・従属経済であり、占領地のパレスチナ人は、イスラエルの建設業・清掃業・運送業などに多く従事することで、とくに一九六七年の占領開始から一九八七年の第一次インティファーダ（パレスチナ人の民衆蜂起・抵抗運動）開始までの約二〇年間は、パレスチナ人労働者とイスラエル人雇用主との「蜜月時代」ともされた。

だが、その「蜜月」も支配従属関係である以上は、根本的な差別政策に基づいており、水面下で蓄積していったパレスチナ人たちの不満や不信が爆発したのが第一次インティファーダであったと言える（最初の抗議運動がガザ地区で開始されたことも特筆しておく）。組織的・継続的な抵抗運動に手を焼いたイスラエルは、このインティファーダをきっかけにパレスチナ人を御しやすい労働力とみなすことをやめ、パレスチナ人を労働市場から一定排除しつつ厳格に労働許可をコントロールする方向へと大きく舵取りをすることとなった。この方向転換は、一九八七年以降から二〇〇〇年代を通じて徐々にいくつかの段階を経て進められたが、一九九三年のオスロ和平合意（暫定自治に関する原則宣言）とそれに続く和平プロセスも、そのなかの主要な一段階であった。

一九九四年には「ガザ・ジェリコ先行自治協定」によって、ガザ地区およびヨルダン川西岸地区の小都市ジェリコに限定したパレスチナ暫定自治政府が発足。一九九五年に暫定自治拡大協定、いわゆる「オスロⅡ」により、「自治」の範囲が西岸地区の都市部へ拡大（厳密に言うと行政権と治安権がともにパレスチナ側にあるA地区、行政権のみのB地区、どちらもイスラエルが握るC地区に分けられる）[*5]。とはいえ、サラ・ロイが詳しく分析するように、「自治」というのは、パレスチナの「独立国家」に向かうものではなく、「自治」を楯にパレスチナ人労働者の雇用にイスラエルが責任を負わないための、そして自治政府の財政を国際社会の援助に負担させるための、巧妙な名分であった。

実際、一九九三年のオスロ合意の年にガザ地区の「封鎖」が完了し、フェンスに囲まれたガザ地区からイスラエル側に労働に出るにも、西岸地区の親戚を訪ねるにも、厳密に統制された許可が必要となり、その許可数も徐々に絞られていった。「自治」という名前とは裏腹に進んでいたのは、ガザ地区の監獄化のプロセスであった。フェンスによる囲い込み、厳密な出入りのコントロール、完全封鎖による監獄化という段階は、ガザ地区を先行例として少し遅れて西岸地区で進行している。ロイがガザ地区に注目するゆえんでもある。

そして二〇〇〇年の第二次インティファーダ開始以降はガザ地区を出入りする許可がきわめて限定的なものとなり、さらに二〇〇五年に実施されたガザ地区からのイスラエルの入植地・基地の「一方的撤退」とともに、ごく一部の例外を除いて原則的にパレスチナ人の出入りが禁止され、ガザ地区は完全に封鎖された「監獄」となった。この「一方的撤退」と呼ばれた政策は、「ガザ地区はもはやイスラエルの占領下にはない」というプロパガンダのために、当時のアリエル・シャロン首相の強いイニシアチブで行なわれたが、「入植地を返還し占領を終わらせたにもかかわらず、経済的に自立できないのもテロがやまないのも、パレスチナ自治政府が無能だからであり、パレスチナ人の自業自得なのだ」というレトリックを成立させ、それによってむしろ西岸地区の入植政策の維持強化、分離壁建設の促進を正当化することが画策された。もちろん実際には、ガザ地区は陸・海・空から封鎖され続けており軍事占領下であることに根本的な変化はなかった。ガザ地区は狭隘なうえに乾燥地帯であり、ヨルダン川西岸地区に比べて資源的価値がはるかに低いために、入植を継続することによる利益とコストの比較から、「入植地の撤去」を選択しつつ、それを「和平を望むイスラエル」という政治宣伝に利用したのであった。

すなわち、ガザ地区と西岸地区とは、それぞれ異なるやり方で占領が継続されつつも、その占領政策の違いは相互に密接に関係するかたちで決定・実施されていたのであった。ガザ地区に対する封鎖政策が西岸地区の占領政策を促進するテコになっているという意味でも、ロイが取るに足らないはずのガザ地区にこそ注目するのは、必然的なのだ。

こうしたイスラエルの占領政策およびそれに有効な対策をとれなかったパレスチナ自治政府に対する不満から、二〇〇六年のパレスチナ総選挙で民衆は、和平プロセス自体を根本的に批判するハマースに政権を託した。すなわち、イスラエル国家を承認してこなかったハマースが、パレスチナ議会選挙でヨルダン川西岸地区でもガザ地区でもファタハを中心とするPLOに圧勝したのだが、これはパレスチナ人がイスラーム主義に傾斜したとかイスラエルとの和平を望んでいないということではなく、オスロ体制への批判票であり、PLOへの批判票であった。パレスチナ自治政府は西岸地区・ガザ地区の軍事占領をまったく終わらせることができないどころか、ユダヤ人入植地の急速な拡大を一九九三年以降もまったく止めることができないでいた一方で[*6]、イスラエルとの「協力」によって西岸地区・ガザ地区を統治するというのは、イスラエルによる軍事占領を容認しかつ占領政策の共犯者ではないか、という批判が高まったのだ。したがって、「ハマースはガザ地区だけで支持されており、ハマースの政権奪取後にそれへの懲罰として封鎖が始まった」という二つの錯覚をもちがちであるが、どちらも根本的な誤りである。実際にはガザ地区は、これまで見てきたように一九九〇年代から封鎖の過程におかれ、二〇〇〇年や二〇〇五年などに一段と締め付けを強化されてきた。その後の選挙結果であることに注意を促したい。

さて、議会選挙で勝利したハマースは首相を選出して内閣を発足させるも、イスラエルおよびアメリカ合衆国や日本などの各国がハマース主導の内閣を承認せずボイコット。選挙に負けたファタハの側を、選挙結果を無視して継続して支援するとした。ハマース側は、ファタハとの連立内閣へと方針を変更するとともに、東エルサレムも含むヨルダン川西岸地区とガザ地区の軍事占領地からイスラエルが全面的に撤退することを条件にイスラエル国家を承認するという姿勢へと転換した。ハマースの「現実路線」の模索であった。それは、一九六七年の第三次中東戦争による西岸地区・ガザ地区の占領地からの撤退を求めた国連安全保障理事会決議二四二号の遵守という主張であり、国際社会も認めなければならない原則であるにもかかわらず、イスラエルの「現実」(既成事実)のほうが変化していた。イスラエルは、東エルサレムの「併合」を宣言し、またヨルダン川西岸地区各地に建設した大規模なユダヤ人入植地を分離壁によってあたかもイスラエル領と地続きの一部であるかのように状況が定着してしまっている。イスラエルは東エルサレムを含むヨルダン川西岸地区の永続的占領を意図している。

したがって、ハマースの主張する、西岸地区・ガザ地区からのイスラエルの全面撤退、その両地区でのパレスチナ国家建設、公的な範囲での(占領地抜きの)イスラエル国家の承認、という原則は、実はイスラエルからすると一九六七年からそれまで約四〇年にわたって積み重ねてきた既成事実を無に帰する要求であり、断固として受け入れられないものであった。逆にそこからオスロ合意の本質的な欠落が浮き彫りにされる。オスロ合意は、「相互承認」以外はすべて「今後の交渉」とするのみで、一切の内実を持たない。占領地からのイスラエル軍の撤退も、入植地の撤去はおろか入植活動の凍結も、パレスチナ国家の地位や国境線の画定も、何もない。それはつまり占領の現状を維持するということであり、イスラエルは事実上、占領地付きのイスラエル国家の承認を得たのだ。PLOは「自治政府」という名称に嵌められたに等しい。

それゆえ、ハマース勝利という選挙結果を断固として受け入れないイスラエル政府の姿勢は、終始一貫している。かりにファタハとの連立内閣であったとしても、ハマースが内閣に入ればオスロ合意を破棄することになる可能性がある以上、それも受け入れられない。また、アメリカ合衆国や日本も「占領地からの撤退」をイスラエル側に求めるのではなく「オスロ合意の遵守」をパレスチナ側に求めることで、イスラエルを支援した。イスラエルは国際的な了解のもとで、選挙結果を無視して、敗北したファタハ・PLOを支援し西岸地区を奪還させる、そのことを通じてPLOをいっそう従順に手懐けたうえで、西岸地区に対するイスラエルの占領を加速させることができた。

選挙直後の二〇〇六年から、イスラエル軍は西岸地区内でハマースの議員・政治家・活動家を逮捕、政治犯として裁判なしに投獄する、あるいはガザ地区へと移送するなどした。また、逆にイスラエルは、ファタハに対してライフル銃や弾丸を大量に供与し、ハマースとの武力衝突による内戦を促した。アメリカ合衆国もまた、武器・軍資金・軍事訓練をファタハ側に供与し、ハマースとの対決を支援した。西岸地区内ではイスラエルがハマース排除を徹底していたため、ファタハが西岸地区をイスラエルとともにあるいはイスラエルのもとで取り戻すのは容易であった。内戦が深刻化したのはガザ地区においてであった。

ハマースは二〇〇七年初頭にいったん内閣を解散させたうえで、ファタハ内の宥和派と連立内閣を発足させるも、イスラエル・アメリカによる大量の軍事援助で煽られたファタハ内の強硬派はハマースとの戦闘を継続。ガザ地区ではこの内戦で双方に連日数人から十数人の死者が出る事態になったことに加え、イスラエル軍が恒常的にガザ地区に侵攻してハマースを攻撃。二〇〇七年だけでガザ地区で数百人のパレスチナ人の死者が出た。こうしたハマース攻撃にもかかわらず、ガザ地区ではハマース勢力のほうが強く、またいかにイスラエル・アメリカが軍事支援をすると言っても戦車や戦闘機をファタハに供与するわけにはいかず、二〇〇七年半ばにはガザ地区内部ではハマースがファタハを制圧するという情勢になり、連立内閣も崩壊。ファタハを中心とするPLOはヨルダン川西岸地区で一方的に非常事態内閣を発足させ、ガザ地区では再度ハマース単独の内閣となり、パレスチナには二人の首相のもとで二つの内閣が、それぞれ西岸地区とガザ地区で分裂して存在することとなった。当然イスラエルや欧米や日本はガザ地区のハマースのボイコットを継続し、選挙によらないファタハ系の非常事態内閣にのみ正統性を認めた。こうして、ヨルダン川西岸地区を統治するのがファタハ内閣で、ガザ地区を統治するのがハマース内閣という異常な分裂が生じた。*7

この事態を受けて、イスラエルはガザ地区の封鎖と締め付けを強化、建築資材はもとより、食糧や医薬品の搬入までも著しく制限した。いわば集団懲罰である。さらに、地理的に西岸地区から飛び地になっているガザ地区が、政治体制としてもファタハ内閣と分裂したハマース内閣の統治下になったことで、イスラエル政府によって容赦のない軍事攻撃に恒常的に晒され続けることになる。二〇〇八年一二月から二〇〇九年一月にかけて、あるいは二〇一四年七月から八月にかけて、イスラエル軍が大規模に軍事侵攻し、それぞれガザ地区のパレスチナ人を約一四〇〇人、約二二〇〇人と殺害したのもこの流れのなかにあり、そうした軍事作戦以外にも現在にいたるまで、封鎖状態のガザ地区に対し断続的な軍事攻撃が加えられている。

2 サラ・ロイとその仕事について

サラ・ロイは、第二次世界大戦後にアメリカ合衆国へ移住したポーランド出身のユダヤ人の両親のもとに生まれた、ユダヤ系のアメリカ人あるいはアメリカ在住のユダヤ人である。両親がナチスによるホロコーストを体験しており、二人ともに強制収容所の生き残りであり、とりわけ父親が絶滅収容所の稀有な生存者であったという事情から、サラ・ロイについては、「ユダヤ人でありながら」さらには「ホロコーストの苦難を熟知しておきながら」、そのうえでイスラエルのパレスチナ占領を痛烈に批判する研究者である、というふうに形容されることが少なくない。この背景には、ヨーロッパでユダヤ人はホロコーストに遭ったからユダヤ人国家であるイスラエルが必要だという認識、ひいてはユダヤ人はみなイスラエル支持者であるという認識があるだろう。「それにもかかわらず」、ロイはイスラエル批判をしている、と。

また日本語圏においてはとりわけ、最初に翻訳紹介されたのが「ホロコーストとともに生きる――ホロコースト・サヴァイヴァーの子供の旅路」[*8]であり、それが広く読まれたことから、そうした側面は強い。

しかし、何よりも強調されるべきは、ロイが『ガザ回廊――反開発の政治経済学』(Sara Roy, *The Gaza Strip* 以下参照の際は *GS* と略)[*9]という、ガザ地区占領の総体を分析した世界でも唯一の信頼のおける研究書を刊行し、高く評価されているという事実だ。ロイは、ホロコースト生存者の子どもとして有名になったのではなく、まともな統計データさえも整備されていなかった(イスラエル政府はもとよりパレスチナ側も海外NGOもデータをもっていないかあるいは公開しなかった)状況で、手探りで研究調査を開始し、そして占領地の実態を正確に把握するのみならず、イスラエル政府によるガザ地区支配の政策意図、さらにはそれをテコとしたヨルダン川西岸地区をも含めた占領政策全体の意図にまで綿密な分析を加えた。

しかもこの著書の元となるロイの博士論文は、第一次インティファーダ前の一九八五年に執筆が開始され、インティファーダ開始後の一九八八年にいったんまとめられ、そしてさらに調査が継続され、一九九三年のオスロ合意直後の一九九四年に研究書として完成したものである。一九九五年に初版が刊行されるや、世界がまだ「パレスチナ独立」を謳った和平プロセスが空手形であることに気がつかず、その夢にまどろんでいるなかで、ロイがすでに冷徹な覚めた眼差しで、和平プロセスが別のかたちでの占領支配の強化であることを見抜いていたことに、読者は驚かされることになる。次節で詳細に紹介するように、綿密な歴史的背景の理解と、詳細な数字データの蓄積と、そしてそれらに対する徹底した政治経済学水準での分析とによって、生ぬるい和平への期待など欺瞞であるどころか、イスラエルによる巧妙な罠であることが、反駁しようのないかたちで論証されたのである。オスロ合意からわずか一年後の時点での分析である。

その後世界は、二〇〇〇年の第二次インティファーダ開始までの七年間を「和平プロセス」が成立していた期間とみなし、第二次インティファーダによってパレスチナ側がそれを最初に放棄したと断じた。その観点からすると、和平プロセスはそれ自体に問題があったのではなく、試み半ばで挫折したものとされ、再びその路線に戻ることが和平への正しい道であるとされた。だがロイからすれば、それは和平プロセスの出発点であるオスロ合意の認識から間違っていることになる。最初から和平プロセスは、パレスチナの独立を推し進めるものではなく、それを不可能にするためのものであり、にもかかわらず表面的に独立を謳ったことと、内部矛盾をきたしていた。したがって、矛盾の爆発は、ロイからすれば必然的であったと言える。

実際、ロイの『ガザ回廊』は、年を追うごとにその分析と論証の正しさが証明されていき、一九九〇年代の末にはガザ地区問題に関して唯一信頼できる必読文献としての地位を獲得していくこととなった。

その次にロイは、二〇〇一年に同書の増補第二版を刊行する。増補したのは、巻末に付された長文の一章「オスロ以後のパレスチナ経済——終りなき反開発」であり、オスロ和平プロセス下の七年間の問題を総ざらいしたものである。特筆すべきは、この増補された章が書かれたのが、二〇〇〇年七月のことであった点だ。すなわち、二〇〇〇年九月に当時の右派リクード党首アリエル・シャロンがアル＝アクサー・モスクに隣接する「神殿の丘」（ハラム・アッシャリーフというイスラームの聖地でもある）を強硬訪問することでパレスチナ人の抗議行動を意図的に誘発し、それを用意周到に弾圧することで第二次インティファーダにいたる抵抗の激化に火をつけた、そのわずか二ヶ月前に、ロイはこの章を書きあげ、翌二〇〇一年に増補第二版を刊行したのであった。この補章の内容紹介も次節に譲るが、内容の鋭さと適切さだけでなく、ここぞというタイミングを逃さずに書いていることもまた、ロイの分析力の高さを証明していると言える。

そもそも単行本として書き下ろされた『ガザ回廊』では、ロイのそうした機敏さは目立ちにくいが、それ以外にロイは大小のジャーナルに積極的に時事分析の文章を発表しつづけている。その極致のような文章でパレスチナ関係者を瞠目させたのが、二〇〇八年一二月のイスラエルによる最初の大規模なガザ攻撃開始の一週間前に書かれた「もしガザが陥落すれば…」（"If Gaza falls..."）[10]であった。『ロンドン・レヴュー・オヴ・ブックス』二〇〇九年一月一日号のために書き下ろされたものだが、こうした雑誌のつねで、刊行日付よりも一週間ほど早く発売されており、そこから転載されたもののなかで最も早いものでは二〇〇八年一二月二六日という日付が確認できる。イスラエルによる突然の空爆開始となる一二月二八日のわずか二日前だ。その小論については本章の最後により詳しく触れたい。

ロイがその時局の節目節目に発表した時事的な文章を集大成したものが、二〇〇六年に刊行した論文集『破綻する和平——ガザとパレスチナ・イスラエル紛争』[11]だ。同書では、第一部に先述の「ホロコーストとともに生きる」を収録するなど、ユダヤ教とイスラエル国家との関係や自身の文化背景を論じ、第二部以降では、時系列的に第一次インティファーダ期、オスロ合意期、第二次インティファーダ期、ガザ撤退期に分けて、主要な論考が配列されている。

3 サラ・ロイ『ガザ回廊——反開発の政治経済学』の内容

第一部「歴史」

次に、先に触れた記念碑的書物『ガザ回廊——反開発の政治経済学』の具体的な内容紹介に移ろう。第一部はガザ地方の概説および歴史となっており、第一次世界大戦末期からイギリス委任統治期のガザ地方の経済発展（一九一七—四八年）、イスラエル建国後から第三次中東戦争による占領までのエジプト統治期の経済構造（一九四八—六七年）、第三次中東戦争から第一次インティファーダ開始までのイスラエルによる占領体制（一九六七—八七年）に区分して論じられている。

イギリス委任統治期にはイギリスの管理下で急増したユダヤ人移民主導による資本主義経済の急速な発展が見られ、その影響によって先住アラブ人の経済活動も大きな変容を被った。最終的に「ユダヤ人国家」建設を目指すシオニズム運動の流れで移民・入植したユダヤ人たちは、既存のアラブ社会経済に入り込むことや融合することは拒否し、あくまで独自の経済圏の確立を試みた。当然アラブ人口のほうが圧倒的に多く、ほとんどの土地もアラブ人の所有であったにもかかわらず、委任統治政府もシオニストの自治に正当性を認めた。現実的には、ユダヤ人資本家の多くは安価なアラブ人労働力に依拠しがちであったが、シオニズムの理念としては、純粋にユダヤ人だけの国家である以上、欲しているのはアラブの土地のみであって、そこに住んでいるアラブの人びとは不要であった。その点でシオニズムは通常の植民地主義的搾取とは異なっていた（GS, pp.41–42）。

このことが既存のアラブ社会経済にいびつな影響をもたらした。自給的経済から市場経済に変化していくと、商品の購入や税金の支払いや借金の返済といった場面で貨幣が大きな役割を果たし、ほとんどが農業関係で働いていたガザ地方の人びとは、賃金労働に従事するようになり、またそれでも職を見つけられない人や支払いに不足する人は土地を売るしかなかった。そうした土地の多くはユダヤ人に転売され、伝統的なアラブの農村が解体されていった（GS, p.44）。

こうして、一方で急速に発展していく新しいユダヤ人の資本主義的経済社会と、他方で解体されながら部分的に商品化されていくアラブ人の経済社会とが、限定的かつ対等でないかたちでしか接点をもたない二重構造をなしていった。しかも、前者の成功が後者の犠牲のうえに成り立っており、統計数字の上では、資本主義化と人口増加によって、アラブ人の経済活動も拡大していたと言えるが、全体としては不均等な発展を示していた。これをロイは、「低開発（under-development）」の問題の発生であると指摘している（GS, pp.51–54）。

次のエジプト統治期（一九四八―六七年）は大きく二つの時期に分けられる。第一次中東戦争によってイスラエル軍がガザ方面においても占領地域を拡大し、四九年に停戦協定を結んだことによって、現在の狭いガザ地区の範囲が確定するとともに、大量のパレスチナ難民が周辺の農村を追われそのガザ地区のなかに流入した（元の住民七万人に対して難民がその三倍以上の二〇数万人）。停戦以降もエジプト軍とイスラエル軍とのあいだでは散発的に戦闘が継続し、イギリス・フランス両国によるスエズ侵攻と重なるように五六年に第二次中東戦争に突入、イスラエル軍はガザ地区内部を経てシナイ半島へと進軍した。そして翌年五七年にイスラエル軍が撤収するまでが、エジプト統治期の前半とされる。この間、エジプト政府はガザ地区の政治経済を自国から切り離したまま主要な役割を果たさず（法的関係も明確にせず）、混乱を極めるガザ地区の経済生活に対してはもっぱらUNRWA（国連パレスチナ難民救済事業機関）が対処していた。またイスラエル軍がガザ地区を全面占領下においた約四ヶ月間は、そのUNRWAの事業さえも停止・破壊され、経済状態は悪化した。ロイはそこに六七年以降の再占領期における「反開発（de-development）」の兆しを見てとっている（GS, pp.73–77）。

イスラエル軍がガザ地区から撤収した五七年から再度イスラエル軍がガザ地区を占領する第三次中東戦争（一九六七年）までの一〇年間には、エジプト政府は比較的関与する姿勢を見せていたが、大量のパレスチナ難民を政治的にエジプトに受け入れるのを拒絶するために、経済統合についても明確に拒絶していた（GS, p.85）。いくつかの開発計画が実施されたものの、ガザ地区の土地の狭隘さと資源の乏しさ、それに不釣り合いな人口の多さは、エジプトがガザ地区を隔離している以上は、どのようにしても克服しようがなく、経済発展はあらかじめ制約されているも同然で、六七年のイスラエルによる再占領前夜までガザ経済はきわめて脆弱で低開発状態のままであった（GS, p.92）。

一九六七年の第三次中東戦争でイスラエルはヨルダン川西岸地区とガザ地区をともに全面占領下におき、パレスチナ全土を実質支配することとなった。占領そのものは現在も継続しているが、一九八七年に開始された第一次インティファーダまでとそれ以降とで占領政策に大きな転換があり、そこで時代区分される（一九六七―八七年／一九八七年―現在）。

第二部「イスラエルによる占領と反開発」

ここからが本書の核心となる。ロイはパレスチナにおける「開発（development）」の問題に関して、いわゆる「低開発（under-development）」と、開発を根本的に阻害する「反開発（de-development）」とを理論的に明確に区別する。「反開発とは、強大な力でもって、意図的かつ計画的に既存の経済を破壊することであり、それは、低開発が歪んだかたちであれ一定の経済発展を許容しているのとは対照的であり、質的に異なる」（GS, p.4）。

従来の代表的な理論である近代化論および従属理論が扱えるのは、せいぜい低開発問題までであり、第三世界の後進性や先進国による搾取が主たる分析となる。だがそれでは、イスラエルによるパレスチナ占領を分析するには不適切であるとロイは言う。第一にそれは、先述のように、シオニズムによる入植政策が、一般的な植民地主義とは質的に異なることに起因する。すなわちパレスチナの占領地は、近代化論と従属理論に特徴的な「中心―周縁」関係における「周縁」としての第三世界でもないのだ。一般の第三世界に対する植民地主義的搾取論では、その地における住民の潜在的な生産力を活用して利潤を発生させることを目的としているが、それに対してシオニズムが目指すのは純粋なユダヤ人国家であり、パレスチナの土地は欲しくともパレスチナ人は消滅してほしいと願っている。

過渡的に労働力として利用することはあっても、パレスチナ人の生産力を高めるためではけっしてない。イスラエルにとってパレスチナ占領地とは、主権国家ではないのはもちろん、主権国家となりゆく一切の生産的要素（民族主義も自立経済も文化活動も）が周到に否定されるべき場所なのである（GS, pp.123–128）。

イスラエルがガザ地区に対しておこなっている「反開発」政策を特徴づけるのは、ロイによると以下の三つの要素に整理される。①収奪と追放、②統合と外部化、③非組織化。収奪と追放というのは、土地や水などの資源を奪い取ること、そしてそれに抵抗する力を潰すことだ。統合と外部化というのは、ガザ地区の住民がガザ地区内部で労働できないようにし、イスラエル側で労働するか、周辺アラブ諸国に出て労働するか、どちらかに追い込むことだ。非組織化というのは、前述の二者の論理的帰結でもあるが、ガザ地区における組織的な開発に対する攻撃を意味する。すなわち、ガザ内外の公的・私的を問わない組織が手をつなぎガザ経済の発展に向けて協力するのを阻止すること、そしてそれとは正反対にさまざまな制約で縛り衰退させることだ（GS, pp.130–131）。

ロイは上記の反開発の三要素（①収奪と追放、②統合と外部化、③非組織化）について、その後の三章を使ってそれぞれ一章を割き、詳細かつ具体的に分析を加え論証していく。

第三部「継続する経済混乱」

第三部は一九八七年の第一次インティファーダおよび一九九〇―九一年の湾岸危機・湾岸戦争を受

けた、イスラエルによる反開発の変容を扱っている。インティファーダすなわちパレスチナ民衆による組織的な抵抗運動は、占領史上かつてない広がりと持続を見せたため、イスラエル側の弾圧も熾烈をきわめた。武力による鎮圧だけでなく、封鎖、外出禁止令、磁気登録のＩＤカードの導入は経済生活を根本的に破壊するものとなった。そしてそれらの政策のいずれもがとりわけガザ地区を標的にしたものであった。地域によっては外出禁止は一年のうちの一〇〇日から一五〇日にも達し、それだけ労働日数が減り、現金収入の減少につながった。磁気登録式の新しいＩＤカードはガザ住民に対してのみ導入され、それによってイスラエル側への労働許可が厳密に管理され（犯罪歴や税金滞納がチェックされ）、インティファーダ以前に比べて許可が出た労働日数は半分から三分の一にまで減らされた。その結果、ガザ住民一人当たりのＧＮＰは約四割も減少し、平均の収入が貧困ラインを割り込んだ。その他、経済活動のひとつひとつに対する許認可制を導入し、税金や罰金を引き上げたことなども、家計には大きく響いた。総じてインティファーダ開始から湾岸戦争までの期間で、ガザ地区の経済活動は停滞し、賃金収入のイスラエル側への依存は深まり、しかし労働許可が絞られたことで、貧困化がきわまった（*GS*, pp.295–301）。

これに追い打ちをかけたのが一九九〇―九一年の湾岸危機・湾岸戦争であった。当時八〇万人ものパレスチナ人が湾岸諸国（とくにクウェートとサウジアラビア）で働いており、そのうち一六万五〇〇〇人が被占領地出身者であり、三万人が被占領地に住民登録を残したままの出稼ぎ者であった。そうしたパレスチナ人労働者による送金はインティファーダ前でさえＧＮＰの一〇パーセントを占めていたが、インティファーダによる経済的打撃によってその比率は一五パーセントにまで上昇していた。その大半が、戦争で職を失ったり、送金ができなくなったりして、失われてしまった。それに加えて、湾岸諸国（クウェート、サウジアラビア、アラブ首長国連邦など）からパレスチナ解放機構（PLO）に対して支払われてきた直接援助金のほとんどが、PLOがイラクを支持したために、停止されてしまった。これらの援助金は占領地で使われていたが、これによってPLOは破産状態となった（GS, p.311）。

そして最後の一撃となったのが、一九九三年三月からとられた、ガザ地区・ヨルダン川西岸地区の両占領地の封鎖、すなわちイスラエルへの労働許可の全面停止であった。この封鎖措置は同年九月のオスロ合意の直後まで半年以上にわたって継続された。これは前例のない大規模かつ長期の閉鎖であった。とりわけイスラエル依存を深めていたガザ地区の疲弊は極限に達し、この時期はUNRWAによる緊急特別支援に頼るしかない状態になっていた（GS, pp.312–313）。

しかしこの封鎖措置は、むしろオスロ合意（および一九九四年のガザ・ジェリコ先行自治協定）への地ならしであったとロイは指摘する。「この長期封鎖という状況は、所得に関するガザ地区の全面的なイスラエル依存とあいまって、占領地の政治権限を新しいパレスチナ自治政府へと委譲する用意をまさにしていたイスラエルに対し、パレスチナが依存をいっそう深めることとなった。一九九三年九月にイスラエルとPLOとのあいだで調印された「暫定自治に関する原則宣言（オスロ合意）」に定められた権限委譲は、限定された自治、およびガザとイスラエルの政治的分離を約束するものだった」（*GS*, p.316）、と。だが果たしてそうだろうかと、ロイはもちろん続ける。その詳細は次に移る。

第四部「未来の姿」

第四部は、初版の終章として一九九四年に書かれた「ガザ・ジェリコ協定——反開発の終焉か？」、および、第二版への増補として二〇〇〇年に書かれた「オスロ以後のパレスチナ経済——終わりなき反開発」の二章からなる。

一九九四年の終章でロイは、ガザ・ジェリコ協定が、実のところ、経済の側面においては、自治を与えるどころか、いっそうガザをイスラエルに依存させるものであることを指摘する。この特殊な和平合意では、土地の返還が定められたのではなく、逆にイスラエル支配のもとで土地を「共有」するとされており、イスラエルに依存している経済制度についても根本的な変革、すなわち将来的な国家につながるような独自の経済の発展はあらかじめ排除されている。そこでイスラエルが意図したのは、ガザ経済を別のかたちで取り込むことだという。それをロイは、別の人の比喩を借りて、「政治面での離婚、経済面での結婚のコンビネーション」と表現した。ガザ・ジェリコ協定のもとで約束された程度のわずかな自治では、反開発の状態は終わらせることなどできない。土地や水などの資源の配分権をイスラエル側が握り、外部の資本や市場へのアクセスもまたイスラエルが握っており、そしてパレスチナの主権、外交、治安もまたイスラエルが握ったままである以上、先に挙げた反開発の三要素、①収奪と追放、②統合と外部化、③非組織化は、継続されるしかない。イスラエルによる支配はやや直接的ではなくなったものの、弱まってはいないのだ（GS, pp.324–330）。

　増補部分が書かれたのは、いわゆる和平プロセスの七年間（一九九三―二〇〇〇年）を経たところであり、第二次インティファーダの勃発でその破綻が誰の目にも明らかになる直前の微妙なタイミングであった。この間にあった大きな出来事としては、一九九五年に結ばれた暫定自治拡大協定いわゆる「オスロⅡ」である。これが定めたのは、たんなる自治の範囲の拡大ではなく、行政権と治安権がともにパレスチナ側にあるA地区、行政権のみのB地区、どちらもイスラエルが握るC地区という区分であった。このことが意味したのは、土地の細分化とイスラエルの支配の綿密化であったことにロイは注意を喚起する。二〇〇〇年までに徐々にA地区の範囲が拡大されたとはいえ、それでも治安権をイスラエルがもつB・C地区の合計は八三パーセントに達しており、しかもA地区も主要都市の中心部に限定され、飛び地のように存在しているにすぎない。さらに、イスラエルの入植地、入植者用バイパス道路網、軍事基地、軍事検問所などによってパレスチナ人の都市の周りの土地が切り取られ、細分化され、囲い込まれている。これは事実上イスラエルがパレスチナ全土を効率的に支配できるシステムの確立であるとロイは指摘する（GS, pp.339–340）。

　もうひとつ、和平プロセスのあいだに精緻化したのは封鎖政策だ。ロイは封鎖を三つのレベルに区分する。一般的封鎖、全面的封鎖、内的封鎖の三つだ。一般的封鎖というのは、常設の検問所で労働者や商品などの移動を一定制限することを指す。全面的封鎖というのは、占領地とイスラエルとのあいだ、占領地の海外とのあいだでの移動を、一切禁止することを指す。オスロⅡによって新しい問題として加わったのが内的封鎖である。これは小さな街や村や地区の単位で封鎖し、移動を禁止することを指す。一九九六年以降、占領地からエルサレムやイスラエル側に入る許可を取得するのがひじょうに困難になり、とりわけガザ地区と西岸地区とのあいだの往来が著しく制限されるようになった（全面封鎖）。これに加えてオスロⅡによる土地の細分化（内的封鎖）がパレスチナ人にもたらした影響は甚大であった。農業生産物や工業生産物の出荷、取引に支障をきたし、最初のオスロ合意前の九二年からオスロⅡ後の九六年のあいだに、西岸地区とガザ地区のＧＮＰは二割も減少している。ロイはほかに、一九九〇年代のＧＤＰや収入や失業率などの数値を細かに提示しつつ、和平プロセス下でいかに貧困が悪化していったのかを論証している（GS, pp.352-364）。

ロイの結語を引いておこう。「オスロ和平のように尊厳を否定した和平が秩序をもたらすことはない。継続する不正義が安定をもたらすこともない。悲劇的なことに、ガザ地区と西岸地区にはその両方が蔓延しているのだ」（GS, p.377）。この増補を書いたのが二〇〇〇年七月のこと。それからわずか二ヶ月後には、第二次インティファーダと呼ばれる、（先述のようにシャロンに誘発されたとはいえ）パレスチナ人のフラストレーションの爆発があり、それに対するイスラエル軍による容赦のない軍事侵攻が展開された。ロイの指摘の適確さはあらためて言うまでもないだろう。

4　『ガザ回廊』第二版以降のロイの分析

ガザ撤退以前

『ガザ回廊』第二版刊行から二〇〇八年末からのガザ戦争とのあいだのロイの仕事を見るときに、最も大きな問題としては、二〇〇五年のガザ撤退をどう分析するのかだろう。二〇〇四年にアリエル・シャロン首相が大きな政治戦略として打ち出したガザ撤退政策は翌年八月に実施されるまで、大きな論争を引き起こしていた。そうしたなかでロイが二〇〇四年七月の段階で開催されたシンポジウムで発表した論考が、「イスラエル撤退のもとでガザ回廊を開発する」[*12]だ。

この時点ですでに懸念されることをまずロイは列挙する。

・イスラエルがガザ地区の陸海空の境界を支配しつづけ、全面的に治安管理を維持する。
・イスラエルへの労働許可数は減らされる。貿易もイスラエルがすべて管理する。
・ヨルダン川西岸地区での分離壁建設が加速され、パレスチナの土地の細分化が徹底される。
・ガザ地区の電気、水道、ガス、通信も引き続きイスラエルが管理する。
・ガザ地区におけるパレスチナの指導者の不在およびパレスチナ自治政府の弱体化が、無法状態と貧困状態を悪化させる。

などだ。[*13]

こうして「一方的撤退」政策は、ガザ地区に自由と独立をもたらすのではなく、むしろ反対に、抑圧、隔離、ゲットー化が強まり、西岸地区では土地の収奪と併合が進み、入植地拡大も継続するとロイは予想する。オスロ合意のときと同様に、占領の終結という宣伝とは裏腹に、占領はかたちを変えて強化されていくだろう、と。[*14]

そしてロイは、もちろんそうならないための必要最低限の提言も加えている。それは端的に移動の自由だ。人（労働者）と物（商品）がイスラエル側の境界、エジプト側の境界を越えて、自由に外部にアクセスできること。空港や港の再建も必須だ。そして、その実現のために国際社会・援助国政府が働きかけをすることを重視している。もしそれがなければ、オスロ合意のときと同じ過ちを繰り返すだろう、と。[*15] もちろんその後それが実現することはなかった。

ガザ撤退以後

次に紹介するのは、ガザ撤退がおこなわれた直後二〇〇五年一一月に書かれた文章「地中海のドバイ」[*16]だ。このタイトルは、アメリカのジャーナリスト、トーマス・フリードマンがガザ撤退をチャンスとして評価した発言——湾岸のドバイのようなミニ国家を建設して繁栄して地中海のドバイになれるかどうか——から、皮肉を込めて引いたものだ。すなわち、この「撤退」によって、その成否の責任はパレスチナ人の努力に帰せられる、民主的なミニ国家ができなかったとしたらパレスチナ人だけが悪いということになる、というわけだ。ロイはこうした論理に真っ向から反対する。

まずは歴史を直視しなければならない。

この五年間［第二次インティファーダから］でイスラエルによってもたらされた破壊は、パレスチナにとりわけガザ地区に破滅をもたらした——家屋、学校、道路、工場、病院、モスク、ビニルハウスなどは破壊され、畑は荒らされ、樹木は引き抜かれ、イスラエルによる検問所とロードブロック［鉄柵や、土塁などの物理的障壁によって、車の通行を阻むもの］によって住民は閉じ込められ、教育や医療の機会を奪われたのだ。しかしこうした徹底的な破壊が実は最近のことではないということを知るには、第二次インティファーダの起きる前夜までのガザ経済を見ればよい。そのときまでにすでに、イスラエルによる封鎖政策は［一九九三年から］七年間も続いており、失業率と貧困はかつてないほど悪化した（それもすぐに最悪を更新するだろう）。しかも、この封鎖政策がここまで破壊的効果をもったのは、それに先立つこと三〇年にもわたってガザ経済がイスラエル経済へ統合され、地域経済の従属化がすでに深まっていたからだ。[*17]

もはやガザ地区には、実質的な経済活動が成り立つ余地のない監獄と化していたのだ。経済発展の条件がすでにないところで、このガザ撤退計画には、さらに徹底してガザ地区をフェンスで囲い込むことが盛り込まれている。ドバイ発言がいかに荒唐無稽かがわかるだろう。

さらにロイは、このガザ撤退計画が、ヨルダン川西岸地区におけるイスラエルの入植地の拡張、入植者の便宜をはかるバイパス、トンネルなどの建設促進、分離壁による土地の併合、東エルサレムの孤立化、西岸地区内部の地域の細分化とワンセットになって進められていることに注意を促している。しかも、「正式な土地の併合があからさまにかつ公的に進められるというのは初めてのこと」として、新しい局面に入ったことを指摘している。[*18]

もう一点ロイが注意を喚起しているのは、ガザ撤退計画が進むにつれて、「占領」という言葉が意図的に使われなくなってきていることだ。一方でガザ撤退そのものが、イスラエルが「ガザ地区の占領者」ではもはやないというアピールのためであるのと同時に、他方で西岸地区についてもイスラエルが全面的な支配権をもっているということを国際社会に暗黙に受け入れさせようとしているというわけだ。[*19]

この問題に関連して、こうしたイスラエルの真意をパレスチナ自治政府と国際社会・援助国とが認識できていないことをロイは指摘する。ガザ撤退は、占領終結に向けたステップであると思い込んでおり、それゆえにガザ撤退そのものを批判することができないのである。とりわけ国際社会は、こうして再びオスロ合意のときと同様に、占領の問題に向き合うことができないという失敗を繰り返していると言える。[*20] またパレスチナ自治政府は、イスラエルによる妨害と自らの腐敗および失敗によって、政治的にまったく無力になっている。すでにここにハマースが台頭する兆候をロイは読み取っている。[*21] 実際、その翌年二〇〇六年はじめのパレスチナ総選挙で実際ハマースが勝利することとなる。

「もしガザが陥落すれば…」の文脈

次に、先に触れた「もしガザが陥落すれば…」の文脈を紹介しておく。この文章は、二〇〇八年末のイスラエルによるガザ攻撃開始のわずか一週間ほど前に書かれたものだ。ウェブ掲載されたもので二〇〇八年一二月二六日という日付が確認できるが、それは空爆開始の二日前にあたる。

ガザ撤退以降の流れを再確認すると、この政策が「一方的」であったことがいっそうパレスチナ自治政府の存在意義を薄めてしまい、結果として二〇〇六年一月のパレスチナ総選挙でのハマース勝利につながっている。国際監視団の入った公正な民主的選挙による政権交代であったにもかかわらず、即座にイスラエルと欧米諸国と日本は、ハマース政権のボイコットを決め、圧力によってハマースを屈服させようとし対決姿勢を強めた。封鎖の度合いはさらに強まり、集団懲罰とばかりに日常生活品や基本的食糧までが二〇〇六年からすでに制限されはじめ、二〇〇八年一月からは医療品や援助品も含めて全面的に物資搬入を禁止した。同月末にはついにガザ地区の各組織が協力してエジプト側の壁を爆破し、大量の住民が一斉にエジプト側に流入し食糧の買い出しに走るという前代未聞の事態が発生し、累計で一〇〇万人前後の住民が一時的に越境したとみられている。すなわち、ガザ地区はこの時点で限界を突破した極限状況に陥っていたと言える。

そのほかにも、イスラエルは二〇〇六年と二〇〇七年を通して、ガザ地区への軍事侵攻、超法規的暗殺作戦を継続し、それにともなう一般住民の巻き添えの死傷者を大規模に発生させていた。またイスラエルとアメリカは選挙に敗れたファタハ側に公然と武器や資金を供与し、ハマースと衝突するように促した結果、両陣営による内紛は凄惨なものとなり、その死傷者の数はイスラエル軍による攻撃にも匹敵する規模になった。

総じて、ガザ撤退とハマース政権誕生以降のガザ地区は、三年ほどのあいだ、上記のような包囲攻撃状態におかれていた。そしてロイが「もしガザが陥落すれば…」で整理・分析したような二〇〇八年の状況へと至る。その末尾はこうだ。「もしガザが陥落すれば、その次は西岸地区の番だ」[*22]。イスラエルは、ガザ地区の占領手法（ＩＤ管理や分離壁や占領地の細分化）をその後にヨルダン川西岸地区に導入し、また西岸地区のＰＬＯを手懐けるためにガザ地区を利用した。そのガザ地区の陥落が、西岸地区に対して良い影響を及ぼすはずがない。そのことをロイ以上に熟知している者はいないだろう。

これまで見てきたように、ロイの発言は、つねにそのタイミングと適確さにおいて際立っており、一研究者が通常担っている仕事を越える責務を果たしているように見える。すなわち、日本の研究者も含めて多くの中東研究者たちが、ガザ撤退以降の状況に沈黙してきたためにロイの発言が突出していたのだ。多くの研究者たちは分析能力に欠けるのか倫理に欠けるのか、あるいは政治的になることを避けているのか（沈黙によってイスラエルの占領を容認することも充分に政治的だと思うが）。ともあれ、ロイが、事後的にしたり顔で解説を加えたり、慌てふためくような研究者などとは一線を画して、あえてリスクを冒してでも然るべきタイミングで踏み込んだ発言をしていることが確認できる。

おわりに

サラ・ロイは、二〇一六年に『ガザ回廊』にさらなる分析を追補して、増補第三版を刊行した。追加されたのは、「第三版への序論」として「完了した反開発――ガザを存続不可能にすること」という二〇一四年段階で書かれた長大な文章と、「あとがき」として「対ガザ戦争」という二〇一五年に書かれた考察である。[*23] 第二次インティファーダ直前の二〇〇〇年に書かれた追記を含む第二版刊行後のおよそ一五年間の事態の悪化を総括したものであり、これまで本章で見てきた「一方的撤退」、ハマースの選挙勝利とその反動、厳格なガザ地区封鎖、度重なるガザ地区攻撃が、どのようなイスラエルの政策意図をもっており、そしてそれがガザ地区の経済活動と社会制度と市民生活をどのように組織的に破壊してきたのかを分析している。ガザ占領の本質を「反開発 de-development」と表現してきたロイの目から見れば、この帰結は「反開発」の最終段階であり、それを一言で表現すると、「存続（生存・成長）不可能 unviable」な状態になったということだ。生産と物流とが阻害され経済が成長不可能であり、医療や衛生や教育も破壊され人間としての生存も危機に瀕しており、もはや通常の意味での社会が存続不可能になってしまった。

増補を重ねて第三版となったサラ・ロイの『ガザ回廊』は、第一版の刊行から二〇年を経て六〇〇頁を超える大著となったが、増補を重ねるごとにその筆致はいっそう重苦しくなり絶望的なまでになっている。かりに今から一〇年後に『ガザ回廊』の第四版が出ることがあったとしたら、しかしそのときにはガザ地区は、パレスチナははたして存在しているのだろうか。

第八章　ポスト・シオニズムとポスト・オリエンタリズムの歴史的課題

はじめに

一九四八年五月にイスラエル国家は建国が宣言された。それは、ヨーロッパ内部でのユダヤ人排斥を背景としつつ、そのユダヤ人を利用して中東の真ん中であり聖地エルサレムを含むパレスチナにプレゼンスを持ちたい欧米諸国の利害から、人種主義的かつ植民地主義的に建国されたことは、何度でも確認しておくべきことである。イスラエル建国に際しては、大挙して入植してくるヨーロッパのユダヤ人に抵抗する先住アラブ・パレスチナ人を一掃するために、欧米から大規模な武器がシオニスト側に支援され、パレスチナの全土で戦闘が繰り広げられ、結果四〇〇以上のパレスチナの村・町が破壊された。しかしながら、その建国物語からは、暴力の存在がきれいさっぱり消去されてきた。知られるように、シオニストの建国神話は、曰く、「古代ユダヤ王国から世界中に離散したユダヤ人が故郷の地に帰還した」、「約束の地が離散後に荒廃し無人となっていたのをユダヤ人が開拓した」。スローガンとしては、「土地なき民に、民なき土地を」だ。

これによって、パレスチナの先住アラブ人たちは、殺害・追放の対象となりその存在を物理的に抹消されるか、あるいはかろうじて残ったパレスチナ人たちもその民族集団としてのアイデンティティを否定された。建国されたイスラエル領に残ったパレスチナ人は「二級市民」扱いを受け、ヨルダン川西岸地区およびガザ地区のパレスチナ人は、多くがイスラエル領から追放され避難した難民であるうえに、一九四八年からはそれぞれヨルダンおよびエジプトによる支配下に、さらに第三次中東戦争後の一九六七年からはイスラエルの軍事占領下に置かれた。当然、建国後のナショナル・ヒストリーからはその存在が抹消された。すなわち、物理的な抹消に続く、その事実の否認であり、二重の抹消である。

加えて、それまでのパレスチナを「アラブ人国家」と「ユダヤ人国家」に分割するというイギリスおよび国連による解決方針に反してと言うべきか、あるいはその一方のみが実現してと言うべきか、「ユダヤ人国家」としてイスラエルだけが建国され、そして国連加盟をはじめ国際社会に承認されたことによって、イスラエル側の「離散と帰還」の物語が公的に広く受け入れられていくことになった。それは同時にパレスチナ否認の物語の世界化である。

もちろん、これに対してパレスチナ人からの、アラブ側からの対抗的歴史物語は、文学やルポルタージュやオーラル・ヒストリーなど、継続的にあった。しかし、欧米の大衆メディアを経由して圧倒的に世界で流通して受け入れられてしまったイスラエル建国神話の前にはあまりに無力であった。

国史＝神話を覆す決定的な批判は、やはりイスラエル国内のユダヤ人歴史家が内部から掘り崩すように始めるほかはなかったのである。「新しい歴史家《ニューヒストリアン》」たちの登場である。

1　「新しい歴史家《ニューヒストリアン》」はもういない

「新しい歴史家《ニューヒストリアン》」がどのように登場し、どういった意義があったのかについては、すでに多く論じられてきたことであり[*1]、ここで多言は要しない。概して言えば、イスラエル建国期の公文書で外交機密や軍事機密とされてきたものが、開示期限を迎えて入手可能となったことで、実証史的な研究・検証がなされるようになったのだが、そうした時代条件下で旧来の建国神話に対して批判的な現代イスラエル史研究を進めた人びとが「新しい歴史家《ニューヒストリアン》」と呼ばれる。代表的には、シムハ・フラパン、アヴィ（アヴラハム）・シュライム、ベニー・モリス、イラン・パペらの名前が挙げられることが多い。とはいえ「新しい歴史家」は、しばしば誤解を受けるようなまとまりのある一つのグループではまったくない。

シオニスト左派の政治家でもあったシムハ・フラパンは、一九八七年に没する年に最後の著書『イスラエルの誕生――神話と現実』[*2]を刊行した。同書はまさにそのタイトルどおりに、流布する建国神話（「土地なき民に、民なき土地を」、「分割決議をユダヤ人は受け入れたのに、アラブ人が拒否したから戦争になった」、「パレスチナ難民は、アラブ諸国の避難呼びかけに応じて自主的に逃げていった人たちだ」など）を批判するものであり、それゆえフラパンも「新しい歴史家」の一人と目されるのだが、しかし、まだこの時点では「新しい歴史家」という呼称は社会に登場しておらず、フラパンはむしろその先駆けと言うべきである。

アヴィ・シュライムは、パレスチナ分割についてシオニストとヨルダン国王とのあいだに、ヨルダン川西岸地区をヨルダン領と認めるのと引き換えにイスラエル建国を容認するという領土的密約があったことを実証史的に解明した歴史家として知られるが（一九八八年刊行の『ヨルダンを跨ぐ共謀——アブドゥッラー国王・シオニズム運動・パレスチナ分割』[*3]）、これも実質的にイスラエル建国神話を批判することになるために、「新しい歴史家」に数えられる。しかしシュライムは、一九四五年にイラクに生まれた後、幼少期に家族とともに建国間もないイスラエルに移住（一九五一年）、そして大学進学とともにイギリスに移住し、以降現在にいたるまでイギリス市民であるため、イスラエル国内での歴史家論争には絡んでいない。

「新しい歴史家《ニューヒストリアン》」の名称を生み出し定着させたのはベニー・モリスであり、彼が一九八八年に刊行した『パレスチナ難民問題の発生　一九四七―一九四九年』[*4]は大きな注目を浴びさまざまな論争を引き起こした（論争の主たる相手の一人は後述のイラン・パペである）。モリスの立論は、パレスチナ難民の発生がイスラエル建国によるものであることを認める一方で、建前的な公式文書にもっぱら依拠したために、パレスチナ人の追放がシオニスト指導部の計画的かつ組織的なものであったとは認定せず、むしろ「戦時における偶発的なもの」と片づける傾向にあった。また、パレスチナ人対する虐殺は大規模な追放に比べて限定的であり、現代史上の数々の虐殺に比べてもずっと小さく、戦争犯罪とは呼べないと断じた。

最後の一人はイラン・パペであり、彼は一九八八年に博士論文をもとにした『イギリスとアラブ・イスラエル紛争　一九四八―一九五一年』[*5]を刊行した。パペの同書は建国期の実証史的研究であり、この時点では「新しい歴史家《ニューヒストリアン》」四人衆の一人と括られる仕事の埒内にあったと言える。しかしパペはその後、前記モリスとの論争を経つつ、限定的な公文書から指導者責任を免罪するモリスに対して、厳しい批判を加えるラディカルな立場へと発展していく。パペの仕事に関しては、後で詳しく検討しよう。

さて、一九八七～八八年に刊行されたこの四者による四著は建国神話を批判する決定的な画期であったことは確かであり、そのことをアヴィ・シュライム自身が『ヨルダンを跨ぐ共謀』の新版序文（一九九八年）で、以下のように回顧している。


イスラエル建国から四〇周年［一九四八年から四〇年を経た一九八八年］には、シオニズムの支配的な歴史記述に対する異議申し立てを行なうイスラエル人歴史家による四冊の研究書の刊行がともなっていた。シムハ・フラパン『イスラエルの誕生』、ベニー・モリス『パレスチナ難民問題の発生』、イラン・パペ『イギリスとアラブ・イスラエル紛争』、そして私の『ヨルダンを跨ぐ共謀』だ。のちに著者らは集団的に「歴史修正主義者《リヴィジョニスト》」あるいは「新しい歴史家《ニューヒストリアン》」と呼ばれるようになっていった。この四冊は、二つの陣営のあいだでの活発な論争を引き起こした。すなわち、一九四八年のアラブ・イスラエル戦争について公式のシオニスト的見解に固執する旧来の歴史家たちと、それを修正し見直そうという歴史学派とのあいだの論争である。[*6]

しかしながら、フラパンは一九八八年の時点ですでに死去しており、このように画期を指摘したシュライム自身は、イスラエル国籍を保持しているとしても、学生時代から完全にイギリスに移住してしまっている。そしてイスラエル国内での論争の核となるのはモリスとパペが残るのみであるが、モリスは前述のように、パレスチナ人の虐殺・追放を「戦争一般に起こりがちな偶発事」とするにとどまってしまい、シオニスト指導部・イスラエル国家の主体的責任をむしろ免罪する役割を果たしてしまっている。

残る一人であるイラン・パペは、モリスとは反対に、さらに根底的にシオニスト・イスラエルの計画的・組織的犯罪性を明確にする方向へと議論を深化させていくことになる。その到達点が、二〇〇六年刊行の『パレスチナの民族浄化』[*7]であり、「民族浄化」という概念を適用することで、その計画性を明示したのであった（詳細は次節）。それはイスラエル国内ではパペ一人の孤独な闘いであり、その意味では、「新しい歴史家」はもはや「学派」などではなく、あるいはそもそも「学派」など存在しなかったと言うべきなのかもしれない。

しかも、そのパペ自身も、その孤立状況ゆえに同書刊行の翌二〇〇七年には、イギリスの大学に移籍、移住してしまう。なおその事情については、筆者がパペ本人を移住直前の〇七年に日本に招聘し、個人的に聞いている。それによると、噂されるような命の危機を感じるような脅迫までではないが、国賊だと非難する嫌がらせのメールや手紙は来ていたとのこと。また、当時所属していたハイファ大学を解雇されるという噂もあったが、現実にあったのは「専任講師」から「正教授」への昇任を阻まれたこと、研究交流や研究会など学内での活動を妨害されたことなどであった。そして、著作をイスラエルの公用語であるヘブライ語で刊行することができないでいるとのことであった（『パレスチナの民族浄化』は英語で執筆されアラビア語翻訳も刊行されたがヘブライ語版はない）。そうした状況に加えて、徴兵年齢の近づいてきた彼の子どもたちの教育環境など総合的に考慮して、「正教授」としての招聘を受けてイギリス移住を決めたが、いずれ「正教授」職でイスラエルに帰国する戦略であり、イスラエルでの言論戦線を離れるつもりはない、と述べていた。

とはいえ、やはりパペが一時的と言いつつもイスラエルを離れざるをえなかったのは無視しえない事実であり、移住から早くも一〇年以上が過ぎた。「新しい歴史家」をめぐっては、ひと頃はその画期的意義がさかんに強調されたが、しかし実情としては、もはや「新しい歴史家」はイスラエル国内には存在しない、と言うべきである。[*8]

2　パペの「新しい歴史実在論」とガブリエルの新しくもない「新しい実在論」

イラン・パペを他の歴史家たちから際立たせたものは、パペが意識的に「歴史哲学」を構築したことだ。

先述のように、「新しい歴史家」の功績は、神話を批判した実証史研究であると言われるが、それはあたかも、神話＝主観的認識に対して、史実＝客観的存在を突きつけて、後者が前者を覆したかのように思われがちである。誰もが共通して認める客観的な事実そのものが存在していて、歴史家がそれを突き止めた、という理解の仕方である。だが、一個のモノの認識をめぐる哲学においてさえ、各人の「認識」を超えたモノそれ自体の「存在」について、古代ギリシャ哲学から最先端の現代哲学にいたるまで、終わることのない理論的考察と論争が積み重ねられてきた。とりわけ近代哲学のイマヌエル・カントの認識論以降は、基本的には、存在そのもの（「物自体」）は不可知であり、あくまで個別認識しかない、あるいは複数の認識が「存在」の仮象を生み出す、という理論が現在まで優勢となっている。

ましてや、そこに時間経過の軸も加えた「歴史」の展開の認識と記述について、取り上げて描くべき事象・事情の取捨選択、複数の事象の関係性やその変化の説明、変化の因果関係の説明については、事物をあるがままに描くということなどありえるはずがなく、解釈に解釈を重ね、言語による記述とその修正を重ねるほかはない。人間の「認識」を抜きにした歴史的事実それ自体など存在すべくもないのである。しかし、歴史認識は各人が恣意的に行なうことで無数に成立するわけではない。同一の歴史的主題に対して複数の異なる認識があるときには、その整合性が当然争われる。事象の取捨選択の妥当性から検証に付され、また複数の事象の関係性の解釈の妥当性、事象の変化の説明の妥当性、変化の因果関係の妥当性が検証され、最終的にはその解釈と説明の合理性が問われる。検証の結果、不当性・不合理性があれば、歴史認識と歴史記述は、廃棄あるいは修正を迫られる。その検証に耐えない独断的認識は歴史の名に値せず淘汰されるしかない。しかし検証に耐えたからといって、客観的史実に到達するわけではない。その検証と修正のプロセスは常に開かれているのだ。歴史認識における客観性とは、なんら到達すべき静的状態ではなく、そのプロセスのなかにかろうじて暫定的に成立するものにすぎない。とはいえ、その暫定的な客観性がなければ、「神話」ではない「歴史」が成立しえないのだ。これはもはや歴史哲学の常識と言ってよいだろう。[*9]

パペの歴史研究は、こうした歴史方法論を自覚的にふまえており、イスラエル建国神話批判の極致である『パレスチナの民族浄化』は、一見するとシオニスト指導部およびシオニスト軍によるパレスチナ人コミュニティの破壊活動を淡々と、しかし綿密に列挙している堅実な実証史研究のようでありながら、じつはまったくそうではない。

そのことを論じる前に、再度、哲学的認識論／存在論の議論に戻ろう。というのも、パペの歴史哲学の先駆性・重要性を再認することのできる、格好の理論書が哲学界で世界的なベストセラーとなり話題となっているからである。ドイツの若き哲学者マルクス・ガブリエルが『なぜ世界は存在しないのか』[*10]で提唱した「新しい実在論」だ。「新しい実在論」のポイントは、存在論と認識論の総合である。一方には、人間による個別の認識から独立した唯一の真実の存在があるとして、それを探究する存在論がある。他方には、真の存在を否定し個別の認識しかないとする認識論があり、その複数の認識の重なりや交渉からある事象が社会的に構築される（だがそれは構築されたものにすぎず、真の存在ではない仮象である）。哲学史において、この存在論と認識論とは長く対立してきた。ガブリエルの「新しい実在論」は、その対立する存在論と認識論の両者を架橋するものと宣言される。認識主体による認識対象の構築を認めつつ、認識とは独立した対象の存在も認める。それによって、各認識主体が一つの同じ対象を認識していることが担保されると同時に、複数の認識を比較考量して各認識の妥当性を批判的に決することができるという。[*11]

そしてガブリエルは、この「新しい実在論」を思いついたのは、二〇一一年の夏に、イタリアの哲学者との対話のなかであったと、日付を特定までしている。ここで、筆者は即座に歴史哲学者としてのイラン・パペのことを想起する。二つのことを指摘したい。この認識論と存在論の架橋は、そんなに「新しい」ことなのか？　実はごく真っ当なことを言っているにすぎないのではないか？　とくに、イスラエルの「神話」（主観的認識／物語）を批判した「新しい歴史家《ニューヒストリアン》」たちは、文書資料に依拠しつつ実証的な史実を対置しはじめたのであった。その時点では、シムハ・フラパンの先駆的書物のタイトルにあるように「神話と現実」が、認識と真実とが対峙するものとして措定されていた。

だが、パペはその立場を意識的に乗り越えていった。歴史哲学を積極的に取り込みながら、実証史的歴史像を歴史哲学（を意識した歴史認識方法論）によって更新していった。それはあたかも、「新しい実在論」さながらに、存在論と認識論とを架橋する行為でもあった。

その決定的な成果がパペの『パレスチナの民族浄化』であったが、その刊行は二〇〇六年である。

ガブリエルらによる「新実在論宣言」（二〇一一年）に五年も先立っていた。しかも、その歴史学方法論について、筆者が招聘した二〇〇七年の来日講演のなかで詳細に語っているのだ。[*12] その特徴を列挙する。

◆一九四八年前後の軍事機密文書が五〇年の機密保持期間を過ぎて、一九九八年以降に開示されはじめ、それを利用しさらに建国期の暴力の全貌に迫ることができたこと。

◆ミシェル・フーコーの言説分析の手法、ホミ・バーバの歴史のナラティヴ論の手法を取り入れ、国家の公的ナラティヴに対抗した、民衆的ナラティヴを重視したこと。

◆パレスチナ人当事者の口承の歴史《オーラル・ヒストリー》を取り入れ、「彼らの物語／他者の物語」と向き合ったこと。

◆複数のナラティヴの並存・相対性から出発しながら、それをつなぐ「橋渡し《ブリッジング》のナラティヴ」プロジェクトをパレスチナ人歴史家といっしょに進めたこと。

パペは、こうした手法を意識的に取りつつ、イスラエルが建国された一九四八年前後にいったい何が起きたのかについて、歴史家が行なうべきことは、唯一の真実を探求し守ることではなく、現在と未来の観点から過去に何が起きたのかについて理解の可能性を提示することなのだ、と主張している。パペはそれを、哲学的な問題であり、二〇世紀初頭から続いている歴史哲学の課題でもあると明言したのだ。[*13]

これはまさに、過去の出来事の存在を認めつつ、その複数認識も認める、存在論と認識論の総合、「新しい実在論」、さらに言えば「新しい歴史実在論」ではないか。二〇一一年にマルクス・ガブリエルらが、認識対象としての「ヴェズーヴィオ山」そのものが存在し、ソレントから見たその山とナポリから見たその山の両方の認識があり、同じナポリから見たとしても「あなたの視点」と「わたしの視点」は異なる、といった議論を始めたときに、すなわち、単純な目の前のモノ一個の存在と認識について議論を始めたときに、すでにパペは、一九九七年からパレスチナ人歴史家たちとともに「橋渡しのナラティヴ」プロジェクトを開始し、一九四八年前後の暴力的出来事についての歴史哲学的考察を深めていたのである。目の前のモノ一つの話ではない。過去の複雑な出来事の連関についての存在と認識の議論を、そのずっと前から始めていたのであった。

何も「新しい実在論」の内容について批判をしたいわけではない。むしろ哲学的な理論としては素朴かつ穏当な内容である。批判をもしするとしたら、この程度のものを「新しい」として、その発案と宣言の日時場所まで触れて喧伝するのは、ナイーブすぎはしないか、という点だ。なおパペの歴史哲学プロジェクトの成果は、イスラエル人とパレスチナ人の双方から多くの歴史家の参加を得た論集『イスラエル／パレスチナ問題』(一九九九年初版／二〇〇七年改訂版)[*14]、および、被占領地ヨルダン川西岸地区のビールゼイト大学のパレスチナ人社会学者ジャミール・ヒラールと共同編集した『壁を越えて――イスラエル・パレスチナ史のナラティヴ』(二〇一〇年)[*15]として刊行され、すでに広く世に問われている。

3　シオニズムを正当化する東洋学の過去と現在

イラン・パペは、このように一人根底的な歴史哲学を探究し、イスラエル建国史研究の問題が徹底して哲学的であることを示し、また実践してきた。だが、先述のように、そのパペはイスラエルでは孤立し、イギリスに移住してしまった。総体として、イスラエルの言論状況、あるいはイスラエル史をめぐる歴史認識を変えるまでには至っていない。

それでは、なぜ外部から暴力的に建国された「ユダヤ人国家」イスラエルは、その暴力批判を免れて国家の正統性を得たままなのであろうか。国際情勢のなかでの大国の利害・思惑のもとでということはもちろんそうなのだが、それを支える「知」の問題である。「権力」を支える「知」がどのように作用してきたのだろうか。それを考察するに重要な書物が、パペの同世代の中東研究者によって『パレスチナの民族浄化』と同時期に出版されている。

イラン出身でアメリカ合衆国に移住し、生前のエドワード・サイードと同僚であったハミード・ダッバーシー（英語的発音に準じて日本ではハミッド・ダバシと表記される）による『ポスト・オリエンタリズム――テロの時代における知と権力』（二〇〇九年）[*16]である。パペと同じく一九五〇年代前半の生まれで、両者ともに故サイードと親交が厚く、多くの影響を受けた。影響関係のみならず、言わずもがな、そのタイトルからサイードの『オリエンタリズム』を強く意識していることは明らかである。ここで「オリエンタリズム」という用語法は二つの層に分けることができる。一つには、「東洋学」という、ヨーロッパが非ヨーロッパ圏、とくにアジア・中東・アフリカ地域の言語・文化・宗教・政治・経済の全般を研究対象とする一つの学問分野のことだ。これはヨーロッパ諸国が非ヨーロッパ圏をたんに「知る」というだけでなく、知ることによって植民地として「支配する」ことが含まれている。すなわち「知と権力」の結合だ。そして「オリエンタリズム」のもう一つの層は、ヨーロッパ人のアジア・中東・アフリカに対する無意識化された自らの優越意識・中心主義である。そうした特定地域の言語や文化や社会を研究することを本職とする者は狭い意味で「東洋学者《オリエンタリスト》」と呼ばれるが、特定地域の研究者でなくとも、小説家・文学者から政治経済学者たちもまた、無意識の「オリエンタリスト」たりうる。

狭義の東洋学者らは、当時の政治権力と結託することで、制度的なアカデミズムのなかで自らの地位と影響力を確保する一方で、権力はアジア・中東・アフリカへと進出し植民地獲得をするうえで、好都合な知識とお墨付きを東洋学者から得るのである。ダバシによると、この時代の東洋学者らの多くは、その研究対象地域の言語力および宗教文化や社会構造の知識についてまったく不十分で、かつ彼らの認識は歪みきっていたにもかかわらず、それを批判的に検証する能力がある人が周囲にいない特権的な地位にあるのをいいことに、一方的に都合のいい本質主義的な他者表象を行ない、「東洋（人）」の「特殊性」「劣等性」「後進性」を規定し、ヨーロッパ諸国による植民地化と統治を正当化する知識を生産していった。もちろん、その東洋学者の現地調査にはしばしば軍隊がともなっているか、あるいは学者自身が軍の一員をなしていた。したがって、こうした東洋学者らが、事実上「スパイ」として行動することも珍しいことではなかった。近代帝国主義時代のヨーロッパ的知は、この東洋学《オリエンタリズム》と植民地主義《コロニアリズム》との結合によって特徴づけられる。パレスチナの地を標的としたヨーロッパのユダヤ人らによるシオニズム思想・運動は、まさにこの東洋学と植民地主義の結合体の代表例であった。

そうしたなかでダバシは、サイードが捉え損なった卓越した東洋学者として、一九世紀末から二〇世紀初頭に活躍したゴルトツィーエル・イグナーツに着目する。[*17] ゴルトツィーエルは、ハンガリーの敬虔なユダヤ教徒でありながら、イスラームに深く傾倒し、アラビア語とイスラームも含むアラブ文化への正確な理解をもとにアラブ世界に深く入り込み、シオニズム運動には同調せず反植民地運動にコミットした。ヨーロッパ・ユダヤという背景をもちながら、アラブ・イスラームへの敬意と理解をもち、シオニズムを拒絶した点は、イラン・パペを彷彿とさせる。パペもイスラエルのユダヤ人でありながら、広くアラブ・イスラーム世界を深く理解し、そしてパレスチナ人歴史家と対話を重ねてきたのだから。

イラン出身者としてさらにダバシが注目するのは、ゴルトツィーエルとほぼ同時代人で、二〇世紀前半に重要な言論活動をしたイラン人知識人たちである。モハンマド・ガズヴィーニー、ホセイン・カゼムザデー・エーラーンシャフルらは、長期にわたってヨーロッパ各地に研究滞在し、ヨーロッパの東洋学者らと交流を深め、そしてイランの近代化を目指しながらも植民地主義批判を展開した。

ヨーロッパの東洋学者たちについては、一部の優れた学者を除けばその大半が語学力も正確な知識も欠いた「いかさま師」であると見抜き、東洋学が「東洋」を（誤）表象《ミス／リプレゼンテーション》することで当時の政治権力の植民地政策に深く関与していたことを精緻に批判していたのだった。ダバシに言わせれば、彼らはミシェル・フーコーとエドワード・サイードに先立つこと半世紀も前に、明確に知と権力の共謀関係を理論化していたというわけだ。[*18] 同時代のヨーロッパの東洋学者たちが支配権力のための他者表象に没頭していたときに、まさにその支配対象となる地域の、つまりイランの知識人がむしろヨーロッパの内部に深く入り東洋学者らと対話を重ね、表象権力の批判を展開していたという、その非対称性に驚かされる。

　こうした指摘にもかかわらず、またゴルトツィーエル・イグナーツのような卓越した東洋学者の存在にもかかわらず、権力と結託した粗雑なオリエンタリストたちによって、シオニズム運動は支えられていった。ゴルトツィーエルのかつての師であった同じくハンガリー出身の東洋学者ヴァーンベーリ・アールミンは、オスマン帝国とイギリスの両方の二重スパイとして働くために、生来のユダヤ教からイスラームへ、さらにキリスト教へと改宗することさえいとわなかった。キリスト教ヨーロッパを「最良の文明」とみなし、とりわけイランおよびアフガニスタン地域でのイギリスの利権のために積極的に諜報活動をした。のみならず、ヴァーンベーリは、「シオニズムの父」テオドール・ヘルツルと親交を深め、ヘルツルをオスマン帝国のスルターン（君主）に取り次ぐ労をとり、ユダヤ人をオスマン帝国領パレスチナへ入植する許可を得る手助けをしていた。返す刀でヴァーンベーリは、ゴルトツィーエルがイスラームの宗教や文化の研究に没頭することを徹底して軽蔑し、ゴルトツィーエルが研究就職することを冷酷に妨害していたという。[19]

さらに、そうした東洋学者を現代欧米世界へと紹介する役割を果たしたのがラファエル・パタイであるが、彼もまた、ハンガリー出身のユダヤ人で、かつ熱烈なシオニストであり、一九三〇年代から四〇年代にかけてはパレスチナ（イスラエル建国前）に入植・移住し、五〇年代にアメリカ合衆国に再移住した。一九九六年に没するまで膨大なアラブとユダヤに関する文化人類学的な著作を刊行したが、一方でゴルトツィーエルに関しては日記や紀行文に恣意的な抄訳をほどこしたうえに、無根拠な心理的推測から「ヨーロッパを敵視してイスラームにのぼせ上がっていたがために、反植民地主義的な煽動を行なった」と非難を加え、他方でヴァーンベーリに関しては「改宗はしたものの心の中ではユダヤ人のままであり、それゆえにシオニストであることを公言できた」と共感を寄せた。このあからさまに対称的なパタイによる評価の仕方を規定したのは、明らかに二人のシオニズム運動に対する姿勢であった。

このパタイのアメリカ移住には、その後のアカデミズムとジャーナリズムの中東認識に関わる、大きな意味があった。パタイは一九七〇年代から八〇年代にかけてさらに旺盛に執筆するようになり、とくに『アラブ精神』や『ユダヤ精神』といった民族本質主義的な著作を量産した。[20]「精神 Mind」などという実体が民族集団を規定しているかのような時代錯誤な叙述は、エドワード・サイードの『オリエンタリズム』によって、「描く人間＝東洋学者」と「描かれる人間＝東洋人」の固定化であり、たとえばアラブの内部の差異の多様性を根こそぎにし、ただ一つ「アラブ」という差異に還元してしまう言語操作であると批判されている。[*21]

だが、この時代錯誤的オリエンタリズムは押しとどめられるどころか、加速してゆく。同じく一九七〇年代半ばには、イスラーム研究の「権威」バーナード・ルイスがイギリスからアメリカ合衆国へと移住すると同時に、宗教史的研究を深めるよりも、比較文明史的な大風呂敷な概説書が増え、「ヨーロッパ文明の優位」対「イスラーム文明の劣位」といった二項対立の論調を展開していく。これは、アメリカの対中東政策への提言などに反映されていき、ネオコンのイデオローグとして名高いサミュエル・ハンティントンの『文明の衝突』(一九九六年)に大きな影響を与えることになった。[*22]

そして二〇〇一年の〈九・一一〉、アメリカ同時多発攻撃を契機に起きたアメリカ合衆国による「対テロ戦争」では、「欧米」対「イスラーム」という図式が浸透していった。そこでルイス、ハンティントンに並び注目されたのがラファエル・パタイの『アラブ精神』であった。「対テロ戦争」の仮想敵とされたアラブ・イスラームを知り、ムスリムを支配するためにアメリカ軍に参照されたというのだ。まさにオリエンタリズムの時代の復活かと思わせられる。

4　オリエンタリズムの復活と「対テロ戦争」とパレスチナ

ここでイスラエルにおける「新しい歴史家」の登場と退場も重ねて、時代の流れを確認しておこう。

ラファエル・パタイとバーナード・ルイスがアメリカ合衆国でオリエンタリズム的な著書を量産していた一九七〇―八〇年代というのは、一九六七年の第三次中東戦争、一九七三年の第四次中東戦争を受けて、アメリカがイスラエル支援を増強しつつ、国策的に中東地域研究に力を入れていく時期であった。さらに一九七九年には、親米王制だったイランでイスラーム革命が発生し反米イスラーム政権が誕生し、それを牽制するためにアメリカは隣国イラクのサッダーム・フセイン政権をけしかけて、イラン・イラク戦争を煽った（一九八〇―八八年）。また一九七九年にアフガニスタンに軍事介入したソ連に対抗するためにアメリカはイスラーム勢力を支援して内戦を引き起こした（一九七九―八八年）。

古典的東洋学者《オリエンタリスト》たちの時代は、イギリス・フランスをはじめヨーロッパ諸国が圧倒的にアジア・中東・アフリカに植民地圏を展開していた世界大戦の時期まで続いたが、第二次世界大戦後は植民地からの独立の時期であり、東洋学者たちはその役割を終えて退場したかに見えた。次に権力に仕えた学問は、戦後の東西冷戦に適合した地域研究であり、敵対諸国の言語や文化を研究することで諜報活動に資するものであった。しかし、とくに一九七〇年代以降に、アメリカ合衆国の主に中東地域への軍事介入の強化とともに、オリエンタリストは亡霊のごとく復活してきたのであった。

さらに時代は冷戦終了後に下る。一九八九年の東欧革命から一九九一年のソ連邦解体にかけて、共産主義圏が崩壊し、いわゆる東西冷戦が終焉を迎える。それと同時進行していたのは、イラン・イラク戦争を終えたイラクによるクウェート侵攻にともなう湾岸危機（一九九〇年）、そしてイラクをアメリカ中心の多国籍軍が攻撃する湾岸戦争（一九九一年）であった。先に触れたように、仮想敵が、共産主義諸国からイスラーム諸国へ、あるいは「イスラーム原理主義テロ組織」へと転換し始めたのだ。ムスリムを、イスラーム圏を、本質的に「敵」と同定し、攻撃を正当化するために、アメリカ内部でのオリエンタリズム的地域研究への需要はますます高まっていった。

このとき、パレスチナ解放機構（PLO）は、イラクがクウェート撤退をイスラエルのパレスチナ占領地からの撤退を条件としたいわゆるリンケージ論を歓迎しイラク支持を表明したため、それまで経済支援を得ていた湾岸諸国（クウェート、サウジアラビア、アラブ首長国連邦など）から見放され、オイル・マネーからくる援助金を失うと同時に、同地域での出稼ぎのパレスチナ人労働者が追放されたことで窮地に陥り、その結果として一九九三年に圧倒的に不利な条件で（実質ゼロ回答で）「オスロ和平合意」をイスラエルと結ぶことを余儀なくされる。すなわち、パレスチナ難民の帰還権、東エルサレム併合問題、ユダヤ人入植地問題、国境線画定問題など、一切の譲歩や条件をイスラエル側から引き出すことなく、PLOはただ一方的にイスラエル国家を承認することとなったのであった。

しかしこれは、イスラエル側から見ると、「和平」機運が高まった時期であった。「ポスト・シオニズム」という潮流も生まれ、旧来の露骨に国粋主義的かつ人種主義的なシオニズムに比べて、比較的穏健でリベラルな、ときには多文化主義的なシオニズムへと緩みを見せたのだった。先述の一九八八年に事実上誕生した「新しい歴史家《ニューヒストリアン》」たちはその和平プロセス下のポスト・シオニズムの時期の一九九〇年代に世界的に注目をされるようになった。

しかし、オスロ和平合意がパレスチナ側にとって「ゼロ回答」であったことが徐々に露呈してゆき、その不満が爆発、二〇〇〇年に「第二次インティファーダ」と呼ばれるパレスチナ民衆によるイスラエルに対する抵抗運動が開始されることになった。当然イスラエル側は、「和平交渉を反古にした」としてこの抵抗を軍事力で徹底弾圧することになるが、不運なことに、翌二〇〇一年に「アメリカ同時多発攻撃」が起こり、アメリカ合衆国は「対テロ戦争」を中東地域で開始する。それはアメリカがかつて自ら育て利用したがもはや邪魔となった、アフガニスタンのイスラーム勢力とイラクのサッダーム・フセイン政権と、その双方を「テロリスト」として処分する策略だったのだが、そこに便乗したのはイスラエルであった。本来その両方と何ら関係のないパレスチナの民衆蜂起を、アメリカの名指す「テロ勢力」と恣意的に重ね合わせ、被占領地域の抵抗運動を「テロ」のレッテルで弾圧することを正当化することに成功したのであった。

和平プロセスは（そもそもゼロ回答であったのだが）、この第二次インティファーダとその弾圧によってほぼ崩壊した。表面的な蜂起は数年続いたが、比較にならない武力の差で完全に鎮圧された。それ以降、イスラエル人たちも和平交渉を捨ててしまった。そこで消滅したのは、ポスト・シオニズムの潮流であり、そしてその潮流に乗った「新しい歴史家」たちであった。「新しい歴史家」たちは、学派を形成する前に消滅したに等しい。シオニズム批判はおろか、シオニズムの相対化さえもできなくなっていったのだ。残ったのは、一人イラン・パペであり、第二次インティファーダの真っ最中でさえも、先に見たように、パペは被占領地へと足を運び、パレスチナ人の歴史家たちと「橋渡し《ブリッジング》のナラティヴ」プロジェクトを継続し、いわば「新しい歴史実在論」(イスラエル/パレスチナの双方にまたがり、存在論と認識論、実証史とオーラリヒストリーを架橋する歴史哲学)を実践していたのであった。

無根拠な本質規定と敵認定に走るオリエンタリストの亡霊と比べて、パペはその対極にいると言える。だが、そのパペは二〇〇六年にイスラエル建国という出来事を根底的に問い直す『パレスチナの民族浄化』を刊行してまもなく、イスラエルを去らざるをえなかった。

おわりに

アメリカ合衆国の「対テロ戦争」の時代に刊行されたのが、ハミッド・ダバシの『ポスト・オリエンタリズム――テロの時代における知と権力』(二〇〇九年)であったことはすでに見た。エドワード・サイードのオリエンタリズム批判の取り組みと成果を引き継ぎつつ、ダバシは新たな問題提起を行なっている。

オリエンタリズムの時代錯誤的な復活とも言えるアカデミズムの状況は、しかし「地域研究」という東洋学の代用品となる学問分野の成立によって糊塗されているという実態と、それがマスメディアという透過性のある皮膜を通して社会や生活のなかに徐々に浸透してきている状況を指摘している。これをダバシは「認識論《エピステーメー》の内方浸透(endosmosis)」という言葉で表現している。大学という伝統的な機関は法人化・民営化にさらされ、いまや民間のシンクタンクや財団と並んで、合衆国政府や合衆国軍に研究の委託を受けて、知の生産様式の「民営化」が進められているのだ。だがダバシによると、この民営化された知の生産様式そのものは、冷戦崩壊とともに終焉した地域研究にもなりえず、またかつての英仏のような帝国的理念がなく東洋学にもなりえていない。中途半端なかたちで自壊しつつある。そこに批判的思考のエピステーメー、対抗的認識論《カウンター・エピステーメー》を解放させるチャンスがあるという。[*23]

そのためにダバシが結論として強調するのは、「対話者を替える」ことだ。ここにサイードの限界も見定める。サイードの「民主的批評」「残余の人文学」は、欧米の白人男性知識人を架空の対話者として設定していたのではないか。それでは変わらぬ同じエピステーメーのうちにとどまってしまう。そうではなく、フランツ・ファノン、マルコムXのように、チェ・ゲバラ、アリー・シャリーアティーのように、越境・亡命をしながら〈世界〉に対話者を求めること。そこにダバシは対抗的認識論が生まれる可能性を見出している。[*24]

おそらくこの「対話者を替える」ことは、イラン・パペが「橋渡しのナラティヴ」で試みたことにも通じるものであり、それは「新しい歴史家」たちのなかで唯一パペだけがなしえたことのように思われる。閉塞しきって久しいパレスチナ／イスラエルに関わるあらゆるレベルの議論が動き出す可能性もそこにかかっているだろう。

第九章 イラン・パペのシオニズム批判と歴史認識論争

はじめに

「ポスト・シオニズム」という言葉がある。

シオニズムは、最大公約数的に言えば、「ユダヤ人国家」を建設するという思想運動であり、とくにエルサレム（＝シオンの丘）を中心とするパレスチナに建設することを目指すところからそのように命名された。[*1] また「ユダヤ人国家」としてのイスラエルが建国されて以降の現代のシオニズムは、イスラエル国家のユダヤ性（ユダヤ人の優位性）を維持強化しようという思想的立場を指す。総じてユダヤ人を単一の民族集団とみなし、その民族集団が一地域に結集して民族国家を形成するという思想を、シオニズムと呼ぶことができる。

それに対して「ポスト・シオニズム」は、シオニズムが自明の前提とされていた時代に揺らぎが生じて、シオニズム思想が一枚岩の確たるものではなく、さまざまな矛盾や多様性や不純さを抱え持つものだということが注目され、公然と語られるようになったことやその時代を指す。シオニズムの「後（ポスト）」というわけだ。具体的な年代で言えば、前章で見たように一九八八年を転機として一九九〇年代に活発となった「新しい歴史家《ニュー・ヒストリアン》」の研究潮流もシオニズムを相対化していく土台をなした。また冷戦後の一九九〇年代に、東西イデオロギー対立が崩壊ないし後景化し、グローバリゼーションの時代と言われるなかで人の越境的移動が急増しナショナリズムが一時的に希薄化したような錯覚が生じたという時代背景があり、さらにイスラエル／パレスチナでは冷戦終焉の間接的な影響を受けつつ、いわゆるオスロ合意が一九九三年に調印されたことで、紛争が終わり平和が訪れるかのような幻想が漂ったという時代背景もある。

いっそう大きな影響は、やはり冷戦終焉に関係するが、ソビエト連邦の崩壊期である一九九一年前後の数年間で、一〇〇万人以上のロシア人がイスラエルに移民してきたことだ。[*2] 冷戦終結が宣言された一九八九年のイスラエルの総人口が四五〇万人程度だったことを考えると、急に人口比の二割に達するロシア人が流入してきたことになる。ロシアからのユダヤ人移民は、イスラエル建国前から一九七〇年代までも一定数はあったが、基本的にはシオニズム的思想に基づくものであった。しかし、一九八〇年代のソ連邦末期からの移民は事実上の「経済難民」が多く、つまりシオニズム思想に動機づけられていない分、イスラエル国家への同化志向が弱い。ヘブライ語を身につけずにロシア語話者のまま、ロシア人アイデンティティのほうを強く持つ者が多い。それのみならず、経済難民にはイスラエルがユダヤ教徒であれば移民を受け入れる「帰還法」を持っていることを利用した偽装ユダヤ教徒のキリスト教徒ロシア人が多数含まれている（約四割と推計する数字もあるが正確な把握は不可能）。

こうした状況が重なって、一九九〇年代に「ポスト・シオニズム」という現象が生み出されることとなった。[*3] 日本でも「多文化共生」といったスローガンが叫ばれるようになった時期とも重なり、世界の多文化主義の流れに乗っていくようにも見えた。だがポスト・シオニズムは、イスラエル社会を変える契機となっただろうか。二〇〇〇年の第二次インティファーダ開始以降のイスラエル社会を見れば、とてもポスト・シオニズムを肯定的に語ることができる状況ではない。それどころか、過度に暴力的になったシオニズムが露骨になってきているとさえ言える。はたしてこれは、ポスト・シオニズムの敗北なのだろうか。また、日本社会も含めて世界的に見たときに、多文化主義は、興隆していったのか、あるいは退潮していったのか。

このことについて、ポスト・シオニストの一人と目されたこともあるイスラエルの「新しい歴史家《ニュー・ヒストリアン》」イラン・パペの原則論的なシオニズム批判に着目しながら考えてみたい。

1　シオニズム批判の難しさ

イラン・パペはポスト・シオニストか反シオニストか

イスラエル出身のユダヤ人であるイラン・パペは、博士論文をもとにした『イギリスとアラブ・イスラエル紛争　一九四八—一九五一年』[*4] を単行本として一九八八年に刊行することで、同時期にイスラエル建国期の批判的歴史研究が相次ぐなかで（シムハ・フラパン、アヴィ・シュライム、ベニー・モリスなど）[*5]、「新しい歴史家《ニュー・ヒストリアン》」の一人として注目されるようになった。さらに一九九二年にはその研究を発展させて、『アラブ・イスラエル紛争の形成　一九四七―一九五一年』[*6]を刊行した。この二著は、それまでのイスラエル建国をめぐる「正史」、すなわちユダヤ人の離散と帰還という物語を根底から批判する基礎となった。それは、古代のユダヤ王国がローマ帝国に攻め滅ぼされ、ユダヤ人は方々へ離散し「土地なき民」となり、他方でその地は「民なき土地」となっていたが、近代シオニズム運動によってユダヤ人は帰還を果たし、ユダヤ人国家イスラエルを再生した、という物語だ（「土地なき民に、民なき土地を」というスローガンに象徴される）。必然的にこの建国神話からは、故郷を奪われた推計八〇万を超えるパレスチナ難民および虐殺されたパレスチナ人の存在は、意図的に抹消されてきた。パペのこの二著は、神話ではない現実のイスラエル建国は、イギリスとシオニスト勢力（建国後はイスラエル）とアラブ諸国と国連という相抗争する諸政治組織のあいだの錯綜した交渉と激しい戦争とによってもたらされたものであるという、厳しい歴史を実証したのであった。

　そして決定的な一撃となるのが、二〇〇六年にパペが刊行した『パレスチナの民族浄化』[*7]である。一九四八年のイスラエル建国という出来事の前後に、もとのパレスチナ住民が計画的かつ組織的に虐殺・追放を受け、パレスチナ社会が壊滅させられたこと（パレスチナ人はアラビア語で「大災厄《ナクバ》」と呼ぶ）を、シオニストによる「民族浄化《エスニック・クレンジング》」として一貫して分析して描きなおした研究書だ。パペは、この言葉を使って煽情的に論争を挑んでいるのではなく、学術的な歴史学者として、概念を定義したうえで分析をおこない、その分析の妥当性と有効性を判断して、「民族浄化論」を提起している。旧ユーゴ紛争以降に国際的に共有されてきた「民族浄化」の定義によれば、いかなる手段によろうとも(虐殺や追放だけでなく脅迫や説得も)、ある地域から特定の民族集団を排除しようとすること、である。パペによれば、イスラエル建国という出来事と建国後の政策は、意図的なパレスチナ人排除である点でまさに「民族浄化」にあてはまり、かつそれはもっともよく事象を説明している。*8

このパペの民族浄化論が他の「ポスト・シオニスト」たちや他の「新しい歴史家」たちと一線を画するのは、パペがイスラエル建国という出来事を、国際的に容認できない民族浄化によって不当に成し遂げられたのであると認識している点だ。他の論者たちは、イスラエル建国時の暴力性を認めつつも、どんな国家にも建国時には暴力が偶発的に生ずることはあるとして、パレスチナ人を一掃しようという「計画性」を否定したり、あるいは、そうした暴力も含めて建国神話に合致しない諸矛盾をイスラエルの多様性のなかに回収したりしている。そして彼らは総じて根本的にはシオニズムを肯定している、つまりイスラエルが「ユダヤ人国家」であることについて支持している。それに対してパペは、シオニズムがその本質において民族差別的であり暴力的であり、一九四八年前後の出来事はその端的な発露であるとみなしている。そうした認識に立ってパペはシオニズムに反対しているのであり、その意味でパペは断固とした「反シオニスト」なのだ。

もう一点パペが徹底しているのは、シオニスト左派との相違だ。シオニスト左派は、パレスチナとの和平と協調を志向し、ヨルダン川西岸地区とガザ地区の占領地を手放し、そのことによって西岸地区・ガザ地区でのパレスチナ国家を認め講和し、イスラエルに安定的平和をもたらそうと主張する。これは、イスラエル政治の中のいわゆる左派と右派つまり労働党とリクード党という意味での中道的な左派ではなく（労働党をはじめとするイスラエルの中道勢力には占領地を手放すという政策はない）、もっと原則的な和平派という意味での左派になる。むしろピース・ナウ（ヘブライ語で「シャローム・アフシャーヴ」）やグッシュ・シャロームといった平和運動を担っている非政府組織を念頭に置いている。そうしたシオニスト左派のスローガンは「土地と和平の取り引き」だ。占領地を手放す代わりに和平を手に入れる、と。こうした和平派は、占領地へのユダヤ人入植地に反対し、占領地でのイスラエル軍の暴力を批判する。その点においてたしかに彼らは原則的和平派であるだろう。だが、そこで問題視されるのは一九六七年から軍事占領してきたヨルダン川西岸地区とガザ地区だけのことなのだ。つまり一九六七年の軍事占領は不当であったと認める。しかしシオニスト左派は一九四八年の不当さは一切認めようとしない、とパペは指摘する。[*9] すなわちシオニスト左派は、イスラエル建国時の組織的暴力を問うこともなければ、イスラエルをユダヤ人の独占する国家とみなす排他性を問うこともない。

こうして、シオニスト左派であれポスト・シオニストであれ、一九四八年を根底から批判することができないという点ではシオニストであることには違いはなく、どれだけ占領政策を批判したりシオニズムの多様性を強調したりしたところで、「ユダヤ人国家」としてのイスラエルは一切揺らぐことなどないのだ。それをこそ厳密に問いただすパペが孤立する所以でもある。

イスラエルのエスノクラシー体制

イスラエル建国が、パレスチナの民族浄化、エスニック・クレンジングであったということは、すなわちユダヤ人支配という「エスノクラシー」をつくり出したということだ。エスノクラシーとはデモクラシー（民主主義）の対立概念であり、ギリシャ語源的にデモクラシーが「デモス（市民）」の「クラトス（権力）」であるのに対して、エスノクラシーは「エトノス（民族）」の「クラトス」としてつくられた造語である。市民の平等な政治参加という意味での民主主義ではなく、特定の民族集団が特権的に支配する政治体制という意味合いであるが、これはイスラエルの政治地理学者オレン・イフタヘルが提唱した概念であり、イスラエルにおけるユダヤ人による政治支配を分析するためのものであった。[*10] イスラエル国家の総人口は九〇〇万人、うち約二割の一八〇万人ほどがイスラエルに国籍をもつパレスチナ人ということになる（「イスラエル・アラブ」とも呼ばれる）。彼らはシオニストからすれば「一掃しそびれた、本来的には国内にいてほしくない人」であり、実際にも明文化されたさまざまな権利の制限と、明文化されていない社会的差別を受けている。二〇一八年には「ユダヤ国民国家法」も成立し、ユダヤ人だけが祖国イスラエルに対し特別な自治権を保持することが明記され、逆にこれまで建前的に維持していたアラビア語の公用語としての地位が剥奪されヘブライ語だけが唯一の公用語となった。イスラエルにおいては、パレスチナ人は「本来的な国民」とは認められていないのであり、その意味でイスラエルは「中東で唯一の民主国家」という自称に反してエスノクラシー国家だということになる。

この「ユダヤ系市民」対「アラブ系市民」という序列構図に加えて、ユダヤ人も一枚岩ではなく序列化されている。イスラエル建国の中心を担ったヨーロッパ出自のユダヤ人「アシュケナジーム」と建国後に移民として動員された中東出自の「スファラディーム」ないし「ミズラヒーム」のあいだにある差異と差別は大きい。[*11] さらには、先に触れた旧ソ連邦崩壊期に流入したロシア系移民、アフリカのエチオピアから政策的に人数管理をしつつ導入されているエチオピア系移民[*12]などは、いちおう「ユダヤ教徒」のカテゴリーに入れられつつも、別のエスニック集団と認定されている。またアラブ系市民についても、ムスリムとキリスト教徒とで分けられ、さらにムスリムのなかでもベドウィンとドルーズ派[*13]については別々のカテゴリーとされ兵役の扱いなどにおいて差が設けられている。こうした諸点において、イスラエルは複雑な階層秩序構造をもつエスノクラシー体制をもっていると言える。

そして、イラン・パペのエスニック・クレンジング論からすれば、エスノクラシーはエスニック・クレンジングの現在進行形となる。世界中のユダヤ教徒のイスラエルへの移民を「帰還法」によって促進しつつ（その出自がパレスチナ／イスラエルと関係がなくとも「帰還」としてイスラエルに移住できる）、逆に国連も認めているパレスチナ難民の奪われた故郷への「帰還権」は一切拒絶し、またイスラエル国内のアラブ・パレスチナ人市民の居住や就職に制約を設けて人口増加を抑制することが意図されているのは、明らかにエスニックな人口コントロールであるからだ。

したがって、イスラエルがエスノクラシーからデモクラシーへいかにして転換できるのかを考えるために必要となるのは、パペからすれば、一九四八年のエスニック・クレンジング（民族浄化）の歴史を加害者として正面から認めたうえで、被害者であるパレスチナ人と和解し、完全に平等な関係を築き、両民族が共存できる国家へと転換することにほかならない。一九四八年がパレスチナ人の民族的存在の否定であったのであれば、今度はパレスチナ人の民族的存在を肯定しなければならないが、それはすなわち、パレスチナ難民の帰還権の承認である。その意味で、パペの『パレスチナの民族浄化』はたんなる実証的な歴史書ではなく、パレスチナ人との共生ができるイスラエル社会の未来を賭けたものとして読むことができるし、パペのさまざまな歴史教育の実践はそのことの証左である。*14

しかしながら、パレスチナ難民の帰還権を受け入れないシオニストはしばしばこう反論する。「現在五〇〇万人にも増えたパレスチナ難民の子孫まで帰還を認めたら、イスラエルはもはやユダヤ人国家ではありえず、われわれは追い出されるだろう」と。しかしこれは問題点のすり替えであり、難民の帰還権を否定するための議論である。そうではなく、パペが言いたいことはこういうことだ。実際に五〇〇万人を故郷に帰還させるということではなく、過去に不当な暴力を行なったということをまず認めること、そして帰還の権利があると認めること。それには謝罪と補償が伴う。難民化から七〇年以上が過ぎ、現在の生活基盤の問題や元の故郷の状況から全員が帰還を望むわけではないし、実際に帰還を望んだとしても、住居や仕事や家族の事情などで実現しないことも多いだろう。ただし帰還を実際にする／しないに関わらず、彼らに「権利」があると認めること、現実的に帰還を望みそれが可能である人にはそれを認めること、帰還をしない人にはそれに代わる補償があってしかるべきこと、そうした諸々の条件を整えることが和解の前提となる。また、パレスチナ難民の帰還権を認めたからといって、ユダヤ人の居住権が剥奪されるわけではない。たんに一般的な移民の受け入れルールのなかでユダヤ人も移民の可能性を有するのであり、帰還法の廃止がユダヤ人の居住権を否定することにはならない。ただしユダヤ人だけが自動的に移住する特権を有するというイスラエルの帰還法は廃止されなくてはならない。端的にレイシズムだからだ。

パレスチナ難民の帰還権の承認と、ユダヤ人の帰還法の廃止。この二点は、エスニック・クレンジングの現在進行形としてのエスノクラシーを止めるための前提になるが、そのための大前提は、過去のエスニック・クレンジングを認めることである。パペの歴史認識論の射程はこうして現在にまで及んでいる。

シュロモー・サンドのイスラエル・ネイション論

ポスト・シオニズムの潮流に乗りながらイラン・パペの提起に対抗するのが、テルアヴィヴ大学の歴史学者シュロモー・サンドだ。サンドは二〇〇八年に『ユダヤ人の起源』(原題は『いつ、いかにしてユダヤ人はつくりだされたか?』)[*15]を刊行し、「ユダヤ人国家」イスラエルの建国を正当化する「ユダヤ人の離散と帰還」という物語が、近代以降のシオニズムによる捏造だとして根底から否定した。イスラエルの大学教授でありながら、自国の存在根拠を否定したということでセンセーショナルに話題を呼び、イスラエルで刊行されるや賛否も含めベストセラーとなった。同書は、シオニズム運動以前からイスラエル建国以降現代までの広範な歴史書を分析することによって、第一に、古代のユダヤ教徒らは追放などされていなかったこと（それゆえパレスチナに残った子孫らの多くはのちにキリスト教徒やムスリムへと改宗していった）、第二に、中東や中央アジアやヨーロッパなどに離散する「ユダヤ人」は布教による集団改宗によって誕生したこと（それゆえ血や遺伝子などによって「ユダヤ人種」を規定することは不可能である）、この二点を論証した。[*16] しかも著者も言うように、この二点は、イスラエル建国前のシオニストたち自身が知っていたことであり、むしろ「ユダヤ人国家」ができてしまってから隠蔽・歪曲が進んだことなのである。建国神話批判としては、ひじょうに説得的である。

とはいえ、『ユダヤ人の起源』に対するセンセーショナルな注目のされ方については違和感なしとしない。というのも、「ユダヤ人という民族としての存在を根底的に否定し、それゆえにイスラエル国家の正当性を完全に否定した研究書」として話題を呼んでいるにもかかわらず、サンドは明確に「イスラエル・ナショナリスト」を自任しているからである。その政治的立場は、イスラエル国家は世界のユダヤ教徒のための国家ではなく、イスラエル国家にいま住んでいる市民のための国家となるべきである（ユダヤ人帰還法は停止されるべき）、というものである。建国が不当であり、建国の根拠が虚偽であったとしても、実際に生まれてしまった国家の生存権は肯定されるべきであり、またそこに住む「ユダヤ系イスラエル人」が少数派となるような一国家解決（つまりパレスチナ全土でユダヤ人とアラブ人が共存のための一国家を形成する）は非常識で受け入れられない、と言う。

またサンドは、「パレスチナ系イスラエル人」という「他者」に対しても開かれた多文化主義的民主国家へとイスラエルが変化しなければならず、そうした多様性をはらんだ「イスラエル化」を進めるべきだとも主張する。これらは一見するとリベラルな思想にもとづいているように聞こえる。しかしいくつかの疑問が湧いてくる。

世界のユダヤ教徒のパレスチナ／イスラエルへの移民活動は一〇〇年以上前から現在までずっと継続している（そして今後も継続されようとしている）プロジェクトである。「現在」は無限にあるのに、いったいそのどの時点で線引きし、ここまでは「イスラエル・ネイション」になることができるけれども、これ以上の移民は受け入れることはできない、などと言うことが正当化されうるのだろう。「常識」の一言では片づかない問題だ。

またサンドはアラブ・パレスチナ人については、イスラエル国籍のパレスチナ人（イスラエル人口の約二割）についてのみを、イスラエル・ネイションの一部として容認すると主張する。しかしそのことが含意するのは、パレスチナ難民のイスラエル領への帰還権は完全に否定されるということ、および、パレスチナ人はあくまでマイノリティであるかぎりにおいてイスラエル内で存在を許容されるということである。前者については、やはりすでに移民したユダヤ教徒については既成事実としてイスラエル・ネイションの一員と認めていることと対照的であり、ダブルスタンダードの誹りは免れない。後者については、「ユダヤ民族は存在しない」という言辞とは裏腹に、事実上ユダヤ人を民族的実体として、しかも支配的民族として前提してしまっていると言わざるをえない。

この点は、『ユダヤ人の起源』の主張の核心部分に関わる重大な問題である。同書の第五章「区別

――イスラエルにおけるアイデンティティ政策」で、イスラエルでは「血」にもとづくユダヤ民族論が人種主義として行き詰まってから「ユダヤ遺伝子学」が横行してきた状況を著者は批判している。そのうえで同書の第一章で検討した文化主義的ネイション論に基づきつつ、イスラエル政府とは真逆に、サンドはユダヤ・ネイション（世界のユダヤ人のための国家）を否定してイスラエル・ネイション（イスラエルの住民のための国家）を多文化的に肯定しようとした。だが、例えば遺伝子学によって「日本人」のルーツが朝鮮半島や中国大陸にあるとなったところで日本のナショナリズムが無効化されるわけではないことが明白なように、むしろ現代的な新人種主義はもはや血や遺伝子ではなく、本質化された「文化」にこそ依拠しているのが現状だ。グローバル化と移住労働が進展した現代世界では、多文化主義も含めた文化言説もまたナショナリズムさらには人種主義と共犯関係に陥る。

事実シュロモー・サンドは、自身を、無自覚なシオニストでもなく、イスラエルを否定する反シオニストでもなく、穏健な「ポスト・シオニスト」と位置づけている。[*17] しかしながら、問題はそこにはとどまらないだろう。もう一点だけ論点を加えたい。

上述してきたようなサンドの政治的立場は、ユダヤ人の政治思想家アイザイア・バーリンからその弟子でイスラエルの政治家ヤエル・タミールにいたる「リベラル・ナショナリスト」とほぼ重なる。[*18] 占領地を放棄し、少数派のアラブ系市民に権利を与えれば、小さなイスラエルはリベラルな民主主義国家となり平和も訪れるだろう、と。しかし、サンドと同じくポスト・シオニズムの潮流に入れられるイラン・パペは、リベラル・ナショナリズムの主張に対し、一九四八年のイスラエル建国の問題を隠蔽するためのレトリックであると厳しく批判していた。追放されたパレスチナ難民の帰還権を否認し、ユダヤ人国家としてのイスラエルを護持するために、占領やリベラルの次元に問題を矮小化しているというわけだ。

サンドはもちろんそこまで露骨ではないものの、しかしイスラエル・ネイションを肯定しパレスチナ難民の帰還権を否定しているという点では、やはりバーリンらと近いリベラル・ナショナリズム（つまりはリベラル・シオニズム）の立場にあるのは確かだ。ユダヤ人国家としてのイスラエルの存在は断固として肯定されているのであり、だからこそサンドの本は論争を巻き起こしつつも、イスラエルで広く受容されたという面は否定できないだろう。ヘブライ語で書籍を刊行することができず拒絶されているパペとの差異は明瞭だ。それと同時に、パペにおいては、その歴史認識と政治的立場が必然性をもって一貫していたのに対して、サンドの場合は、主要な歴史分析でもある「ユダヤ人の追放・離散の否定」（すなわちユダヤ人の「帰還」による建国の否定）と、ユダヤ人マジョリティを前提としたイスラエル・ネイション論とのあいだに、論理的飛躍がある。同じく建国神話を批判した二人だが、一方でパペが反シオニストとして徹底しているのに対して、サンドはシオニストの枠内にとどまるのだ。

2 「和解」と「橋渡し」の違い

「和解」論批判

イラン・パペの徹底した歴史認識と、自国や自民族への容赦ない批判、そして歴史的緊張を共有する他者・他民族との関係再構築は、世界に共通する課題である。ここでパペを手がかりとして、日本と韓国とのあいだの戦争に関する歴史認識の差異とその和解について考えたい。そのことで東アジアの歴史認識を再考することができると同時に、パペの仕事の普遍的意義を確認することができるだろう。

ここで取り上げたいのは、「和解」を主題として注目された一冊である。韓国における日本文学研究者である朴裕河の『和解のために――教科書・慰安婦・靖国・独島』[*19]は、二〇〇七年に大佛次郎論壇賞（朝日新聞社主催）を受賞し、大きな話題を呼んだ。同書は、副題が端的に示すとおり、日本と韓国とのあいだにある、戦争と戦後の歴史認識に関わる問題を扱ったものである。もちろん、歴史認識において両国のあいだに「和解」が実現するのは重要なことだろう。戦争や紛争を終わらせるためだけでなく、過去の戦争を清算し、そこから新しい関係を構築するために、「和解」は必要だ。

だが、和解という用語は一般に、「主張や利害の対立する二者が仲直りすること」を意味するため、それを国家間の歴史認識に持ち込んだ場合、原因や背景を単純な二項対立として描く傾向が見られる。

対立の細かな背景や具体的な内容はどこかで巧妙に形式化・単純化され、究極的には、双方のナショナリズムどうしの譲歩困難なぶつかり合いという捉え方となり、必然的にそこから導き出される和解案は、「ナショナリズムを超える」といった抽象論になりがちだ。

朴の『和解のために』の主眼点は、あくまで韓国人の立場からの自国韓国のナショナリズム批判だ。日本のナショナリスティックな政策や世論を批判できるほど韓国が偏狭さを免れているわけではないとして、韓国のナショナリズムを批判する。そして、加害国・日本と被害国・韓国のそれぞれのナショナリズムは「紙一重の差しかない」とさえ断じる。自らの属する社会をこそ批判する姿勢が重要であることは疑いない。

だが問題は、それが多くの日本人知識人によって絶賛され、さらには大佛次郎論壇賞を受賞し、社会的に大きな注目を集めているといった、日本社会の「和解」言説の消費構造にあるだろう。

『和解のために』をめぐっては、同書に解説を寄せた社会学者の上野千鶴子と、歴史学者の金富子とのあいだで論争が生じた。まず金が、おもに「慰安婦」問題に関する論点から、朴裕河と上野に対して厳格な批判を展開した。[*20] ジェンダー史や植民地史を専門とする金は、朴の和解論の前提となる事実認識を綿密に検証している。朴の議論の基調をなす「謝罪をしてきた日本」対「謝罪を受け入れない韓国」という単純化された対立図式は、最初から韓国批判をするためにしつらえられたものであり、双方のナショナリズムを批判すると称していながら、日本政府や日本の保守派の側に対してだけ甘い議論になっている。しかし、金によれば、この朴の図式においては、一方で日本政府の「謝罪」の内実や二枚舌戦略を、他方で韓国内部の多様な努力の積み重ねを、ともに見失っている。たとえばそれは、日本における民間募金による国民基金（アジア女性基金）の「償い金」を国家賠償・補償と同等視している点や、あるいは日本の植民地支配とそれを引き継いだ韓国の軍事政権をともに批判しようとしてきた民主化運動を黙殺している点などに典型的に見てとることができる。

それにしても、奇妙な空回りが気になる。

朴裕河は『和解のために』で「事態を単純化しない忍耐心」を求め、上野千鶴子はその解説で同書の議論を「精緻で繊細」だと礼讃している。さらに上野は、金富子への反論[*21]において、この点を再度強調している。しかし、同書およびその後の金・上野の議論を読んでも、図式化・単純化をしているのは明らかに朴と上野の側だ。両国のナショナリズムが、「紙一重の差」（朴）であり「お互いに相似形」（上野）であると形式化して捉えるのは、植民地支配およびそれに強く規定された戦後のそれぞれの歴史関係を見ないということでもある。戦中・戦後の歴史に照らして「精緻」な議論を展開しているのはむしろ金の側と言える。

この「空回り」は、『和解のために』が大佛次郎論壇賞を受賞した際に公表された、選考委員らのコメントにも表れている。[*22]「歴史文献や世論調査などを綿密に調べた上で、説得力のある議論を展開している」（入江昭）、「丹念な分析は議論の説得性を大いに高めている」（佐々木毅）、「多くの懸案事項に関して手堅く事実確認を行い、実像をふかん的に描き出してみせた」（米本昌平）、「膨大な歴史資料を探って実証的に事実に向き合う知力と根気」（若宮啓文）、などと評された。

しかし、『和解のために』を読めばすぐに分かることだが、文学者である朴の仕事は実証史ではない。同書はあくまで二次文献だけに基づいた評論だ。もちろんそのこと自体が問題なわけではない。同書が歴史的な事実の検証作業をしているのではないということは、同書の性格を示す事実にすぎない。そしてその評論の特徴は、先に触れたように、あくまで「謝罪をしてきた日本」対「謝罪を受け入れない韓国」という対立図式的な整理に単純化することにこそある。

にもかかわらず、なぜに選考委員諸氏のような見当違いなコメントがいくつも出されるのか。実証史的な検証能力をもたない委員らが、朴のレトリックによって煙に撒かれたのではないか。あるいは、さらに穿って見れば、そもそもこういった和解論を待望している日本の知識人らが、同書を「我が意を得たり」とばかりに歓迎したのではないか。こういった疑いが湧いてくる。

民族対立の和解や戦後和解が世界的に焦点化されたのは、いまからいくつかの文脈で振り返ってみると、一九九〇年代からであった。第一に、一九九五年の「戦後五〇年」という節目と二〇世紀の終わりを前に、「戦争の記憶と忘却」について議論が活発におこなわれたことがある。半世紀あるいは一世紀の区切りという集団心理とともに、直接体験世代の証言可能性が物理的な時間の壁に直面するようになってきたことが、時代背景としてあった。第二に、冷戦による東西対立の枠組みによって規定されてきた諸民族間の関係が、冷戦崩壊によって一九九〇年代以降に変化せざるをえなかったことが要因として挙げられる。

第一の要因について言えば、記憶の倫理的要請が叫ばれたのと同時に、「和解することで負の遺産を清算し、そして忘却してしまおう」という欲望が陰に陽に語られた。戦後和解とは、記憶と忘却のはざまの現実的要請と政治力学のなかで議論されたということが指摘できる。

第二の要因について言えば、日韓関係についてもそうなのだが、「西側陣営」の内部同士として抑圧されてきた軋轢が、冷戦の終焉でその枷が外されたことで噴出した。戦後和解など正面からなされないままに、冷戦体制に組み込まれた世界では、「陣営内部」の対立については蓋をされてきたのであった。たとえば「真実和解委員会」の取り組みで知られる南アフリカ共和国のアパルトヘイト克服の問題もまた、ポスト冷戦期に焦点化されたケースである。

そして世界各地の「和解」論議を受けて、雑誌『現代思想』で「和解の政治学」という象徴的な特集が組まれたのが、二〇〇〇年のことであった。[*23]「和解のグローバリゼーション」とも評すべきこの潮流についての批判的討議や、また朝鮮半島や沖縄、南アフリカ共和国、北アイルランドなども含めた各地の和解をめぐる論考が並んだ。一九九〇年代の世界的な和解論の流れを受け、世紀の変わり目に組まれた特集として、文字どおり「画期的」であったと言える。

朴裕河『和解のために』礼讃の動きは、そういった「和解のグローバリゼーション」の潮流のもとで、二一世紀に入ってもなお教科書問題や靖国問題と次々とわき起こる日本の歴史認識やナショナリズムの問題について、それでも「良心的」に考え取り組もうとする人びとが、すなわち同書に解説を寄せた上野千鶴子や、先述の大佛次郎論壇賞選考委員の諸氏らが拙速に同書に飛びついたために生じた。[*24]

イラン・パペの「橋渡しのナラティヴ」

ここで、歴史認識と和解に関する議論の文脈を広げるために、歴史家イラン・パペを再度参照しよう。先にも見たように、一九九〇年代のイスラエルでポスト・シオニズムが興隆した背景には、冷戦終焉後のグローバリゼーション、オスロ合意を受けての和平機運（イスラエルとＰＬＯとの相互承認という和解）、そして何より建国神話を批判するための資料開示による歴史研究の進展などの動きがあった。イスラエル／パレスチナもまた「和解のグローバリゼーション」の流れのなかにあったと言える。

そうした流れで登場したポスト・シオニストの多くが、建国に伴う暴力を部分的に認めつつも、「建国の暴力はなにもイスラエルに限ったことではなくどんな近代国家にも存在する」とか「アラブ諸国やパレスチナ人の側にも責任の一端がある」とか「一部の兵隊が過剰な武力行使をしたが組織的なものではなく偶発的なものだった」といった、総じて相対主義的な歴史語りの次元にとどまった。結果として、シオニズムの多様性や揺らぎは認めてもシオニズムそのものには反対しない、むしろシオニズムの多様性や揺らぎを認めることによって、シオニズムをより広範かつ柔軟なものへ変化させていった。

それに対してイラン・パペがただ一人突出していたのは、イスラエル建国の出来事および建国後のユダヤ人至上主義を、パレスチナ人に対する「民族浄化」であると明確に定義している点であることはすでに見た。もちろん、こうした立論がいかに実証的かつ分析的であろうとも、自らを「ホロコーストの被害者」あるいは「無人の荒廃地の開拓者」として認識していたイスラエルのマジョリティにとっては衝撃的な主張であり、猛烈な反発を呼び起こした。すでに述べたように、自分の著作を自国語のヘブライ語で刊行することができなくなり、イスラエル国内の大学では教授職を得られない状況に置かれてしまった。すなわち、国内からの強い拒否反応と自らの不利益があるにもかかわらず、パペは相対主義に陥らず歴史的責任を明示しつづけたのだ。

歴史学の方法論にも意識的なパペは、自国中心の正史を批判し、迫害された側の「他者の歴史」へと開いてゆくための取り組みにも精力的である。そこで提起されているのが「橋渡し《ブリッジング》のナラティヴ」の模索だ。[*25]

第一に、国家を正統化する正史を、「ナショナル・ナラティヴ」として厳しく斥けている。それは、政治神話ともいうべきもので、実証史的に検証すれば、間違っている。ナショナルであろうとすれば、つねにそこからは「非国民」とされるような他者の存在は隠蔽されるからだ。

第二に、歴史のナラティヴ論を、「それぞれの歴史の語りが複数あっていい」といった相対主義にしてしまうことを批判している。多文化主義や多元主義の学界的な受容とともに、「イスラエルのナラティヴ」と「パレスチナのナラティヴ」の二つがそれぞれに存在していいという、「寛容」な歴史観が現れた。だがパペは、それでは不十分で、現在もなお続くイスラエルによる占領や植民地主義の問題は温存されてしまうと危惧した。

第三に、「ナショナル・ナラティヴ」を批判するとしても、安易に「脱ナショナル」あるいは「ポスト・ナショナル」といったような観念に走るべきではないとした。研究者が、共同体や民衆から乖離し、誰も耳を傾けなくなってしまうからだ。

こうしたことに注意したうえで、パペは、パレスチナ人の歴史学者らとの共同作業を開始し、「橋渡しのナラティヴ」を模索した。ユダヤ人の側の民族運動について、ヨーロッパで受けたホロコーストについて、パレスチナ人たちにいかに理解してもらうか、逆にユダヤ人によって土地を奪われたパレスチナ人たちの迫害体験を、いかにイスラエルのマジョリティたちに理解させるのか。パペがイニシアティヴを発揮し、イスラエル側とパレスチナ側から合わせて二〇人もの歴史家の参加を得て、一〇年にもわたってこの共同作業を継続させているという。とりわけ二〇〇〇年からの第二次インティファーダとそれに対する軍事弾圧が続いた時期は、イスラエル軍の攻撃を受け、包囲された建物の地下室で討議を断続的に重ねた。[*26]

もちろんこうした努力の果てに、かならずしも事実認識において完全に一致を見るともかぎらない。しかし、その努力こそが「橋渡しのナラティヴ」を創りだしうる、とパペは言う。

たとえば日本・韓国・中国の共通の歴史教科書づくりの困難に関連した質疑応答で、北アイルランドや南アフリカ共和国などの教科書づくりなどにもアドバイザーとして関わったことのあるパペは、「近道はどこにもない」と明言する。一〇年後に「共同のナラティヴ」を実現するという試みに参加しようという人びとの「衝動」こそが、「橋渡しのナラティヴ」そのものなのだ、と。

朴裕河とイラン・パペ

朴裕河の和解論との対比を考えたい。たしかに、朴とイラン・パペとは、自国中心の歴史に対して批判的であるという点や、「和解」あるいは「橋渡し」を目指している点において、共通しているところがあるようにも見える。

しかし、絶対的に異なるところがある。まずは、朴裕河が文学的レトリックに走りがちで歴史の検証を軽視しているのに対して、パペが厳密な実証史家である点だ。先に見たように、朴はイメージ先行の二項対立図式、「謝罪をしている日本」対「謝罪を受け入れない韓国」という、現実とは異なる構図を捏造している。または、一般的に流布している単純な対立イメージを踏襲しているとも言える。それに対してパペは、実証史家として神話を丹念に覆すことを仕事の出発点としている。この点は真逆だと言ってもいいほどだ。

だとすれば、それを前提としたうえでの「和解」／「橋渡し」というのは、類似とは言えない。朴の位置づける「和解」とはそもそも何なのだろうか。あるいは日本の知識人らが朴に求める和解論とは何なのだろうか。

恣意的な対立図式から感じられるのは、論壇や世論を「右」と「左」（あるいは「親〜」と「反〜」）などというように二色に類型化してみせたうえで、自らがその二項対立を乗り越えているというように自己措定してみせようという戦略だ。対立とその和解といった立論は、自分がナショナリズムを超越しているという振る舞いを演出するためにあるとも言える。推測が許されるのであれば、結果的に大佛次郎論壇賞を受賞したというよりも、リベラルを自称する日本の知識人らに迎合的なことを書くことによって潮流をつくりだそうとしたか、さらに言えば、より長いスパンのなかで最初から和解論に親和的な日本側の知識人らとのコラボレーションのなかで同書が生み出されたということかもしれない。政治的意図をもったパフォーマンスにも見える。

再度パペとの差異について考察すると、パペは、「脱ナショナリズム」を安易に自称することに一定の留保を示していた。もちろん結果的には、「橋渡しのナラティヴ」が達成されたときには、ナショナリズムとは遠いところに立っていることになるだろう。ただしそれは、あたかも達観したかのような和解論によるのではなく、徹底した実証史的検証作業と、それに基づいて「橋渡し」を求める試行錯誤の蓄積においてのみ、考えられるものであったはずだ。

この点は、予期される朴裕河批判への反批判として「ナショナリスト」という言葉を非難のレッテルとして使っていた上野千鶴子の立論にも、危険な短絡が見られる。ナショナリズムを批判している朴を批判する者は「ナショナリスト」に違いない、という狡猾な立論だ。だが、自分はナショナリズムを非難する者であると宣言したからと言って、その人がナショナリストでないということが保証されるわけではない。ナショナリズムは、意思によって自由に着脱可能な衣服ではないし、またナショナリズムという概念の含意も一色ではない。朴はナショナリズムを批判する者であるから、非ナショナリストだ、とか、その朴を批判する者はナショナリストだ、などという粗雑な議論もまた、過度に単純化された対立図式に乗っているように思われる。ナショナリズム批判（ナショナル・ナラティヴ批判）は、自己主張やレトリックによるのではなく、パペに倣って繰り返せば、丹念な実証史の作業と、「橋渡し」を求める努力の積み重ねによって実現されるのではないだろうか。

それにしても、世界の紛争地で「和解」が求められている現場において、この言葉はどれほどの重みをもつ言葉なのだろうか。何よりも注意を要するのが、民族紛争を経た各地において、和解が多くの場合「真実と和解」というように、「真実究明」とセットで語られていることである。

一九九〇年代以降に「真実と和解」の訴えが世界で広く語られるようになった背景として、南アフリカ共和国のアパルトヘイト体制の克服に触れないわけにはいかない。「真実和解委員会」と命名された組織が、アパルトヘイト体制下でおこなわれたあらゆる種類の人種差別や暴力・不正について真相を調査し、関係者に告白を求め、協力の見返りとして罪を赦すことによって、和解をはかるというものだ。この「真実と和解」の試みは、早くは一九七〇年代の南米で始まり、世界各地で試みられてきた。[*27]

真実和解委員会の経験から学ぶべきは、和解に先立って、まず真実究明があるという点だ。それを抜きにしての和解はありえない。しかるに、朴裕河の議論を絶賛する日本の論壇においては、「真実抜きの和解」になってしまっている。金富子が指摘したように、戦時下において日本政府・軍のおこなった行為について、強制性の証明は不可能とされ、責任主体も不明確なままで、補償も否定されてしまっている。こうした、「真相究明と補償を求めるのは意固地なナショナリストの所業だ」と言わんばかりの議論が、「寛容」や「度量」といった美しい言葉のもとに、日本の論壇で歓迎されているのだ。そこでは「真実」は踏みにじられてしまっている。その先に「和解」があるとはとても思われない。

おわりに

二〇一五年末、日本軍「慰安婦」問題に関して、日本と韓国の両政府が「最終的かつ不可逆的に解決した」とする「日韓合意」が発表された。[*28] 結局その内容は、韓国政府が元「慰安婦」を支援する財団を設立し、日本政府がそこに一〇億円を拠出するというもので、公式の謝罪も賠償もない灰色の政治的決着であった。一九六五年の日韓基本条約とともに結ばれた日韓請求権・経済協力協定で韓国側が経済支援を受ける代わりに戦時中に生じた事由に基づく一切の請求権を放棄することで「最終的かつ完全に解決済み」という公式見解を、日本政府が変えることはなかった。[*29]

だが、二〇一七年に韓国が保守政権から革新政権へと交代すると、旧政権が「慰安婦」当事者や支援者の声を抑え込んで強引に「日韓合意」を結んだことが批判に晒されるようになり、その合意に基づいて二〇一六年に設立された「和解・癒し財団」が二〇一八年に解散することとなり、事実上「日韓合意」は破棄された形となった。「最終的かつ不可逆的な解決」は「和解」も「癒し」ももたらすことなくわずか三年と持たなかったわけだ。

同じく二〇一八年から日韓間で再燃しはじめたのが、元徴用工の賠償請求訴訟であり、元徴用工個人が日本企業に対して訴えた賠償請求が韓国の裁判で認められる判決が相次いだ。[*30] これについても一九六五年の日韓請求権協定で解決済みとされてきたが、しかしそれはあくまで両政府間での協定であり、「個人請求権」は消滅していないという解釈（しかもこの解釈は日本政府が公式に認めてきたものだ）に基づいて訴訟がおこなわれ、それを認める判決が下されている。これも「最終的かつ完全に解決済み」などということはなかったのである。

結局のところ、「真実」の調査とそれに基づく「責任」の明確化、そしてその責任に応じた「賠償」、そのうえでの「和解」ではなかったために、いくら政治的妥協で「最終解決」を喧伝したところで、何度でも植民地・戦争の責任追及の声は回帰してくる。これは今後も何度でも繰り返されるだろう。

イスラエルの歴史家イラン・パペは、イスラエル建国の暴力を「民族浄化」として解明し、それに基づいてパレスチナ人との和解と共存を目指しているが、私たちが学び取るべきは、まさにその「真実と和解」に基づく共存だろう。パペは、親パレスチナの立場で、あるいはパレスチナの窮状を見かねて善意で動いているのではない。むしろ、イスラエル国民としてユダヤ人として、このまま支配者・占領者であり続ければ、イスラエル／パレスチナに住むユダヤ人は、政治的にも倫理的にも崩壊するしかないという危機感がある。シオニズムという思想運動を維持しようとするかぎり、半永久的に差別を受け続ける国内マイノリティと占領地住民からの反発を政治的強権や武力で抑え続けなければならず、一時も安心することができないからだ。

かりに強大な武力やアメリカ合衆国の後ろ盾によって乗り切ることができたとしても、長期スパンで考えた場合、武力的優位や同盟関係など絶対的なものではありえず、反発と敵対を生みだし続ける根本原因を取り除かないかぎりは、半永久的な武力の増強と米国依存の深化という破滅的なプロセスに身を投じざるをえない。パレスチナとの真の和解なしには長期的な未来像など描けないというのが、むしろ現実的な見方だとパペは言う。

こうしたイスラエルのシオニズムは、日本社会と鏡像を見るかのように同形だ。一九九〇年代以降、戦後補償と歴史教育は無惨なまでの後退をしており、アジアにおける孤立と突出したアメリカ合衆国との軍事同盟はますます深刻になっている。戦争が過去のものではなく現在進行形であることを露呈させている。また、一見すると、外国人労働者が急増していることで「移民社会の到来」と騒がれ「多文化共生」が謳われるようになってきている。だが現実には、できるだけ「外国人」の存在は増やしたくないがために、一九九〇年の改定入管法では「日系人」労働者のみを「準日本人」として認める一方で、一九九三年からは「技能実習」名目の実質的には「低賃金外国人労働者」を導入、徐々に分野や年限が広げられ、とうとう二〇一九年には「特定技能」という在留資格を導入し単純労働分野でも外国人労働者が働きはじめたが、在留年限を手放すことなく定住化を阻止してきている。*31 結局のところ、血統主義的日本人像を保持したままであり、単一民族主義幻想も維持したままなのだ。ポスト・シオニズムが何らシオニズムを崩すものではなく、むしろシオニズムの多様性と柔軟性を広げることでシオニズムそのものを温存させたのと同じように、日本の外国人労働政策は日本人中心主義を温存するものだと言える。だがそれは暫定的な延命行為の繰り返しにすぎない。イスラエルであれ日本であれ、それぞれユダヤ人中心主義と日本人中心主義を解体するには、徹底した歴史認識から出発するほかはない。イラン・パペから私たちが学ぶべき教訓はここにある。

註記

【まえがき】

＊1　ハミッド・ダバシ『ポスト・オリエンタリズム――テロの時代における知と権力』（早尾貴紀・洪貴義・本橋哲也・本山謙二訳、作品社、二〇一八年）。

＊2　サラ・ロイ『ホロコーストからガザへ――パレスチナの政治経済学』（岡真理・小田切拓・早尾貴紀編訳、青土社、二〇〇九年）。なお続編は、ロイの書き下ろしも含む最新ガザ論考の翻訳と共訳者らの応答で構成される（二〇二三年刊行予定）。

＊3　イラン・パペ『パレスチナの民族浄化――イスラエル建国の暴力』（田浪亜央江・早尾貴紀訳、法政大学出版局、二〇一七年）。

【第一章】

＊1　赤尾光春「追放《ガルート》から離散《ディアスポラ》へ――現代ユダヤ教における反シオニズムの系譜」（臼杵陽監修、赤尾光春・早尾貴紀編著『ディアスポラから世界を読む――離散を架橋するために』明石書店、二〇〇九年）。

＊2　ヘーゲル『歴史哲学講義（上）』（長谷川宏訳、岩波書店、一九九四年）七一頁以下。

＊3　同前、下巻、三六七頁。

＊4　同前、上巻、九〇頁。

＊5　同前、下巻、三六〇―三六二頁。

＊6　Jonathan Boyarin, "Hegel's Zionism?", in Jonathan Boyarin (ed.), *Remapping Memory: The Politics of Time Space*, University of Minnesota Press, 1994, pp.145-146.

＊7　*Ibid.*, p.148.

＊8　植村邦彦『同化と解放――19世紀「ユダヤ人問題」論争』（平凡社、一九九三年）五二―六七頁。

＊9　野村真理『西欧とユダヤのはざま――近代ドイツ・ユダヤ人問題』（南窓社、一九九二年）七〇―七一頁。

＊10　モーゼス・ヘス「ローマとエルサレム――最後の民族問題」（野村真理／篠原敏昭訳、良知力／廣松渉編『ヘー

ゲル左派論叢第3巻：ユダヤ人問題』御茶の水書房、一九八六年）一七一頁。
＊11　同前、一五四頁。
＊12　同前、一六三頁。
＊13　同前、一六五頁。
＊14　同前、一九六頁。
＊15　ヘーゲル、前掲書上巻、七三頁。
＊16　野村、前掲書、七九頁。
＊17　野村、前掲書から重引用。
＊18　テオドール・ヘルツル『ユダヤ人国家――ユダヤ人問題の現代的解決の試み』（佐藤康彦訳、法政大学出版局、一九九一年）三三―三四頁。
＊19　丸川哲史『リージョナリズム』（岩波書店、二〇〇三年）二四―二五頁。
＊20　同前、二六―二七頁。
＊21　同前、二七頁。
＊22　ヘルマン・リュッベ『ドイツ政治哲学史――ヘーゲルの死より第一次世界大戦まで』（今井道夫訳、法政大学出版局、一九九八年）一七五頁。
＊23　同前、二〇八―二〇九頁。
＊24　フィリップ・ラクー＝ラバルト『ハイデガー　詩の政治』（西山達也訳、藤原書店、二〇〇三年）二二四―二二六頁。
＊25　マルティン・ハイデッガー『「ヒューマニズム」について――パリのジャン・ボーフレに宛てた書簡』（渡邊二郎訳、ちくま学芸文庫、一九九七年）七七頁。
＊26　同前、七八―八〇頁。
＊27　同前、七六―七七頁。
＊28　ラクー＝ラバルト、前掲書、一六三―一六四頁。
＊29　同前、二一八頁。

＊30　テオドール・W・アドルノ『本来性という隠語――ドイツ的なイデオロギーについて』（笠原賢介訳、未來社、一九九二年）一四八―一四九頁。
＊31　同前、一五二頁。
＊32　同前、一五七頁。
＊33　ハナ・アーレント『全体主義の起原2　帝国主義』（大島通義・大島かおり訳、みすず書房、一九七二年）二四八―二四九頁。
＊34　同前、二五一頁。
＊35　同前、二五七―二八一頁を参照。
＊36　同前、二五四頁。
＊37　同前、二六四―二七〇頁。
＊38　アーレントとシオニズムに関する問題については、早尾貴紀「ハンナ・アーレントと国家創設プロジェクト」および「ハンナ・アーレントの『沈黙』」（早尾貴紀『ユダヤとイスラエルのあいだ――民族／国民のアポリア』青土社、二〇〇八年の第4章および第5章）を参照。
＊39　アーレント、前掲書、二六九―二七〇頁。
＊40　高橋哲哉「《闇の奥》の記憶――アーレントと「人種」の幻影」（『記憶のエチカ――戦争・哲学・アウシュヴィッツ』岩波書店、一九九五年）を参照。
＊41　ハンナ・アレント「シオニズム再考」（『パーリアとしてのユダヤ人』寺島俊穂・藤原隆宜訳、未來社、一九八九年）一七二―一七三頁。
＊42　高橋、前掲書、一一〇―一一一頁。
＊43　アーレント、前掲書、二八五頁。
＊44　エスノクラシー体制がここまで明白ではないアメリカ合衆国型の移民国家との対比については、早尾貴紀「ユダヤ人国家か国民国家か――2つの独立宣言」（前掲『ユダヤとイスラエルのあいだ』第一章）で論じている。
＊45　アーレント、前掲書、二八五頁。
＊46　早尾貴紀「ユダヤ人国家か二民族共存か――歴史としてのバイナショナリズムの挑戦」（前掲『ユダヤとイス

ラエルのあいだ』第二章）参照。

＊47 イラン・パペ『パレスチナの民族浄化――イスラエル建国の暴力』（田浪亜央江、早尾貴紀訳、法政大学出版局、二〇一七年）。

＊48 イギリスのユダヤ人作家イズラエル・ザングウィルが最初に言ったとされる。「土地なき民」とは「流浪のユダヤ人」のことであり、「民なき土地」とはパレスチナの地を指す。

＊49 この歴史的背景およびイスラエル内部のアラブ系ユダヤ人たちをめぐる政治や文化については、臼杵陽『見えざるユダヤ人――イスラエルのなかの〈東洋〉』（平凡社、一九九八年）を参照。

＊50 Yehouda Shenhav, *The Arab Jews: A Postcolonial Reading of Nationalism, Religion, and Ethnicity*, Stanford University Press, 2006を参照。

＊51 このあたりの事情については、田浪亜央江『〈不在者〉たちのイスラエル――占領文化とパレスチナ』（インパクト出版会、二〇〇八年）を参照。

＊52 ガザ地区からは二〇〇五年にユダヤ人入植地が撤去されたものの、全体がフェンスに囲まれたままで、かつイスラエル側・エジプト側両方の国境が徹底管理され、そしてつねにイスラエル軍によって空爆や侵攻の危機に晒されている。

＊53 あるいは南アフリカ共和国のアパルトヘイトになぞらえて「バンツースタン化」とも呼ばれる。

＊54 Helena Lindholm Schulz, *The Palestinian Diaspora: Formation of Identities and Politics of Homeland*, Routledge, 2003.

＊55 陳天璽『無国籍』（新潮社、二〇〇五年）。日本が一九七二年に台湾（中華民国）と断交し、中国（中華人民共和国）と国交を結んだことにより、中華民国籍が認められなくなり、日本への「帰化」ないし共和国籍への変更が求められたが、そのいずれをも拒否した場合は「無国籍」となったという。

＊56 戸籍と天皇制と「日本人」に関する問題については、早尾貴紀「「偽日本人」と「偽ユダヤ人」――あるいは「本来的国民」の作り方」（前掲『ユダヤとイスラエルのあいだ』の序章）参照。日本では独特の戸籍登録制度によって住民票やパスポートが作成されるため、いわゆる日本人の両親から生まれた子どもであっても、出生届が出されないか不受理となったケースでは、事実上の無国籍状態に置かれてしまう。

＊57 ブラジル本国が出生地主義を原則とするため、在外公館への出生届だけではブラジル国籍が認定されず、ブラ

ジル国籍を取得するためには出生後一度帰国をすることが求められる。他方日本は血統主義であるため、日本で生まれてもブラジルからの移民の子どもは日本国籍を取得することができない。この空隙のために無国籍の子どもが増えている。

【第二章】

＊1　たとえば、Mahdi Abdul-Hadi (ed.), *Palestinian-Israeli Impasse* (PASSIA, 2005), Virginia Tilley, *One State Solution* (University of Michigan Press, 2005), Ali Abunimah, *One Country* (Metropolitan Books, 2006), Benny Morris, *One State, Two States* (Yale University Press, 2009) などを挙げておく。

＊2　エドワード・サイード「一国家解決」（早尾貴紀訳、『批評空間』第Ⅲ期三号、二〇〇二年）。

＊3　もちろん当時のユダヤ人のなかには、普遍主義やヒューマニズムの立場からバイナショナリズムを支持する者もあり、現実的要請のみとは言い切れない要素もあるが、しかしそうした立場であっても、ユダヤ人がもはやヨーロッパにではなくパレスチナに居場所を見つけざるをえないという現実に置かれていたことに変わりはない。

＊4　The "Brit-Shalom" Society's Programme for Co-operation between Jews and Arabs (1930), in *Jewish-Arab Affair: Occasional Papers* (The "Brit-Shalom" Society, 1931), p.47.

＊5　イラン・パペは、大虐殺だけでなく、暴力や脅迫や煽動や宣伝による追放などあらゆる手段によってある地域の先住民を一掃しようとすることを「民族浄化」であると定義している。イラン・パペ『パレスチナの民族浄化——イスラエル建国の暴力』（田浪亜央江・早尾貴紀訳、法政大学出版局、二〇一七年）を参照。

＊6　「改訂パレスチナ国民憲章」の全文は、ジャン・ジュネ『シャティーラの四時間』（鵜飼哲・梅木達郎訳、インスクリプト、二〇一〇年）の付録として、早尾貴紀訳で収録されている。

＊7　どちらかといえば世俗的一国家の枠内にある註1で挙げた文献に対して、ここでは本文で触れたイェフダ・シェンハヴに加えて、Gil Anidjar, *The Jew, the Arab: A History of Enemy* (Stanford University Press, 2003) および Gil Hochberg, *In Spite of Partition* (Princeton University Press, 2007) を挙げておく。

＊8　Ronit Lentin (ed.), *Thinking Palestine* (Zed Books, 2008).

＊9　このシンポジウムにも参加しているイラン・パペは、一人その適用可能性に疑念を呈している。あるいは、適

用可能性そのものよりも、その政治的効果においてイスラエルの占領政策を「例外状態に対する決断」として正当化することに利用されかねないという、プラクティカルな問題提起のほうが強いのかもしれない。

＊10 カール・シュミット『政治神学』（田中浩・原田武雄訳、未来社、一九七一年）一一頁。

＊11 ジョルジョ・アガンベン『ホモ・サケル――主権権力と剥き出しの生』（高桑和巳訳、以文社、二〇〇三年）四四―四五頁。

＊12 ジョルジョ・アガンベン『人権の彼方に――政治哲学ノート』（高桑和巳訳、以文社、二〇〇〇年）四五頁。

＊13 グアンタナモは、アメリカ合衆国がキューバのスペインからの独立を支援した代償として永久に租借し、そこに軍事基地を置いている。キューバ革命（一九五九年）以降のキューバ政府は、租借を非合法として返還を求めている。このグアンタナモ米軍基地は、キューバ国内でもアメリカ国内でもない宙づりにされた場所として、いずれの国内法も適用されず、ただ軍法による恣意的支配があるのみである。

＊14 アガンベン『ホモ・サケル』一二〇頁。

＊15 このガザ攻撃の直後に開催されたガザ地区の専門家サラ・ロイによる来日講演「ガザ以前、ガザ以後――イスラエル―パレスチナ問題の新たな現実を検証する」の全訳が、サラ・ロイ『ホロコーストからガザへ――パレスチナの政治経済学』（岡真理・小田切拓・早尾貴紀編訳、青土社、二〇〇九年）に収録されている。

＊16 ハンナ・アーレント『全体主義の起原2――帝国主義』（大島通義・大島かおり訳、みすず書房、一九七二年）二五一頁および二七五―二八一頁を参照。

＊17 オスロ和平合意では、パレスチナ自治政府が行政権と警察権をもつA地区（約二〇パーセント）、自治政府が行政権のみをもちイスラエルが警察権をもつB地区（約二〇パーセント）、イスラエルが行政権も警察権も握ったままのC地区（約六〇パーセント）に分割された。ただしパレスチナ自治政府には軍事力の保持は一切許されておらず、A地区であろうとも常に容易にイスラエル軍は侵攻し制圧できる。また、A・B・C地区に三分割されているのではなく、各地区があちこちに無数に細分化されているため、まとまった自治区は存在しない。

＊18 アガンベン『人権の彼方に』三二頁。また、この箇所の後には、次の一節が続いている。「今日、レバノンとイスラエルの間の一種の中立地帯《ノーマンズ・ランド》には、イスラエルから追放された四二五人のパレスチナ人がいる。（…）このパレスチナ人たちが難を逃れている中立地帯は、雪に覆われたあの丘のイメージがイスラエルの他のいかなる

地域にもましてイスラエルにとって内的なものになればなるほどに、イスラエルという国家に穴をあけ、これを変成させている。そのようにして、この中立地帯は、この国家の領土に対して、現在から過去へと逆作用している。人間の政治的な生き延びは、空間がこのような穴をあけられて位相幾何学的に変形を受けた地上にあってのみ、自分が難民であるということを市民が認めることができる地上にあってのみ、思考することができるのである」（三三―三四頁）。

＊19 古賀敬太『シュミット・ルネッサンス――カール・シュミットの概念的思考に即して』（風行社、二〇〇七年）六九頁。

＊20 シュミット自身がその実体の変質を明示しているわけではないが、これを「国民国家から多民族体制への転換」であることを指摘・整理しているのは、古賀敬太である。古賀、前掲書、八四―九五頁を参照。

＊21 カール・シュミット「域外列強の干渉禁止に伴う国際的広域秩序」（カール・シュミット／カール・シュルテス『ナチスとシュミット』岡田泉訳、木鐸社、一九七六年）一二五頁。

＊22 鵜飼哲『主権のかなたで』（岩波書店、二〇〇八年）三四〇頁。

＊23 エティエンヌ・バリバール『ヨーロッパ市民とは誰か』（松葉祥一・亀井大輔訳、平凡社、二〇〇七年）三一九―三二〇頁。

＊24 Yehouda Shenhav, *The Arab Jews: A Postcolonial Reading of Nationalism, Religion, and Ethnicity*, Stanford University Press, 2006. 元となるヘブライ語版の刊行が二〇〇三年であり、その当時私はちょうどエルサレムのヘブライ大学で研究滞在をしており、多くの反響を見聞きした。

＊25 Yehouda Shenhav, "The Imperial History of 'State of Exception'," *Theory and Criticism* 29 (2006).

＊26 Lentin, *Thinking Palestine*, pp.3, 13.

＊27 *Ibid.*

＊28 エドワード・サイード『フロイトと非‐ヨーロッパ人』（長原豊訳、平凡社、二〇〇三年）。

＊29 ここではその詳細な紹介や検討は省く。早尾貴紀『ユダヤとイスラエルのあいだ――民族／国民のアポリア』（青土社、二〇〇八年）の第八章「エドワード・サイードの「格闘」」を参照。

＊30 サイード、前掲書、五九―六〇頁および七二頁。

*31 同前、七〇―七一頁。

*32 同前、七三頁。

*33 ディアスポラとガルートとの関係およびユダヤ教とシオニズムとの関係の詳細については、さらに赤尾光春「追放《ガルート》から離散《ディアスポラ》へ――現代ユダヤ教における反シオニズムの系譜」（臼杵陽監修、赤尾光春・早尾貴紀編著『ディアスポラから世界を読む――離散を架橋するために』明石書店、二〇〇九年）を参照。

*34 ジョナサン・ボヤーリン、ダニエル・ボヤーリン『ディアスポラの力――ユダヤ文化の今日性をめぐる試論』（赤尾光春・早尾貴紀訳、平凡社、二〇〇八年）二六七―二六八頁（引用した章の初出は一九九三年）。

*35 Jonathan Boyarin, *Storm from Paradise* (University of Minnesota Press, 1992), p.129. 引用した章の初出は一九八九年。

【第三章】

*1 早尾貴紀「ディアスポラをめぐる研究動向」（『大阪経済法科大学アジア太平洋研究センター年報』第六号、二〇〇九年）参照。

*2 伊豫谷登士翁『グローバリゼーションと移民』（有信堂、二〇〇一年）、同編『移動から場所を問う――現代移民研究の課題』（有信堂、二〇〇七年）、同編『移動という経験――日本における「移民」研究の課題』（有信堂、二〇一三年）など。

*3 『ディアスポラ／アートと植民地主義――徐京植・萩原弘子講演録』（ミリネ：朝鮮人従軍慰安婦を考える会発行、二〇〇四年）、二八―三四頁。

*4 赤尾光春「追放《ガルート》から離散《ディアスポラ》へ――現代ユダヤ教における反シオニズムの系譜」（臼杵陽監修、赤尾光春・早尾貴紀編著『ディアスポラから世界を読む――離散を架橋するために』明石書店、二〇〇九年）五三―五八頁。

*5 エドワード・サイード『故国喪失についての省察1・2』（大橋洋一他訳、みすず書房、二〇〇六年・〇九年）。同題「故国喪失についての省察」は第1巻に収録。

*6 同前、一七四―一八五頁から要約・抜粋。

*7 同前、一九二―一九三頁。

*8 エドワード・W・サイード『パレスチナとは何か』（島弘之訳、岩波書店、一九九五年）一五五頁、および、エ

ドワード・W・サイード「『オリエンタリズム』、アラブ知識人マルクス主義、そしてパレスチナ史の再検討」(河野真太郎訳)(『権力、政治、文化(下)』大橋洋一他訳、太田出版、二〇〇七年)二七四頁、など。

*9 上野俊哉『ディアスポラの思考』(筑摩書房、一九九九年)四五―四六頁(当該章の初出は九五年)。

*10 エドワード・サイード『フロイトと非‐ヨーロッパ人』(長原豊訳、平凡社、二〇〇三年)七〇―七一頁。

*11 本書の第一部第二章を参照。また、早尾貴紀『ユダヤとイスラエルのあいだ――民族/国民のアポリア』(青土社、二〇〇八年)の第八章「サイードの格闘」で詳細に検討している。

*12 上野、前掲書、一九頁。

*13 ポール・ギルロイ「ディアスポラ再考」(上野俊哉訳)、『10+1』第4号(INAX出版、一九九五年)、および、ポール・ギルロイ『ブラック・アトランティック――近代性と二重意識』(上野俊哉・毛利嘉孝・鈴木慎一郎訳、月曜社、二〇〇六年)。

*14 ギルロイ『ブラック・アトランティック』四一三頁。

*15 同前、四一七頁。

*16 サラ・ロイ『ホロコーストからガザへ――パレスチナの政治経済学』(岡真理・小田切拓・早尾貴紀編訳、青土社、二〇〇九年)、第二部参照。

*17 サラ・ロイ「イスラエルのガザでの「勝利」には法外な対価がつく」(早尾貴紀訳、『PRIME』第二九号、明治学院大学国際平和研究所、二〇〇九年)。

*18 上野、前掲書、序章「「今ここ」のディアスポラ」参照。

*19 小笠原博毅「海流という〈普遍〉を航海するポール・ギルロイ」(小笠原編、市田良彦・ポール・ギルロイ・本橋哲也『黒い大西洋と知識人の現在』松籟社、二〇〇九年)二一三―二二五頁。

*20 いわゆる「外国人犯罪の増加」という議論が統計データの操作によって作為的に煽られていることについては、河合幹雄『安全神話崩壊のパラドックス――治安の法社会学』(岩波書店、二〇〇四年)などを参照。

*21 大村収容所については、一九五〇年代から七〇年代にかけていくつかの研究書やルポルタージュが刊行されているが、梁石日の小説『夜を賭けて』(日本放送出版協会、一九九四年)で描かれたことで再度注目を集めた。大村入国管理センターについては、高橋源一郎「刑期無制限、絶望の外国人収容施設」(『朝日新聞』二〇一九年

一月一七日）を参照。
＊22　ガヤトリ・スピヴァク『サバルタンは語ることができるか』（上村忠男訳、みすず書房、一九九八年）。
＊23　徐京植『半難民の位置から――戦後責任論と在日朝鮮人』（影書房、二〇〇二年）。
＊24　徐京植『ディアスポラ紀行――追放された者のまなざし』（岩波新書、二〇〇五年）。
＊25　上野、前掲『ディアスポラの思考』六七―六八頁。
＊26　たとえば、宋安鍾『在日音楽の一〇〇年』（青土社、二〇〇九年）や、李静和編『残傷の音――「アジア・政治・アート」の未来へ』（岩波書店、二〇〇九年）、姜信子の諸著作にも、東アジアにおける音楽・アートとディアスポラというテーマが響いている。
＊27　ガヤトリ・スピヴァク『ポストコロニアル理性批判――消え去りゆく現在の歴史のために』（上村忠男・本橋哲也訳、月曜社、二〇〇三年）五六一頁。
＊28　同前、二四四頁。
＊29　同前、五一二頁。
＊30　赤尾光春「ディアスポラの両義性について」（武者小路公秀監修、浜邦彦・早尾貴紀編『ディアスポラと社会変容――アジア系・アフリカ系移住者と多文化共生の課題』国際書院、二〇〇八年）二〇五―二〇七頁。なお赤尾は、これと並行するもう一つの両義性として、ディアスポラ共同体内部に対する抑圧にも注意を促している。
＊31　スピヴァク『ポストコロニアル理性批判』一六一―一六二頁。
＊32　今福龍太『群島‐世界論』（岩波書店、二〇〇八年）。
＊33　今福龍太・吉増剛造『アーキペラゴ――群島としての世界へ』（岩波書店、二〇〇六年）。
＊34　同前、二九頁。
＊35　同前、三一―三三頁。
＊36　同前、五七頁および五九頁。
＊37　同前、四三頁。
＊38　吉増剛造『剝きだしの野の花――詩から世界へ』（岩波書店、二〇〇一年）一〇六頁。
＊39　梅木達郎『放浪文学論――ジャン・ジュネの余白に』（東北大学出版会、一九九七年）。なお、初出である雑誌

『ふらんす』での連載は一九九五年から九六年にかけてであり、日本語圏ではまだディアスポラ用語は上野俊哉など一部で先駆的に論じられはじめたばかりの時期であった。
＊40　同前、五二および五七頁。
＊41　同前、五七頁。
＊42　同前、六〇―六二頁。
＊43　同前、六二―六四頁。
＊44　同前、一二八―一三〇頁。
＊45　同前、一三一頁。
＊46　もうひとつその傍証として、前掲『アーキペラゴ』に収められた今福の文章「群島に灰はなかった」において、梅木が翻訳したジャック・デリダの『火ここになき灰』（松籟社、二〇〇三年）が論及されていることがある。ここでも梅木の名は挙げられていないが、「火ここになき灰」というのは、多義的なフランス語の原題“feu la cendre”という固有語法（feu には名詞「火」と前置詞「～がない」という二つの意味があり、定冠詞 la は「そこに」を意味する副詞 là と同音である）による表現を梅木が巧みに翻訳創造した日本語タイトルである。
＊47　サイード、前掲『フロイトと非‐ヨーロッパ人』五九―六〇頁および七二頁。
＊48　ジョナサン・ボヤーリン／ダニエル・ボヤーリン『ディアスポラの力――ユダヤ文化の今日性をめぐる試論』（赤尾光春・早尾貴紀訳、平凡社、二〇〇八年）二六四頁。
＊49　岡野内正「パレスチナ問題を解く鍵としてのホロコースト（ショア）とナクバに関する正義回復（リドレス）」（上・中・下）（『アジア・アフリカ研究』二〇〇八年四八巻三号、四号および、二〇〇九年四九巻二号）。
＊50　ボヤーリン兄弟、前掲書、二四八頁。
＊51　岡野内、前掲論文（下）、五八頁。
＊52　ボヤーリン兄弟、前掲書、二六五―二六七頁。
＊53　同前、二六七―二六八頁。
＊54　岡野内、前掲論文（下）、六〇頁。
＊55　上野俊哉『アーバン・トライバル・スタディーズ』（月曜社、二〇〇五年）。

＊56　鵜飼哲『主権のかなたで』（岩波書店、二〇〇八年）。
＊57　同前、一六六頁。
＊58　同前、I—1「歓待の思考」および「主権のかなたで——あとがきに代えて」を参照。
＊59　梅木、前掲書、一九二頁。
＊60　小笠原編、前掲書、二二九—二三〇頁。
＊61　梅木はその後、さらに「オルタナティヴな公共圏」（ギルロイ）の思考にもつながりうる二冊の重要な書物を遺した。梅木達郎『脱構築と公共性』（松籟社、二〇〇二年）および『支配なき公共性』（洛北出版、二〇〇五年）を参照。両書はともにディアスポラ論的な観点から再読可能な書物であり、国家、国民、移民、共同体、複数性、崇高性、公共性といったさまざまな問題について、多くの示唆を与えてくれる。

【第四章】

＊1　ダニ・カラヴァン『ダニ・カラヴァン　大地との共鳴／環境との対話』（朝日新聞社、一九九七年）三三頁。
＊2　ヴァルター・ベンヤミン『パサージュ論（全五巻）』（今村仁司、三島憲一ほか訳、岩波現代文庫、二〇〇三年）。
＊3　*Walter Benjamin Gesammelte Schriften I・3*, Suhrkamp Verlag, S.1241.
＊4　浅田彰「「スペルバウンド」と「芸術と権力」」、『InterCommunication 17号』（NTT出版、一九九六年）四三頁。
＊5　岩崎稔「シモニデス・サークル 第11回」（『未來』一九九八年八月号、未來社）二九頁。
＊6　野家啓一「記憶と歴史」第1回（『へるめす』第五五号、岩波書店、一九九五年）一五頁。
＊7　野家「記憶と歴史」第4回（『へるめす』第五八号、岩波書店、一九九五年）一六三—一七二頁。
＊8　同前、一六三頁。
＊9　カラヴァン、前掲書、二七頁（英文は同書、三二頁）。
＊10　同前、一四八頁。また神奈川県立近代美術館（編）『「時間、空間、思索：彫刻家 ダニ・カラヴァン」展カタログ』（一九九四年）の二二三頁でも、さらに世田谷美術館／長崎県美術館（編）『DANI KARAVAN RETROSPECTIVE』（二〇〇八年）の二一〇頁でも、同様の記述となっている。
＊11　『DANI KARAVAN RETROSPECTIVE』一三〇頁。

＊12 同前、一五八―一五九頁。

＊13 これらの村については、Susan Slyomovics, *The Object of Memory : Arab and Jew Narrate the Palestinian Village*, University of Pennsylvania Press, 1998 に詳しい。また、パレスチナの村の破壊に関しては、イラン・パペ『パレスチナの民族浄化――イスラエル建国の暴力』（田浪亜央江・早尾貴紀訳、法政大学出版局、二〇一七年）を参照。

＊14 Yael Zerubavel, "The Historic, the Legendary, and the incredible: Invented Tradition and Collective Memory in Israel", John R. Gillis (ed.), *Commemorations : The Politics of National Identity*, Princeton University Press,1996, pp.106-110.

＊15 酒井忠康『ダニ・カラヴァン――遠い時の声を聴く』（未知谷、二〇一二年）四頁。

＊16 Zerubavel, "The Historic, the Legendary, and the incredible", *op.cit.* p.115.

＊17 ジェルマン・ヴィアット「パサージュ」（カラヴァン、前掲書）一二三頁。また、ダニ・カラヴァン「創造の原点」（同書）一二七頁を参照。

＊18 *Walter Benjamin Gesammelte Schriften I・2*, S.695［『ベンヤミン・コレクション1』（浅井健二郎編訳、ちくま学芸文庫、一九九五年）六五〇頁］.

＊19 *Walter Benjamin Gesammelte Schriften II・1*, SS.196-8［「暴力批判論」『ドイツ悲劇の根源下巻』（浅井健二郎訳、ちくま学芸文庫、一九九九年）二六二―二六六頁］.

＊20 *ibid.*, S.198［同上、二六七頁］.

＊21 *Walter Benjamin Gesammelte Schriften I・2*, S.701,703［前掲『ベンヤミン・コレクション1』六六〇・六六二頁］.

＊22 *Walter Benjamin/Gershom Scholem Brifewechsel 1933-1940*, Suhrkamp Verlag, 1980, SS.93-4［『ベンヤミン―ショーレム往復書簡 1933-1940』（山本尤訳、法政大学出版局、一九九〇年）一二一―一二二頁］.

＊23 三島憲一『ベンヤミン――破壊・収集・記憶』（講談社、一九九八年）一一〇―一一一頁より整理引用（既刊の書簡集には未収録）。なお、ルートヴィヒ・シュトラウスは、一九三四年にパレスチナに移民したユダヤ系ドイツ人の詩人・作家。

＊24 Walter Benjamin, *Briefe*, Suhrkamp Verlag, 1966, S.311［『ヴァルター・ベンヤミン著作集14 書簡Ⅰ 1910–1928』（野村修編訳、晶文社、一九七五年）一六八頁］. なお、フローレンス・クリスティアン・ラングは、ユダヤ系ドイツ人の神学者・批評家。

＊25　ゲルショム・ショーレム『わが友ベンヤミン』（野村修訳、晶文社、一九七八年）二四七頁。
＊26　クレイフィ監督『石の賛美歌』については、板垣雄三「『石の賛美歌』をみて」（『石の叫びに耳を澄ます』平凡社、一九九二年）、および、鵜飼哲「破壊された時を求めて」（『抵抗への招待』みすず書房、一九九七年）参照。
＊27　山形国際ドキュメンタリー映画祭一九九七年パンフレットより。
＊28　パペ、前掲書を参照。他の実証史的なイスラエル建国期の研究動向については、同書の訳者解説を参照。
＊29　*Walter Benjamin Gesammelte Schriften I*・2, SS.697-698［前掲『ベンヤミン・コレクション1』六五三頁］.
＊30　Simone Ricca, *Reinventing Jerusalem: Israel's Reconstruction of the Jewish Quarter After 1967*, I. B. Tauris, 2007, pp.113-117.
＊31　ジークムント・フロイト「隠蔽記憶について」（小此木敬吾訳、『フロイト著作集6』人文書院、一九七〇年）三二一頁。なお、新しい日本語訳である『フロイト全集3』（岩波書店、二〇一〇年）では、「遮蔽想起について」（角田京子訳）となっているが、ここではまだ一般に通じやすい「隠蔽記憶」を採用した。
＊32　同前、三二三頁。
＊33　カラヴァン、前掲書、二七頁。
＊34　岩崎稔「防衛機制としての物語」（『現代思想』一九九四年七月号、青土社）。
＊35　ジークムント・フロイト「防衛—神経精神症再論」（野間俊一訳、前掲『フロイト全集3』所収）参照。
＊36　『Israeli Art-Modern イスラエル美術の近代』別刷、および本体一一五頁。
＊37　Oz Almog, *The Sabra: The Creation of the New Jew*, University of California Press, 2000.
＊38　鵜飼哲「『シンドラーのリスト』の〈不快さ〉」、鵜飼、前掲書、三三六—三四〇頁を参照。鵜飼によって鋭く指摘されていることは、「ソ連兵」の役割である。旧ソ連・ロシアもはやイスラエル国家の正統性を疑問視するものではなく、「シオニズムこそホロコーストに対する唯一の正しい回答だった」という観念をあらためて人々の脳裏に刻むこと」がスピルバーグによって意図されている。
＊39　クロード・ランズマン、高橋哲哉訳「ホロコースト、不可能な表象」、鵜飼哲・高橋哲哉編『『ショアー』の衝撃』（未来社、一九九五年）一二四—一二五頁。
＊40　山形国際ドキュメンタリー映画祭の記録では、落選作品ということもあって、監督はフランス国籍の Gilles Dinnematin となっているのみで、作品データは不完備である。

＊41　パペ、前掲書を参照。
＊42　港千尋『記憶――「創造」と「想起」の力』（講談社選書メチエ、一九九六年）一八二―一八三頁。港によると、旧ユーゴスラビアのサラエボやレバノンのベイルートなど、紛争で徹底的に破壊された街で、このウォーキテクチャーのプロジェクトは生み出された。
＊43　*Walter Benjamin Gesammelte Schriften I・2*, S.703［前掲『ベンヤミン・コレクション1』六六二頁］.
＊44　*Walter Benjamin Gesammelte Schriften II・1*, S.142［同前、一三三頁］.
＊45　*Ibid.*, SS.150-151［同前、二六―二七頁］.

【第五章】

＊1　「ハラム・アッシャリーフ」は、古代エルサレムの最も古い神殿の跡地であり、その外壁がいわゆる「嘆きの壁」としてユダヤ教徒にとっての礼拝場所となっている。第一神殿はバビロン王国によって、再建された第二神殿はローマ帝国によって崩壊させられ、その後ユダヤ教においては終末に神の審判と贖罪によって王国の再建がなされるまで足を踏み入れることを禁忌とされた聖地となる。その場所はイスラーム統治下で岩のドームおよびアル・アクサー・モスクが建設され、ムスリムの管理する聖地となっている。シャロンは、ユダヤ教の禁忌を破りつつ、そのイスラームの聖地に武装警官一〇〇〇人に護衛されながら踏み込んだため、パレスチナ人による反発と抗議行動をあえて誘発、それに対してイスラエル側は武力弾圧を徹底して行ない、パレスチナ側の抗議行動はヨルダン川西岸地区とガザ地区の全域に広まり、第二次インティファーダへと発展した。
＊2　臼杵陽『見えざるユダヤ人――イスラエルの〈東洋〉』（平凡社、一九九八年）参照。
＊3　自身が幼少期にイラクから建国直後のイスラエルに移住したユダヤ人であるElla Shohatによるアラブ系ユダヤ人論の集大成、*On the Arab-Jew, Palestine, and Other Displacements*, Pluto Press, 2017を参照。
＊4　このJe suis une juive arabe.［私はアラブ系ユダヤ人である。］という発言は、映画以前からのシモーヌ・ビットンの重要な持論であり、以下のテクストで読むことができる。Simone Bitton, «Je suis...», *Un très proche Orient - Paroles de paix*, Joëlle Losfeld, 2001.
＊5　早尾貴紀「マルティン・ブーバーの共同体論と国家」（早尾『ユダヤとイスラエルのあいだ――民族／国民の

アポリア』青土社、二〇〇八年の第三章）参照。

＊6　映像字幕より翻訳。なおこの「鉄の壁」論文とその背景については、アヴィ・シュライム『鉄の壁　上巻』（神尾賢二訳、緑風出版、二〇一三年）の「プロローグ」、および、森まり子『シオニズムとアラブ——ジャボティンスキーとイスラエル右派一八八〇〜二〇〇五年』（講談社選書メチエ、二〇〇八年）の第二章「民族国家と鉄の壁」を参照。

＊7　エラ・ショハットによるパレスチナ映画分析も含む映画論は、以下の日本語訳で読むことができる。エラ・ショハット／ロバート・スタム『支配と抵抗の映像文化——西洋中心主義と他者を考える』（早尾貴紀監訳、内田＝蓼沼理絵子・片岡恵美訳、法政大学出版局、二〇一九年）。

＊8　『ジェニン・ジェニン』までのバクリについては、四方田犬彦「モハマッド・バクリの孤独」（四方田『パレスチナ・ナウ』作品社、二〇〇六年）参照。

＊9　ジェニンの難民キャンプに対するイスラエル軍の攻撃は大規模かつ執拗で、キャンプの建造物のほぼすべてが深刻に損傷し、住居を再建するためにはすべての建物を撤去せざるをえないほどであった。筆者はこの撤去作業を終えて再建される前の更地になったジェニン難民キャンプ（跡地）を訪れたことがある。

＊10　小説の日本語訳はエミール・ハビービー『悲楽観屋サイードの失踪にまつわる奇妙な出来事』（山本薫訳、作品社、二〇〇六年）。なお二〇〇六年に四方田犬彦の招きで日本公演も行なわれている（脚本は田浪亜央江訳）。

＊11　イスラエルは、二〇一八年にユダヤ国民国家法を可決成立させ、アラビア語を公用語から外すなどし、ユダヤ人が中心の国家というにとどまらず、アラブ人マイノリティの文化的権利さえも剥奪し、純粋にユダヤ人だけの国家であることを法的に定めた。

＊12　イギリス委任統治期から、パレスチナをユダヤ人国家とアラブ人国家に分割することでユダヤ人問題を解決しようという、イギリスとシオニストの提起はあったが、イギリスは統治能力を欠き、問題を投げ出す。最終的に第二次世界大戦後の国連がパレスチナ分割を決議。一九四七年時点で人口比約三割のユダヤ人にパレスチナの土地の五六パーセントを、人口比約七割のアラブ人に土地の四三パーセントを分割し、エルサレムとベツレヘムを含む地域を国際管理地とした。第一次中東戦争の休戦時のイスラエル領は圧倒的武力によって拡大し、全土の七七パーセントまで広がり、逆にアラブ人の土地はヨルダン川西岸地区とガザ地区とを合わせてわずか二三パー

セントまで縮小した。

＊13 イラン・パペ『パレスチナの民族浄化――イスラエル建国の暴力』（田浪亜央江・早尾貴紀訳、法政大学出版局、二〇一七年）。

＊14 ミシェル・クレイフィ「他者の声に耳を傾ける」（久保田ゆり訳『季刊前夜 別冊 ルート181――パレスチナ～イスラエル 旅の断章』特定非営利活動法人 前夜、二〇〇五年）八頁。

＊15 エイアル・シヴァン「抑圧の記録」（菊地恵介訳、同前『季刊前夜 別冊』）一一頁。

＊16 民族や国家の理念に関わる争点の整理については、早尾貴紀「イスラエル／パレスチナにおける国家理念の行方」（早尾、前掲『ユダヤとイスラエルのあいだ』の終章）参照。

＊17 モフセン・マフマルバフ『アフガニスタンの仏像は破壊されたのではない恥辱のあまり崩れ落ちたのだ』（武井みゆき・渡部良子訳、現代企画室、二〇〇一年）。

【第六章】

＊1 メナヘム・ベギン『反乱――反英レジスタンスの記録（上）』（滝川義人訳、ミルトス、一九八九年）八一・九八・一〇八―一一〇頁。

＊2 ユダヤ人に対してバルフォア宣言によって「ユダヤ人の郷土」をパレスチナに建設することを認め（一九一七年）、アラブ人に対してはフセイン＝マクマホン書簡によってアラブ人国家の建設支援を約束し（一九一五年）、フランスのあいだではサイクス＝ピコ協定によってパレスチナ・ヨルダン地域とシリア・レバノン地域を分割統治することを確約した（一九一六年）。これが「三枚舌外交」と言われるが、イギリスからすると、地域区分や自治・独立といった概念の解釈の余地を残したことで、必ずしも矛盾した約束ではないと主張できる余地を残している。

＊3 ベギン、前掲『反乱（下）』二二―六〇頁。ベギンはこのなかで、大量の死者の発生については、ホテルの爆破予告を伝えたにもかかわらずイギリスが退避指示を出さなかったことが原因であるとしているが、もちろんイルグン主導の攻撃であったことは認めている。

＊4 梅木達郎『放浪文学論――ジャン・ジュネの余白に』（東北大学出版会、一九九七年）八二―八三頁。ここでの梅木の議論は、ジュネの政治論・インタヴュー集 Jean Genet, *L'Ennemie déclaré*, Gallimard, 1991 に収録された「暴

力と蛮行（Violence et Brutalité）」という一九七七年に発表された文章に基づいている。「暴力と蛮行」（岑村傑訳）、アルベール・ディシィ編『公然たる敵』（鵜飼哲、梅木達郎ほか訳、月曜社、二〇一一年）三〇八―三二〇頁。

＊5　梅木、前掲書、八七頁。

＊6　この映画の全体的な分析として、四方田犬彦「ミュンヘンの灰、ハリウッドの黄金」（四方田『パレスチナ・ナウ』作品社、二〇〇六年）がある。本章は、パレスチナ／イスラエルにおける「暴力／テロ」の考察に限定した視角で論じているため、映画全体のさらなる考察としては四方田論文を参照。

＊7　ファタハを中心として結成されたパレスチナ解放機構（PLO）が、一九六〇年代に拠点としていたヨルダン王国を一九七〇年九月に武力追放され、多くのメンバーが殺害された事件を「黒い九月」と呼ぶ。その名を冠したファタハ内の武装組織であるが、その結成経緯などは本文で後述する。

＊8　George Jonas, *Vengeance*, Harper Collins, 1984. 日本語では抄訳がある。ジョージ・ジョナス『標的は11人——モサド暗殺チームの記録』（新庄哲夫訳、新潮文庫、一九八六年）。

＊9　Eitan Haber, "Revenge Now", *Yedioth Ahronoth*, October 3, 2005. なお、ハベルは、一九八三年にマイケル・バー＝ゾウハーとともにミュンヘン・オリンピック事件後の暗殺作戦についてルポルタージュを刊行し、二〇〇二年にその追補版を刊行したが、その時点では人質となったイスラエル選手団の殺害の真相は語っていない。Michael Bar-Zohar, Eitan Haber, *The Quest for the Red Prince*, W. Morrow, 1983, Lyons Press, 2002.［マイケル・バー＝ゾウハー／アイタン・ハーバー『ミュンヘン——オリンピック・テロ事件の黒幕を追え』（横山啓明訳、早川書房、二〇〇六年）］を参照。

＊10　二〇〇〇年の第二次インティファーダ以降、二〇〇〇年代は長期的に封鎖された。二〇一〇年代に入ると分離壁が完成したことでヨルダン川西岸地区全体の封鎖の度合いが高まったため、ナブルスの出入り口の検問は緩まったが、それでも治安状況次第でイスラエル軍はいつでも検問を強化し町を封鎖することができる。

＊11　Bruce Hoffman, *Inside Terrorism*, Columbia University Press, 1998.［ブルース・ホフマン『テロリズム——正義という名の邪悪な殺戮』上野元美訳、原書房、一九九九年］、および、Charles Townshend, *Terrorism: A Very Short Introduction*, Oxford University Press, 2002.［チャールズ・タウンゼント『テロリズム〈1冊でわかるシリーズ〉』宮坂直史訳、岩波書店、二〇〇三年］。いずれも、いわゆる「テロリズム」に関する整理として基本的な問題をおさえている。

*12　パレスチナ人「コラボレーター」は、ユダヤ人がパレスチナの土地を購入し入植を始めた一九世紀末から、土地の提供・売却などで協力した者をはじめ、イスラエル建国後現在でも国内で諜報機関に内通・協力する者まで広く含みうるが、ここでは、一九六七年以降イスラエルの占領地となったパレスチナのヨルダン川西岸地区・ガザ地区内部において、イスラエル軍や諜報機関に対して、情報提供・スパイ行為や、パレスチナ人の拘束や暗殺の手先になることで、占領政策に協力をしている者を指す。この問題については、PASSIA (ed.) *The Phenomenon of Collaborators in Palestine*, PASSIA (Palestinian Academic Society for the Study of International Affairs, Jerusalem), 2001 参照。

*13　一九六七年の第三次中東戦争によってとりわけヨルダン川西岸地区がヨルダンの領有からイスラエルの占領下に入ったことで、これまでヨルダンに拠点を築いてきたパレスチナの武装勢力各派がイスラエル軍と直接的ゲリラ戦を行なうことが困難になったことが、いわゆる武力対武力ではない、民間人を標的とした「テロ」としてのハイジャックを手法として選ばせた要因としてある。また、七〇年にパレスチナ国民議会で最大党派であったファタハを率いるアラファートが議長に就任し、ファタハが主流派になったことが、それに対抗するＰＦＬＰのハイジャック攻勢の背景にあった。

*14　馬渕浩二「対抗暴力としてのテロ――暴力とテロの差異について」（熊野純彦・吉澤夏子編『差異のエチカ〈叢書倫理学のフロンティア〉』ナカニシヤ出版、二〇〇四年）所収を参照。

*15　ジル・ケペル、早良哲夫訳『ジハードとフィトナ――イスラム精神の戦い』（ＮＴＴ出版、二〇〇五年）二一頁。

*16　前掲書、二八頁。

*17　Giovanna Borradori, *Philosophy in a Time of Terror: Dialogues with Jurgen Habermas and Jacques Derrida*, The University of Chicago Press, 2003, p.100［ユルゲン・ハーバーマス／ジャック・デリダ／ジョヴァンナ・ボッラドリ、藤本一勇・澤里岳史訳、『テロルの時代と哲学の使命』（岩波書店、二〇〇四年）一五一頁］.

*18　*ibid.*, p.94［前掲書、一四一頁］. なお、これ以外のデリダの諸著作も含めて論じつつ、「自爆」の問題を哲学的に考察したものとして、小泉義之「自爆する子の前で哲学は可能か――あるいは、デリダの哲学は可能か?」（『「負け組」の哲学』人文書院、二〇〇六年）も参照。

【第七章】

＊1　サラ・ロイ「ホロコーストとともに生きる——ホロコースト・サヴァイヴァーの子供の旅路」（岡真理訳、『みすず』二〇〇五年三月号）を参照。なお、このエッセイをさらに拡充したものが、「ホロコーストからパレスチナ—イスラエル問題へ」として、サラ・ロイ『ホロコーストからガザへ——パレスチナの政治経済学』（岡真理・小田切拓・早尾貴紀編訳、青土社、二〇〇九年）に収録されている。

＊2　Ilan Pappé, *The Ethnic Cleansing of Palestine*, Oneworld, 2006［イラン・パペ『パレスチナの民族浄化——イスラエル建国の暴力』（田浪亜央江・早尾貴紀訳、法政大学出版局、二〇一七年）］.

＊3　イスラエルの「新しい歴史家（ニュー・ヒストリアン）」たちの先駆と目されるアヴィ・シュライム（イラク生まれでイスラエルに移民後、イギリスに移住）がこの「密約」を詳細に分析した。Avi Shlaim, *The Politics of Partition: King Abdullah, the Zionists, and Palestine 1921-1951*, Oxford University Press, 1988.

＊4　ヨルダン川西岸地区の東エルサレムおよびシリア領のゴラン高原についてはイスラエル政府は「併合」を宣言しているが、国連をはじめ国際社会は認めていない。しかしアメリカ合衆国が、イスラエル建国七〇年の二〇一八年に東西統合エルサレムを首都と認めてアメリカ大使館をエルサレムに移転させ、さらに二〇一九年にゴラン高原に対するイスラエルの主権を認めて、大きな問題となっている。

＊5　A地区はパレスチナ自治政府が行政権と警察権をもつ（主要都市部で西岸地区の一七パーセント）、B地区はパレスチナ自治政府が行政権のみをもち、イスラエル政府が治安を担当（主に点在するパレスチナの村で西岸地区の二四パーセント）、それ以外のC地区は、イスラエル政府が行政も治安も担当し事実上全面的に支配している（幹線道路・入植地周辺、砂漠、ヨルダン渓谷沿いなどで西岸地区の五九パーセント）。A地区、B地区ともに無数のブロックとして孤立し、周囲をすべてC地区に囲まれているため、西岸地区全体としてはイスラエルがすべての移動や物流を管理できる。

＊6　一九六七年の第三次中東戦争でイスラエルがヨルダン川西岸地区とガザ地区を軍事占領してから始まったユダヤ人入植地建設だが、一九九三年のオスロ合意の時点で入植者数が約二六万人だったのが、二〇〇六年の時点で約五〇万人と倍増、二〇一八年時点では七〇万人以上と推計されている（いずれもイスラエルが「併合」を主張している東エルサレムのユダヤ人入植者人口を含む）。さらに二〇〇二年からはイスラエルは長大な隔離壁をヨ

ルダン川西岸地区内部に建設して、占領地を都合よく分断している。こうしたことに対してパレスチナ自治政府が無力であったことに対する不満が蓄積していた。

*7　日本の報道では新聞でもテレビでも横並びに、「ガザ地区を実効支配するイスラーム原理主義組織ハマース」と、あたかもハマースが武力によって不当にガザ地区を支配しているかのように表現し、分裂内閣の責任もハマースに帰せられているが、本文で流れを整理したように、民主的選挙を暴力によって潰したのがイスラエルとアメリカ合衆国とファタハであり、それを追認したのが日本など国際社会である。

*8　前掲、サラ・ロイ「ホロコーストとともに生きる——ホロコースト・サヴァイヴァーの子供の旅路」（岡真理訳、『みすず』二〇〇五年三月号）。

*9　Sara Roy, *The Gaza Strip: The Political Economy of De-Development*, Institute for Palestine Studies, 1995 / 2nd ed. 2001 / 3rd ed. 2016.

*10　Sara Roy, "If Gaza falls...", *London Review of Books*, vol.31, no.1, 1 January 2009.

*11　Sara Roy, *Failing Peace: Gaza and the Palestinian-Israeli Conflict*, Pluto Press, 2006.

*12　Sara Roy, "Developing the Gaza Strip in the Event of Israel's Disengagement: Possibilities and Constraints", in Michael Keating, Anne Le More, Robert Lowe (ed.), *Aid, Diplomacy and Facts on the Ground: The Case of Palestine*, Chatham House, 2005).

*13　ibid. pp.204–206.

*14　ibid. p.201.

*15　ibid. pp.208–211.

*16　Sara Roy, "A Dubai on the Mediterranean", in *London Review of Books*, 3 Nov. 2005, のちに前掲 Sara Roy, *Failing Peace* に収録。以下、引用は *Failing Peace* の頁数。

*17　ibid. p.313.

*18　ibid. pp.315-316.

*19　ibid. p.317.

*20　ibid. p.318.

*21　ibid. p.321.

＊22　サラ・ロイ「もしガザが陥落すれば…」(ロイ前掲、『ホロコーストからガザへ』五七頁)。

＊23　この第三版序論「完了した反開発」およびあとがき「対ガザ戦争」の翻訳を中心に編集した書籍を、サラ・ロイ『ホロコーストからガザへ』の続編として二〇二三年に刊行する予定である(前著と同じく、岡真理・小田切拓・早尾貴紀の編訳で、青土社より)。

【第八章】

＊1　たとえば、臼杵陽「イスラエル現代史における「修正主義」」(歴史学研究会編『歴史における「修正主義」』青木書店、二〇〇〇年)、金城美幸「国家の起源にどう向き合うか——「新しい歴史家」とパレスチナ難民問題」(臼杵陽監修、赤尾光春・早尾貴紀編『シオニズムの解剖』人文書院、二〇一一年)を参照。

＊2　Simha Flapan, *The Birth of Israel: Myths And Realities*, Pantheon Books, 1987.

＊3　Avi Shlaim, *Collusion across the Jordan: King Abdullah, the Zionist Movement and the Partition of Palestine*, Columbia University Press, 1988 (*The Politics of Partition: King Abdullah, the Zionists and Palestine, 1921-1951*, Oxford University Press, 1990, として再刊).

＊4　Benny Morris, *The Birth of the Palestinian Refugee Problem, 1947–1949*, Cambridge University Press, 1988(改訂第二版、2003).

＊5　Ilan Pappé, *Britain and the Arab-Israeli Conflict, 1948–1951*, Macmillan Press, 1988.

＊6　Avi Shlaim, *The Politics of Partition: King Abdullah, the Zionists and Palestine, 1921-1951 (New Edition)*, Oxford University Press, 1998, pp. viii-ix. なおここで用いられる「歴史修正主義」という用語法は、ホロコーストや南京大虐殺を「存在しなかった」と否定するという意味で歴史修正主義の語が使われる欧米や日本とは真逆なので、注意を要する。イスラエルの建国神話に対して、それを実証史から「修正」することを指している。

＊7　Ilan Pappé, *The Ethnic Cleansing of Palestine*, Oneworld, 2006［イラン・パペ『パレスチナの民族浄化——イスラエル建国の暴力』(田浪亜央江・早尾貴紀訳、法政大学出版局、二〇一七年)］.

＊8　なお、パペが孤立しているというのは、イスラエルのユダヤ人社会のなかでのことであり、パレスチナ人、さらにはアラブ地域、そして世界中に、パペの同志・支持者は数多くいる。共同研究・共同プロジェクトも多い。また、「新しい歴史家」を厳密に建国期前後の歴史研究に限って見たときに、「もはやイスラエルには存在しな

い」と書いたが、社会学・政治学・思想史やジャーナリズムで見れば、トム・セゲヴやバルーフ・キマーリング、シュロモー・サンドといった論客がいる。ただ彼らは総じて、政治的立場としては「穏健なシオニスト左派」といったところで、シオニズムの根本的批判には踏み込んでいない。

＊9　この歴史認識論については、野家啓一『物語の哲学』（岩波書店、一九九六年／岩波現代文庫、二〇〇五年）やマックス・ヴェーバー『社会科学と社会政策にかかわる認識の「客観性」』（富永祐治・立野保男訳、折原浩補訳、岩波文庫、一九九八年）などが参考になる。

＊10　マルクス・ガブリエル『なぜ世界は存在しないのか』（清水一浩訳、講談社選書メチエ、二〇一八年）。

＊11　同書、八一―一七頁、および、「訳者あとがき」参照。

＊12　イラン・パペ『イラン・パペ、パレスチナを語る――「民族浄化」から「橋渡しのナラティヴ」へ』（ミーダーン〈パレスチナ・対話のための広場〉編訳、つげ書房新社、二〇〇八年）。

＊13　この一連の議論は、同書第3章「「橋渡しのナラティヴ」――他者の歴史にどう向き合うか」（一六二―二〇五頁）で展開されている。

＊14　Ilan Pappé (ed.), *The Israel-Palestine Question: A Reader*, Routledge, 1999/2007.

＊15　Ilan Pappé and Jamil Hilal (ed.), *Across the Wall: Narratives of Israeli-Palestinian History*, I. B. Tauris & Company, 2010.

＊16　Hamid Dabashi, *Post-Orientalism: Knowledge and Power in Time of Terror*, Transaction Publishers, 2009［ハミッド・ダバシ『ポスト・オリエンタリズム――テロの時代における知と権力』（早尾貴紀・洪貴義・本橋哲也・本山謙二訳、作品社、二〇一八年）］.

＊17　*Ibid.*, chapter 2, "Ignaz Goldzier and the Question Concerning Orientalism"［同書、第二章「ゴルトツィーエル・イグナーツとオリエンタリズムをめぐる問題」］.

＊18　*Ibid.*, pp.73-80［同書、一一二―一二〇頁］.

＊19　*Ibid.*, pp.50-57［同書、八五―九四頁］.

＊20　Raphael Patai, *The Arab Mind*, 1973 (revised edition, Hatherleigh Press, 2002), and, *The Jewish Mind*, 1977 (revised edition, Hatherleigh Press, 2007).

＊21　Edward Said, *Orientalism*, Vintage Books, 1979, pp.308-309［エドワード・サイード『オリエンタリズム』（今沢紀子

訳、平凡社ライブラリー、一九九三年）、下巻、二四四―二四六頁］.

＊22　Samuel Huntinton, *The Clash of Civilizations and the Remaking of World Order*, Simon & Schuster, 1996［サミュエル・ハンチントン『文明の衝突』鈴木主税訳、集英社、一九九八年］. なお、バーナード・ルイスの変貌については、臼杵陽「戦争を正当化する「地域研究」」（『イスラームはなぜ敵とされたのか』青土社、二〇〇九年）を参照。

＊23　Dabashi, *Post-Orientalism*, chapter 6, "Endosmosis". ［ダバシ、前掲書、第6章「内方浸透」］参照。

＊24　*Ibid.*, chapter 5, "Pilgrims' Progress", Conclusion, "Changing the Interocutor". ［同前、第5章「巡礼者たちの旅」および「結論　対話者を取り替える」］参照。

【第九章】

＊1　シオニズムにもさまざまな潮流があり、労働シオニズム、実践シオニズム、政治シオニズム、修正主義シオニズム、宗教シオニズム、文化シオニズム、精神シオニズムなどがあり、またそれらも截然と分けられるとは限らないが、ここではそれらの特徴や差異については主題化しない。総体としてのシオニズムを措定したうえで、「ポスト・シオニズム」を議論する。

＊2　ソ連崩壊期のロシアからイスラエルへのユダヤ人移民については、高尾千津子『ロシアとユダヤ人――苦悩の歴史と現在』（東洋書店、二〇一四年）を参照。

＊3　ポスト・シオニズムを主題化した書籍で早いものとして、英語では、Laurence J. Silberstein, *The Postzionism Debates*, Routledge, 1999、日本語では、立山良司『揺れるユダヤ人国家――ポスト・シオニズム』（文春新書、二〇〇〇年）がある。

＊4　Ilan Pappé, *Britain and the Arab-Israeli Conflict, 1948–1951*, Macmillan Press, 1988.

＊5　Sinha Flapan, *The Birth of Israel: Myths And Realities*, Pantheon Books, 1987, Avi Shlain, *Collusion across the Jordan: King Abdullah, the Zionist Movement and the Partition of Palestine*, Columbia University Press, 1988, Benny Morris, *The Birth of the Palestinian Refugee Problem, 1947–1949*, Cambridge University Press, 1988. これらの刊行の文脈については本書八章を参照。

＊6　Ilan Pappé, *The Making of the Arab-Israeli Conflict, 1947–1951*, I.B. Tauris, 1992.

＊7　Ilan Pappé, *The Ethnic Cleansing of Palestine*, Oneworld, 2006［イラン・パペ『パレスチナの民族浄化――イスラエル

建国の暴力』(田浪亜央江・早尾貴紀訳、法政大学出版局、二〇一七年)」.

＊8　パペ、同書、第1章「「疑わしい」民族浄化なのか?」」を参照。

＊9　イラン・パペ『イラン・パペ、パレスチナを語る——「民族浄化」から「橋渡しのナラティヴ」へ』(ミーダーン〈パレスチナ・対話のための広場〉編訳、つげ書房新社、二〇〇八年)二五二—二六一頁。

＊10　Oren Yiftachel, *Ethnocracy: Land and Identity Politics in Israel/Palestine*, University of Pennsylvania Press, 2006 が直接的に「エスノクラシー」を主題化したものだが、Oren Yiftachel and Avinoam Meir (ed.), *Ethnic Frontiers And Peripheries: Landscapes Of Development And Inequality In Israel*, Routledge, 1998 の頃から「エスノクラシー」概念を用いている。日本語訳では、オレン・イフタヘル「民主主義とエスノクラシーの間——イスラエル/パレスチナにおける紛争と平和の政治地理学」(黒木英充訳、城山英明ほか編『紛争現場からの平和構築』東信堂、二〇〇七年)がある。

＊11　スファラディーム(ミズラヒーム)については、臼杵陽『見えざるユダヤ人——イスラエルの〈東洋〉』(平凡社、一九九八年)を参照。

＊12　エチオピアからの「ユダヤ教徒」移民については、早尾貴紀「「偽日本人」と「偽ユダヤ人」——あるいは「本来的国民」の作り方」(早尾『ユダヤとイスラエルのあいだ——民族/国民のアポリア』青土社、二〇〇八年の序章)を参照。

＊13　イスラエルのドルーズ派については、自身がドルーズ派のパレスチナ人でもあるハイファ大学の研究者カイス・フィッロによる以下の書籍を参照。Kais Firro, *The Druzes in the Jewish State: A Brief History*, Brill, 1999. また日本語では、宇野昌樹『イスラーム・ドルーズ派』(第三書館、一九九六年)が唯一の概説書である。

＊14　パペの歴史研究と歴史教育の実践については、本書第八章を参照。

＊15　日本語訳は、シュロモー・サンド『ユダヤ人の起源——歴史はどのように創作されたのか』(高橋武智監訳、佐々木康之・木村高子訳、浩気社、二〇一〇年)。なお名前はヘブライ語では「ザンド」と発音する。

＊16　サンド、同書、とくに第三章「追放の発明——熱心な布教と改宗」を参照。

＊17　サンド、同書、日本語版序文、一三頁。

＊18　アイザイア・バーリンおよびヤエル・タミールのリベラル・ナショナリズムについては、早尾貴紀「アイザイア・バーリンの「矛盾」」(早尾前掲『ユダヤとイスラエルのあいだ』の第七章)を参照。

＊19　朴裕河『和解のために――教科書・慰安婦・靖国・独島』（佐藤久訳、平凡社、二〇〇六年／平凡社ライブラリー、二〇一一年）。
＊20　金富子「「慰安婦」問題と脱植民地主義――歴史修正主義的な「和解」への抵抗」（『インパクション』一五八号、二〇〇七年七月）。リライトのうえ、金富子『継続する植民地主義とジェンダー――「国民」概念・女性の身体・記憶と責任』（世織書房、二〇一一年）に再録。
＊21　上野千鶴子「投稿 金富子氏への反論」（『インパクション』一五九号、二〇〇七年九月）。
＊22　『朝日新聞』二〇〇七年一二月一六日。
＊23　『現代思想』（青土社、二〇〇〇年一一月号「特集 和解の政治学」）。
＊24　その委員のなかでも同賞を主催する朝日新聞社の当時論説主幹であった若宮啓文は『和解とナショナリズム』（朝日選書）という著書をその前年二〇〇六年に出しており、おそらく朴裕河『和解のために』売り出しの旗振り役を果たしたものと思われる。
＊25　パペ『イラン・パペ、パレスチナを語る』、第3章「橋渡しのナラティヴ」を参照。
＊26　この共同作業の成果は、ヨルダン川西岸地区のビールゼイト大学のパレスチナ人研究者との共同編集になるIlan Pappé and Jamil Hilal (ed.), *Across the Wall: Narratives of Israeli-Palestinian History*, I. B. Tauris & Company, 2010として刊行されている。
＊27　真実和解委員会については、阿部利洋『真実委員会という選択――紛争後社会の再生のために』（岩波書店、二〇〇八年）を参照。
＊28　この「日韓合意」については、そこにいたるまでの背景および合意の問題点も含めて、前田朗編著『「慰安婦」問題・日韓「合意」を考える』（彩流社、二〇一六年）を参照。
＊29　この合意と協定が結ばれたときの日韓会談の問題点を新しい開示資料から綿密に検証したものとして、吉澤文寿『日韓会談1965――戦後日韓関係の原点を検証する』（高文研、二〇一五年）を参照。
＊30　請求権については、太田修『日韓交渉――請求権問題の研究』（クレイン、二〇〇三年）を参照。
＊31　日本の外国人労働政策の現状と問題点については多くの書籍が出されているが、最新の研究として高谷幸編著『移民政策とは何か――日本の現実から考える』（人文書院、二〇一九年）を挙げておく。

あとがき

本書は、筆者がこれまでさまざまな機会に執筆してきたパレスチナ／イスラエルに関する諸論考を、一冊にまとめつつ、加筆修正をほどこしたものである。初出の諸論考は以下のとおりである。

第Ⅰ部

第一章「ディアスポラと本来性」（臼杵陽監修、赤尾光春・早尾貴紀編『ディアスポラから世界を読む――離散を架橋するために』明石書店、二〇〇九年）

第二章「バイナショナリズムの思想史的意義」（臼杵陽監修、赤尾光春・早尾貴紀編『シオニズムの解剖――現代ユダヤ世界におけるディアスポラとイスラエルの相克』人文書院、二〇一一年）

第三章「オルタナティヴな公共圏に向けて」（赤尾光春・早尾貴紀編『ディアスポラの力を結集する――ギルロイ、ボヤーリン兄弟、スピヴァク』松籟社、二〇一二年）

第Ⅱ部

第四章「パレスチナ／イスラエルにおける記憶の抗争――サボテンの記憶」（未刊行の岩崎稔編『集合的記憶とは何か』のために一〇年以上前に書いたもののだが、刊行の目処が立たないため転載許可を得て今回大幅に加筆した）

第五章　「パレスチナ／イスラエルの「壁」は何を分断しているのか——民族と国家の形を示す四つのドキュメンタリー映像」（『現代思想』二〇〇七年一〇月臨時増刊号）
「パレスチナ／イスラエルにおける民族共存の（不）可能性——ムハマンド・バクリ監督『あなたが去ってから』をとおして考える」（『インパクション』一六五号、インパクト出版会、二〇〇八年）
「映画解説　二重基準と居直り」（『季刊前夜　別冊　ルート181——パレスチナ～イスラエル　旅の断章』特定非営利活動法人 前夜、二〇〇五年）
第六章　「パレスチナ／イスラエルにおける暴力とテロリズム」（熊野純彦・麻生博之編『悪と暴力の倫理学』ナカニシヤ出版、二〇〇六年）

第Ⅲ部

第七章　「ガザ地区とパレスチナの概要およびサラ・ロイの仕事」（サラ・ロイ『ホロコーストからガザへ——パレスチナの政治経済学』岡真理・小田切拓・早尾貴紀編訳、青土社、二〇〇九年）
第八章　「「ユダヤ人国家」イスラエルの歴史実在論とポスト・オリエンタリズムの課題——イラン・パペとハミッド・ダバシ」（『現代思想』二〇一八年五月号）
第九章　「ユダヤ・ナショナリズム神話の解体からイスラエル・ナショナリズムへ？——シュロモー・サンド『ユダヤ人の起源』」（『インパクション』一七五号、二〇一〇年）
「「和解」論批判——イラン・パペ「橋渡しのナラティヴ」から学ぶ」（『季刊　戦争責任研究』

六一号、日本の戦争責任資料センター、二〇〇八年／前田朗編『「慰安婦」問題の現在』（三一書房、二〇一六年）に再録）

一冊にまとめるにあたって、最小限の加筆で済ませられた章もあるが（第一章・第二章・第八章）、それ以外の章は大幅に加筆をしている。とくに、複数の論考をまとめたものは、必然的に加筆の度合いが大きい。

初出の論考を執筆する機会を与えてくださった、そして今回加筆しての再録を許可してくださった編集者や出版社のみなさまに感謝したい。とくに、第Ⅰ部の初出論考は三本ともにユダヤ文化史研究者の赤尾光春さんとの共編になる論集で執筆したものである。そしてうち二冊については、日本におけるパレスチナ／イスラエル研究の第一人者である臼杵陽さんに監修者として暖かく見守っていただいた。赤尾さんおよび臼杵さんに負うているものは大きい。

また、「はじめに」でも記したように、本書の構想段階で、ハミッド・ダバシ、サラ・ロイ、イラン・パペの翻訳作業が重なっており、本文でもそこから学んだことが直接的に反映している。そしてそのすべてが同志との共同作業であった。ダバシの翻訳をともにした洪貴義さん、本橋哲也さん、本山謙二さん、ロイの編訳をともにした岡真理さん、小田切拓さん、パペの翻訳をともにした田浪亜央江さん、みなさんに感謝したい。

その他にももちろん、日常的な研究生活においてお世話になっている人たちは数多くいるが、お一人お一人の名前を挙げることは省略させていただく。

本書は、筆者の最初の単行本であった『ユダヤとイスラエルのあいだ——民族／国民のアポリア』（青土社、二〇〇八年）以来、約一〇年ぶりのパレスチナ／イスラエル論となる。この前著を読まれて、かつ、筆者がさまざまな媒体に書き散らしていたその他の諸論考に注目されて、一書にまとめることを構想してくださったのは、有志舎の永滝稔さんである。唐突に郵送されてきた封書に企画提案が記されてあり、筆者の単行本未収録の論考群が列挙されていた。有志舎と言えば、東アジアを中心として近現代史の硬派でかつ挑戦的な研究書で知られており、筆者も何冊も読んで学び、そして刺激を受けてきた。その有志舎から声をかけていただいたこと、そして筆者の諸論考を拾い集めていただいたことは、とてもありがたいことだった。

最初にお声掛けをいただいたときには、前記のダバシやパペの翻訳作業を進めていた時期であったこともあり、しばし本書の加筆作業の開始を待っていただいた。そのため、刊行時期が遅れてしまったが、結果としては、これらの翻訳の成果が本書に色濃く活かされることとなり、少しでも本書の記述の厚みを増すことができたと思う。永滝さんには、作業の遅れをお詫びするとともに、原稿の完成を待っていただいたことを感謝したい。

そして何よりパレスチナ／イスラエルの惨状に対して、日本語圏から一人でも多くの人が、本書をつうじて関心を寄せて考えてくださることを願っている。現地では、巧妙ではあるがしかし一方的で露骨なパレスチナ占領がイスラエルによって進められている。パレスチナ人に対する直接的暴力も構造的暴力も見る意志さえあれば見ることができる。そこには日本も含む世界の諸大国が関与している。私たちも無関係、無責任ではいられないのだ。それにもかかわらず、世界中のメディアと国際社会は、なおも「宗教紛争」や「民族対立」や「テロと報復の連鎖」といった意図的に単純化した図式を再生産しつづけ、占領の既成事実化に、さらにはその深化に加担してしつづけている。そうではなく、そこからいかに距離を取るか、それをいかにして批判できるか、対立図式に陥らない鋭い切り口と言説をいかに紡ぎ出すことができるか、そしてパレスチナ／イスラエル問題をいかにして世界史的文脈に接続させつつ自らの関わり方を思考できるか。そのことが問われているのだ。本書がその一助となることを願っている。

二〇一九年一〇月

早尾貴紀

著者紹介
早尾貴紀（はやお　たかのり）
東北大学文学部卒業
東北大学大学院経済学研究科博士課程修了、博士（経済学）
イスラエルのヘブライ大学およびハイファ大学客員研究員などを経て、
現在、東京経済大学教授

［主要著作］
『ユダヤとイスラエルのあいだ――民族／国民のアポリア』（青土社、2008年、新装版、2023年）
『国ってなんだろう？――あなたと考えたい「私と国」の関係」（平凡社、2016年）
『希望のディアスポラ――移民・難民をめぐる政治史』（春秋社、2020年）

パレスチナ／イスラエル論

2020年 3月10日　第1刷発行
2024年 7月20日　第6刷発行

著　者　早尾貴紀
発行者　永滝　稔
発行所　有限会社　有　志　舎
〒166-0003　東京都杉並区高円寺南4-19-2
クラブハウスビル1階
電話　03(5929)7350　FAX　03(5929)7352
http://yushisha.webnode.jp
DTP　言海書房
装　幀　奥定泰之
印　刷　中央精版印刷株式会社
製　本　中央精版印刷株式会社

ISBN978-4-908672-37-8